本书为国家社科基金项目"近代川康地区仓储分布变迁及其保障功能研究（项目编号：16XZS007）"、重庆科技学院后期资助项目"近代川康地区仓储分布变迁与粮食物流"资助项目。

近代川康地区仓储分布变迁与粮食物流

JINDAI CHUANKANG DIQU CANGCHU FENBU
BIANQIAN YU LIANGSHI WULIU

李丽杰　　著

西南财经大学出版社

中国·成都

图书在版编目(CIP)数据

近代川康地区仓储分布变迁与粮食物流/李丽杰著.—成都:西南财经大学出版社,2022.4

ISBN 978-7-5504-5310-4

Ⅰ.①近… Ⅱ.①李… Ⅲ.①粮仓—经济制度—研究—四川—近代②粮食—物流—研究—四川—近代 Ⅳ.①F329.06②F724.721

中国版本图书馆 CIP 数据核字(2022)第 054452 号

近代川康地区仓储分布变迁与粮食物流

李丽杰 著

责任编辑:乔雷
责任校对:张博
封面设计:张姗姗
责任印制:朱曼丽

出版发行	西南财经大学出版社(四川省成都市光华村街55号)
网 址	http://cbs.swufe.edu.cn
电子邮件	bookcj@swufe.edu.cn
邮政编码	610074
电 话	028-87353785
照 排	四川胜翔数码印务设计有限公司
印 刷	四川煤田地质制图印刷厂
成品尺寸	170mm×240mm
印 张	13.25
字 数	331 千字
版 次	2022 年 4 月第 1 版
印 次	2022 年 4 月第 1 次印刷
书 号	ISBN 978-7-5504-5310-4
定 价	72.00 元

自　序

　　仓储制度是我国传统社会重要的救荒制度，近年来随着学术界对社会史、灾荒史的关注，仓储开始成为学者们关注的焦点，成果斐然。笔者涉足仓储研究领域，始于2010年考入西南大学攻读历史地理学博士学位，在此期间笔者选择了近代四川社会保障仓储的地理分布特征作为博士论文的选题，经过5年研究，笔者通过了博士论文答辩。2016年国家社科基金西部项目立项，给予笔者对仓储领域更深入研究的信心和动力。

　　与以往研究成果相比，本书主要从历史地理视角研究近代仓储，以近代川康地区社会保障仓储的地理分布及空间变迁为主要研究对象，力图复原1840—1949年百余年川康地区保障仓储的发展脉络及空间分布、变迁，以及仓储粮食运输的空间格局、变迁，并分析、探讨其分布变迁的特点及其原因，从地理的角度揭示近代川康地区社会保障仓储发展的一般规律。

　　近代川康地区仓储的空间分布及变迁，反映出不同时期国家在粮食储备上的布局及粮食调运的地理空间。清末，四川建立了从乡村、市镇到州县，覆盖面广泛的仓储网，在地理空间上，州县设常平仓、市镇设义仓、乡村设社仓，官仓与民仓互为补充，充分发挥了仓储的社会救济功能。抗日战争全面爆发后，为了收储、集中、转运巨额的田赋粮食，中华民国国民政府在川康地区建立起新式仓储体系，农村设立收纳仓、县城设立集中仓、城市设立聚点仓，有效地实现了粮食的征收、储存及转运，支持了抗日战争时期军糈民食需要。

　　随着时间的推移，近代川康地区仓储粮食的空间分布也发生了重大变迁。清末四川省内的川西平原、川南地区及川东丘陵区是仓储额较多的地区，而川北、川西高原区仓储额较少，这说明清末四川仓储的重心主要分布在产粮区。1935年以后，四川仓储得以重建，但募集积谷多的地区仍然为川西产粮区。直至抗日战争全面爆发后，四川仓储分布的重心从川西地区，转移到了川东地区。位于川东的第九行政区、第三行政区成为四川募集积谷最多的区，而位于川西的第一行政区、第十三行政区则从前两位下降到第八位、第九位。影响四川仓储空间分布重心变化的主要原因是战争,一是抗日战争全面爆发后,川东地区,尤其是重庆人口激增,粮食需求量巨大;二是川东地区毗邻第六战区,成为前方军粮的重要供应区。

近代川康地区仓储粮食运输的空间变迁分为以下三个时期。第一时期,清朝末年,四川省仓储粮食出现过三次大规模的调运,常平仓谷被调运出省,解决政府的财政危机及战争之需。但在清朝,仓储粮食的调运都是临时的,因为仓储的主要功能还是服务地方社会的赈济需要。第二时期,抗日战争全面爆发后,国民政府建立仓储的主要目的是实现对粮食的掌控与调度,以更好地支持抗日战争。因此,仓储粮食的运输空间格局出现了以下两个特征:一是四川省内,形成了成都、重庆两大消费城市,川西各县的粮食运济成都,川南、川北及川东地区的粮食运济重庆的运输格局;二是四川省外,四川军粮运到第六战区,还有名山、洪雅等地的粮食运到西康省。第三时期,1945—1949年,由于解放战争的爆发,四川粮食的运输空间格局出现了新的特征,不仅在省内有川东、川西军粮的调运,川北屯粮调运,而且大量调拨省外,有济康军粮、东运粮食、济鄂军粮。

本书共有七章:第一章对研究缘由、意义、基本概念、研究内容及研究方法等作综合概述;第二章对清末常平仓、义仓、社仓和积谷仓的地理分布特征及其影响因素进行研究;第三章、第四章、第五章分别对民国时期积谷仓、田赋征实仓和农仓的地理分布特征进行研究;第六章分析近代川康地区仓储分布变迁的影响因素;第七章研究近代川康地区仓储粮食的物流空间格局,并在第三节总结近代川康地区社会保障仓储空间分布特征及仓储粮食物流格局及其特征。全书由李丽杰统稿、定稿,重庆电子工程职业学院符必春教授在本书的写作过程中也作出了重要贡献,他不仅多次赴中国第一历史档案馆、中国第二历史档案馆、四川省档案馆、重庆图书馆、重庆市档案馆查阅资料,而且完成了1万字的写作。

笔者自2010年开始研究仓储,已逾十载,研究成果虽能成书,然内心不胜惶恐,由于缺乏深厚的学术功底,学理层面尚待深入,成果存在诸多不足之处,还望学界同仁赐教!

李丽杰

2022年1月5日于重庆大学城

目　录

第一章 绪论

一、研究缘由及意义

（一）研究缘由

"仓储"是人们对我国古代用来备荒的粮食储藏制度的一种泛称①。我国古代储粮备荒的传统源远流长，西周时"遗人，掌邦国之委积，以待施惠；乡里之委积，以恤民之艰厄；门关之委积，以养老孤；郊里之委积，以待宾客；野鄙之委积，以待羁旅；县都之委积，以待凶荒。"② 周礼之所谓委积者，即仓储制度之雏形。

在中国传统社会，仓储作为一项重要的救荒制度，受到了历代大多数统治者的重视。清代，四川粮食储量居于全国之首，并且建立了完备的仓储网络系统，州县设有常平仓、市镇设有义仓、乡村设有社仓。清政府被推翻后，仓储制度也随之荒废。民国初年，战乱不断，粮仓多是"十室九空"。直到1928年中华民国国民政府（下文简称国民政府）成立，内政部颁布了《义仓管理规则》，令恢复各地旧制，1930年修正《各地方仓储管理规则》，1936年修正为《各地方建仓积谷办法大纲》，指导积谷仓建设。抗日战争全面爆发后，四川成为抗日战争大后方，国民政府实行田赋征实，仓储受到了政府的重视，得以迅速发展。在重建的仓储系统中，不仅有地方设立之各级积谷仓，粮食机关设立之田赋征实仓，军粮补给机关设立之军粮仓，还有为发展农村经济而设立的农业仓，这些仓储为调节抗日战争时期的军糈民食及保障四川地区社会的稳定发展起到了非常重要的作用。在近代四川社会发展变迁中，社会保障仓储成为四川社会稳定与发展的基石。

今天，学术界对仓储的研究广泛且深入，但以往的研究成果也有一定的不足。以往的研究注重时间维度的制度层面，而鲜有从空间角度研究仓储；以往

---

① 吴四伍：《晚清江南仓储制度变迁研究》，博士学位论文，中国人民大学，2008，第30页。

② 于佑虞：《中国仓储制度考》，正中书局，1948，第4页。

的研究多为静态研究，鲜有从动态方面研究仓储。如何突破传统仓储研究中存在的问题，笔者在仓储的研究路径上提出以下思考。

第一，在仓储研究中要注重时空结合。时间和空间本是一切事物所具有的两个基本维度，而在传统的学科研究中，以往学者对两个维度地位的认识程度不一。在传统历史研究中，以往学者只关注历史时期的发展变迁而不注重历史的空间差异的现象很常见①。对于仓储的研究，我们不仅要探求纵的时间关联，即仓储在历史时期的嬗变与发展，也应探求横的空间关联，即仓储的空间分布规律。

第二，在仓储研究中要注重动静结合。对于仓储的地理分布研究，我们既要注重特定地理单元内所有地域点的静态分布，又要注重所有地域点上的动态演变，建立连续的地理剖面。这便克服了过去历史研究中"泛泛而谈""举例子"等以点代面、见树不见林的不足，从而使对仓储的研究走向全方位考察。

（二）研究意义

对近代川康地区仓储的地理分布、变迁及仓储粮食物流等方面进行研究，具有一定的学术与现实意义。

第一，弥补以往学者对历史仓储研究的不足。以往学者对仓储的研究成果虽然较多，但主要集中在对古代仓储、现代仓储的研究，而对近代四川仓储的研究却不多见。古代仓储研究主要以明清时期的仓储制度研究为主，而现代仓储研究主要是从管理学角度，研究仓储技术、仓储管理等方面。此外，以往学者关注较多的是广东、北京等较发达地区的仓储，而对西南地区的仓储研究较少。本书以四川仓储为研究对象，考察其在近代的时空变迁，并总结其变化发展规律，以丰富历史仓储研究的内容。

第二，开启历史仓储研究的新视角。以往学者多从荒政制度的角度对仓储进行研究，即集中于时间维度的制度层面梳理，而几乎未见从空间维度研究仓储的地理分布与变迁。仓储的地理分布，不仅表现为静态的粮食存储的空间格局，而且以仓储为中心的粮食流动空间格局也是其重要内容。

清代，由于四川积储较多，当长江下游省份发生灾荒需要赈灾、救济时，清政府多次调运常平仓谷出省，因为常平仓是官仓，有对外县甚至是外省的协济任务。民国时期，仓储粮食的调拨就更加常见。1941年，国民政府实施田赋征实后，设立的田赋征实仓依其性质分为三类：收纳仓、集中仓、聚点仓。这三类仓库实现了在战时粮食统制下的储、运、收、拨。此外，国民政府为了

---

① 蓝勇：《中国历史地理》，高等教育出版社，2010，第21页。

发展农村经济，在全国建立了农仓网。古代的仓储制度，仅具有平衡市价与储备饥荒之作用，而无调剂农村金融之机能，而农仓为现代意义上的农业仓库，其主要目的是发展农产品加工、储藏、运销及流通农村金融。因此，为了深入考察近代四川仓储的社会保障作用，我们不仅要复原仓储的静态分布，还要考察仓储粮食的流动。本书从空间的维度来研究静态的仓储空间分布及变迁，以及动态的仓储粮食的调配及流动空间格局，探讨仓储对近代四川社会的影响及作用。

第三，对近代四川仓储地理分布的研究，可以为今天川渝两地的仓储建设提供历史依据。对近代四川仓储的地理空间分布进行研究，可以复原出近代四川粮食储备的空间分布规律，并揭示近代四川仓储建设对四川社会政治经济发展的影响及意义，为今天川渝两地加强粮食储备建设提供历史参考。

二、基本概念

（一）仓储

在古代文献中，经常出现仓储、仓廪、仓庾、仓廒、积贮、积储、积谷、仓库等词。从笔者所查阅的四川省地方志来看，古代人们对仓储的称谓主要分为两个层面：一是仓储就是粮仓，即粮食的管理机构，如"仓庾""仓库""仓廒""仓"等，多记载粮仓的规模、位置等；二是仓储为储粮备荒的社会制度，用于储备粮食或调控手段，如"积储""仓储""积谷""积贮"等，多记载粮仓的数量、规模及功能等。

"仓储"一词的广泛应用始于民国时期。清末以还，仓政废弛，民国十七年（公元1928年），为整顿仓政，内政部不仅制定法规，且在各地成立仓储委员会。在此影响下，各省纷纷编制仓储报告书，内政部根据各省仓储报告书编制了《仓储统计》一书。此后，各地编印的仓政书籍广泛使用"仓储"一词，其中有：庐山暑期训练团编印的《中国仓储问题》，江西省地方政治讲习院编印的《仓储行政》，四川省训练团编印的《仓储行政纲要》，四川省政府民政厅编印的《办理仓储须知》等。同时，此时期的学者也几乎无一例外地使用了"仓储"这一词，如闻亦博《中国粮政史》、邓云特《中国救荒史》、于佑虞《中国仓储制度考》、冯柳堂《中国历代民食政策史》。

目前学术界对"仓储"一词的认识仍存在着分歧，李映发、李汾阳、牛敬忠、陈春声等，注重仓储为粮食储备之意义。而张弓、杜建录①、洪璞②等，强调仓储为仓库之涵义。本书研究的近代仓储，为前者所研究意义之仓储。本书将"仓储"一词定义为，我国历史时期所建立以社会保障为目的，通过谷物积蓄以备灾荒并济贫民的粮食储备。而私人出于个人食用或谋利需要而建立的私仓、货栈等不属于本书的研究范围。

（二）川康地区

川康地区是指四川省和 1939 年设立的西康省。四川省建制始于元代，此后明清因之，元为四川行省，明为四川布政使司，清为四川省。清代四川分为五道，道下设置府、厅、州、县。清末四川省共辖有："道七，府十五，直隶州七，直隶厅六，府辖州十三，府辖厅八，县一百十九"。③ 民国元年（公元1912 年），南京临时政府废除道、府、州、厅，一律改县。1914 年，"裁去袁世凯执政时期设置的边东、边西二道，划康定以西，包括昌都地区为川边特别区域，受四川省节制。"④ 1935 年，四川省正式实施行政督察区制，将全省划分成十八个行政督察区，另设西康行政督察区，为四川西部地区命名为西康之始。1939 年元月，国民政府"将原属四川省的第 17、18 两个行政区划出，与原西康督察区所辖各县合并，正式成立西康省，其范围大致包括今甘、阿、凉三个自治州，西藏昌都地区，以及除名山县以外的雅安地区，共辖 35 县。"⑤从此，四川省划分为四川省和西康省两个省区。这种建制直至 1955 年，是年10 月"撤销西康省建制，将金沙江以东的康定专区划归四川省，金沙江以西的昌都地区并入西藏自治区，今四川省界最后确定。"⑥

三、研究内容

本书的研究内容，包括从历史地理的角度研究社会保障仓储，复原四川社会保障仓储的空间分布、变迁，以及仓储粮食运输的空间格局、变迁，并分析其分布变迁的特点及其原因，从历史地理的角度揭示近代四川社会保障仓储发展的一般规律。

（1）近代川康地区社会保障仓储的地理分布。以近代川康地区社会保障

① 杜建录：《西夏仓库制度研究》，《中国史研究》1998 年第 2 期。
② 洪璞：《试论明代苏州地方仓廪的社会调控功能》，《中国农史》1997 年第 4 期。
③ 蒲孝荣著《四川政区沿革与治地今释》，四川人民出版社，1996，第 423 页。
④ 李世平、程贤敏主编《近代四川人口》，成都出版社，1993，第 2 页。
⑤ 李世平、程贤敏主编《近代四川人口》，成都出版社，1993，第 2 页。
⑥ 李世平、程贤敏主编《近代四川人口》，成都出版社，1993，第 3 页。

仓储的空间分布为研究对象，考察仓储的数量、规模、等级、层级体系等方面，并分析空间分布特点及其原因，寻找近代川康地区粮食储备的空间分布规律。

（2）近代川康地区社会保障仓储分布变迁的影响因素。探讨近代川康地区仓储运营、管理、分布变迁与人口、交通、区域经济的关系，从社会的多维层面考察仓储与地方社会的互动关系，揭示近代四川仓储建设对四川社会政治经济发展的影响及意义。

（3）近代川康地区仓储粮食的物流空间格局。仓库储存是物流重要功能之一，实现了对粮食的储存和运输，强调的是粮食通过仓储中心进行流通。本书从物流学的角度研究近代川康地区仓储粮食的存储、调运、分配，并揭示粮食物流的空间格局及其发展变迁，以期复原近代川康地区以仓储为中心的粮食物流情况。

四、研究方法

（1）文献研究法。对于近代仓储的研究，需要大量历史文献作为支撑，地方志、期刊类及档案类资料是重要参考。

（2）统计计量研究法。为了避免文献研究法容易产生"集粹法"和"举例子"的不足，本书在文献研究法的基础上，结合量化的研究，以表格的形式进行数量统计与分析，可以比较系统、科学地反映仓储的空间分布规律及变迁，以及以仓储为中心的物流活动。

（3）地图绘制方法和图表法。地图是研究物流地理不可缺少的工具，它可以反映仓储的空间分布及变迁、仓储区域差异、物流流向及变迁；图表法，根据统计、分类数据，可以直观地反映出仓储地理的特征及规律。

第二章　1840—1911 年川康地区社会保障仓储地理分布

清代是中国古代仓储制度发展的顶峰时期，仓储体系完备，地方仓储以常平仓为主，社仓、义仓弥补常平仓之不足。清代四川不仅仓廪充牣，甲于天下，还建立了覆盖府、州、县、乡的仓储网络，州、县设常平仓，"专储以备赈耀之需"①，乡设义仓，"以济凶年"②，村设社仓，"以备贫农之借贷"③。常平仓、义仓、社仓构成了清代四川仓储网络体系，本章即以常平仓、社仓及义仓为主体，从地理空间的角度分析四川社会保障性仓储的发展变迁。

第一节　1840—1911 年四川社会保障仓储的类型

清代四川仓储始于三藩之乱平定以后，农村经济得到恢复，粮食贸易在一定程度上得到发展。从康熙中期至乾隆初年，四川仓储发展到了极盛时期，省城于满城建八旗永济仓，府有丰裕仓，州县设有常平仓、籍田仓，乡村设立社仓，边远地区置营仓、屯仓等。清嘉庆年间，四川仓储受到白莲教起义的破坏，社仓储谷大量减少，四川总督常明兴办义学、恢复义仓。至光绪年间，义仓、社仓由于经营管理不善相继衰落。此时清朝政府财政拮据，仓储的重建只能依靠民间，在各省封疆大吏的积极倡导下，全国兴起了积谷仓建设的高潮。在四川总督丁宝桢的倡导力行下，四川积谷仓开始发展起来。

---

① 陈法驾、叶大锵等修，曾鉴、林思进等纂《民国华阳县志》卷三《建置·仓储》《中国地方志集成·四川府县志辑》，巴蜀书社，1992，第75页。

② 柳琅声等修，韦麟书等纂民国《南川县志》卷四《食货志·仓储》《中国方志丛书·华中地方丛书》，成文出版社，1926，第292页。

③ 陈法驾、叶大锵等修，曾鉴、林思进等纂《民国华阳县志》卷三《建置·仓储》《中国地方志集成·四川府县志辑》，巴蜀书社，1992，第75页。

1840—1911 年，四川社会保障仓储主要有常平仓、义仓、社仓、积谷仓。根据仓谷的来源不同，四川社会保障仓储可分为官办性质的仓储——常平仓，民办性质的仓储——义仓、积谷仓，官民合作性质的仓储——社仓。

一、常平仓

（一）常平仓沿革

常平仓是我国古代重要的救荒制度，最早始于战国时期，汉宣帝时，大司农中丞耿寿昌请于边郡皆筑仓，谷贱时增价而籴，贵时减价而粜，名曰常平。清代常平仓始于顺治中期，顺治十二年（公元 1655 年），题准各州县自理赎锾，春夏积银，秋冬积谷，悉入常平仓备赈；顺治十三年（公元 1656 年）"议准积谷赈济，令修茸仓廒，印烙仓斛，选择仓书，籴粜平价，不准别项动支"①。

清代四川常平仓始建于顺治十四年（公元 1657 年），康熙四十三年（公元 1704 年），议四川大州县贮谷六千石（清代 1 石约为今 65 千克），中州县贮谷四千石，小州县贮谷二千石，全省共贮谷四十二万石，雍正九年（公元 1731 年）填买谷六十万石，全省共贮谷一百二万九千八百，乾隆四十八年（公元 1783 年）全省共贮谷一百三万四千一百四十五石有奇，又加贮谷十四万七千八百六十七石有奇，每谷四百石建廒一间②。后经康雍乾三朝发币买贮，雍正、乾隆两朝粮储遍蜀中，"家有余粮，仓庾充牣""巴蜀积贮遂饶天下"。雄厚的粮食储备，使四川一跃成为全国最重要的米谷供应基地，号称"谷仓"。至同治年间，四川常平仓仍保持较高的储量，根据同治《钦定户部则例》③ 中的《四川省府属常平仓额储表》的记载，同治十三年（公元 1874 年），四川常平仓与监仓谷储谷达 3 052 529 石。

（二）常平仓谷来源

常平仓谷主要来源于政府财政收入，但也有一部分来源于捐输。具体而言，常平仓谷主要有以下 5 种来源。

（1）政府采买。常平仓谷最主要的来源是政府动用库银采买，如乾隆年间，"议准川省秋收丰稔，米价平减，应动藩库乾隆八年分杂税银三万两，地赋银十二万两，委官于成都等六府州县附近水次，出产米谷最多处分行采买。"④ 新宁县，"常平仓贮谷五千二百石，系雍正九年（公元 1731 年）十一

---

① 嘉庆《大清会典事例》卷一八九《积储》，文海出版社，1992。
② 李友梁纂修光绪《巫山县志》卷一二《仓储志》，光绪十九年刊本板存县署，第 1—2 页。
③ 惠祥等纂同治《钦定户部则例》卷一八《仓庾》，清同治十三年校刊，第 24—25 页。
④ 昆冈等纂光绪《大清会典事例》卷一九一《户部·积储》，光绪二十五年八月石印本。

月奉旨采买。"① 由于政府直接出资买补，有效地保证了仓储的充裕，随时可平粜赈济。

（2）地方官捐俸。顺治十二年（公元1655年）令各府州县设立常平仓，"初以赎锾，继由官民乐输购备贮存"②。"乾隆八年（公元1730年），为量捐以裕仓储事，知县靳光祚、赵忻，典史丁文明先后捐输谷四十五石，奉文归入常平仓。"③

（3）从州县罚款和税收中划拨。雍正八年，四川通省积谷止四十万石，为数实少，议除现存米谷外，再买贮六十万石，有百万之蓄，"雍正中再拨夔关关税及盐茶赢余银六万两，增储四川常平谷石，以官价购储。"④

（4）捐监。乾隆四年（公元1739年）以常平之谷为数甚少，乃听民纳谷入监。"储诸本县名为监仓其实亦常平也"⑤。"监仓者，起乾隆四年（公元1739年），令民纳谷，得入国子监，为诸生储谷，甚富。"⑥ "自乾隆四年（公元1726年）俊秀捐谷起至十八年加捐谷六十万石，陆续收捐代捐，于乾隆二十八年（公元1763年）收纳完足。"⑦ 四川俊秀纳捐谷踊跃，捐谷甚多，乾隆皇帝为平定金川大量动碾仓谷，于是靠各地捐纳补仓。乾隆以后，常平仓以捐监为主体，如巴县、眉州、大足的捐监仓的比重分别占到了73%、86%和99%⑧。

（5）绅民捐输。"康熙十年提准，地方官整理常平仓劝谕官绅士民捐输米谷，照例议叙。"⑨ 康熙二十一年（公元1682年）的规定是：一年内劝输米2 000石以上者，纪录一次；4 000石以上者，纪录二次；6 000石以上者，纪录三次；8 000石以上者，纪录四次；10 000石以上者，加一级⑩。康熙五十四年（公元1751年）规定：富民捐5 000石，免本身一年杂项差徭，多捐一

① 周绍銮修同治《新宁县志》卷三《仓储》，同治己巳秋镌县署藏板，第1-2页。
② 庞麟炳、汪承烈等纂修《四川宣汉县志》，成文出版社印行，民国二十年石印本，第832页。
③ 周绍銮修同治《新宁县志》卷三《仓储》，同治己巳秋镌县署藏板，第1-2页。
④ 庞麟炳、汪承烈等纂修《四川宣汉县志》，成文出版社印行，民国二十年石印本，第832页。
⑤ 庞麟炳、汪承烈等纂修《四川宣汉县志》，成文出版社印行，民国二十年石印本，第879页。
⑥ 朱世镛修，刘贞安等纂民国《云阳县志》卷一九《仓储》，《中国地方志集成·四川府县志辑》，巴蜀书社，1992，第185页。
⑦ 王梦庚修，寇宗纂，《道光重庆府志》卷三《食货志·仓储》，《中国地方志集成·四川府县志辑》，巴蜀书社，1992，第111-113页。
⑧ 鲁子健：《清代四川财政史料》，四川省社会科学院出版社，1984，第81页。
⑨ 熊履青总纂道光《忠县直隶州志》卷四《食货志·积贮》，道光丙戌年修，第29页。
⑩ 嘉庆《大清会典事例》卷一八九《积储》，文海出版社，1992。

二倍者，照数递免；绅衿捐40石，州县给匾，60石知府给匾，80石道给匾，2 000石督抚给匾；富民比绅衿多捐20石，照上例给匾，捐250石，咨部给顶戴荣身；凡给匾人家，永免差役①。

（三）常平仓的经营管理

常平仓由官方管理运营，即"积谷于署，官吏主持"②。

（1）仓谷的出纳由地方官道员专管，督抚负责奏销，岁终造册送户部稽查。"地方官执行国家公力，对于常监仓负有完全责任"③"有清一代，保管责之州县，奏销归于督抚。"④

（2）为了保证仓谷实贮，清代还制订了严格的盘查追赔制度。《大清会典》记载"督抚于岁终核实奏销，以册送部稽查，如有亏欠，先请动帑买补，将亏空官题参，照例治罪，限年追赔"⑤。康熙四十一年（公元1702年）"准州县官有升迁事故离任者，照交代收受正项钱粮例，取具印结，有短少者，照亏空正项钱粮处分。"⑥ 乾隆二十三年（公元1758年），"部议常平仓出借无着之谷，责令地方官赔补。"⑦

（3）若官员失职，导致仓谷霉烂，亦须革职留任，限期赔补。康熙四十九年（公元1710年），"部议霉烂仓粮，官员已经升任者应革职留任，限一年赔完之日开复。"⑧ 如合江县志载"新旧任交替时，须开仓逐一盘量，短少霉变，以旧任七成，新任三成填补足额，旧任或急赴他任亦须留人及歇，并请士绅中之殷实者承担，必升合无差，始由新任出具总结缴呈藩署备案。此项储谷非有大故，不轻动。"⑨

① 嘉庆《大清会典事例》卷一八九《积储》，文海出版社，1992。
② 吴增辉修，吴容纂光绪《威远县志》卷二《食货志·仓储》，《中国地方志集成·四川府县志辑》，巴蜀书社，1992，第5页。
③ 王佐、文显谟修，黄尚毅等纂民国《绵竹县志》卷二《建置》，《中国地方志集成·四川府县志辑》，巴蜀书社，1992，第428页。
④ 陈法驾、叶大锵等修，曾鉴、林思进等纂民国《华阳县志》卷三《建置·仓储》《中国地方志集成·四川府县志辑》，巴蜀书社，1992，第77页。
⑤ 张华奎修光绪《名山县志》卷一〇《仓储》，光绪二十二年丙申重校本，第10页。
⑥ 熊履青总纂道光《忠县直隶州志》卷四《食货志·积贮》，道光丙戌年修，第29页。
⑦ 熊履青总纂道光《忠县直隶州志》卷四《食货志·积贮》，道光丙戌年修，第31页。
⑧ 熊履青总纂道光《忠县直隶州志》卷四《食货志·积贮》，道光丙戌年修，第30页。
⑨ 王玉璋修，刘天锡等纂民国《合江县志》卷二《食货·仓储》《中国地方志集成·四川府县志辑》，巴蜀书社，1992，第417页。

二、义仓

(一) 义仓沿革

义仓为民间仓储，分富赈贫，其利合义，故曰义仓。其谷物依于富豪巨室之慨捐，或由民间自由之输纳，设遇水旱饥荒，即以此谷周济灾民。隋开皇五年（公元585年），工部尚书长孙平奏请设立义仓，奏曰："古者三年耕而余一年之积，九年作而有三年之储，虽水旱为灾，而人无菜色，皆由劝导有方，蓄积先备故也……请令诸州百姓及军人劝课当社，共立义仓。收获之日，随其所得，劝课出粟及麦，于当社造仓窖储之。即委社司，执帐检校，每年收积，勿使损败。若时或不熟，当社有饥谨者，即以此谷赈给。"① 唐贞观二年（公元628年），诏天下州县并置义仓。宋建隆二年（公元961年），置义仓官所，收二税，每石别输一斗贮之，以备凶歉，熙宁十年（公元1077年），版义仓法于川陕。清代义仓，设立于康熙十八年（公元1680年），题准地方官劝谕官绅、士民捐输米谷，乡村立社仓，市镇立义仓，照例议叙；康熙十九年（公元1681年），规定义、社仓皆留本村、镇备赈，免协外郡。清乾隆时期，义仓的范围被扩大，向下普遍设立于各乡村庄，至道光时期，义仓取代了社仓，"清代自乾隆朝开始，为了弥补以往社仓推行的形式化现象，试图利用义仓之名，再次推动乡里之间的民间积储方法，所以乾隆至嘉庆朝，呈现地方乡里有所谓社仓与义仓共同存在，同为劝民捐输的储备形式，而在过渡期，明显地想要替代社仓，朝向地方民间捐输义仓化的方向衍化，道光朝以降，义仓已经完全取代社仓，成为中央设定的乡里积储捐输的工作方法。"②

清代四川义仓之设，为总督阿尔泰首创，乾隆二十九年（公元1764年），四川总督阿尔泰奏："川省向有社仓……并未立有义仓，臣自上年八月到任，值秋成丰稔，因率同司、道首先捐谷一千余石，立为义仓，并通饬各属，量力倡捐，以为绅耆士民劝，俾有力之家，随宜建仓分贮。"③ 义仓首创之时，仅官捐谷一千余石，后经总督及州、县官广为倡导设立，到乾隆二十九年（公元1764年），据全省各属册报统计，通省官民共捐谷158 000余石④。嘉庆年间，四川爆发了白莲教起义，战火遍及全省，无论义军还是清军，每到一地，首先占领的目标就是能够获取粮食的仓廒，战乱中大量州县仓廒被毁。白莲教

---

① 魏征等撰《隋书》卷二四《食货志》，北京图书馆出版社，2006，第684页。
② 李汾阳：《清代仓储研究》，《近代中国史料丛刊三编》第96辑，2006，第199页。
③ 《高宗纯皇帝实录》卷七一五，中华书局影印，1987。
④ 《高宗纯皇帝实录》卷七一五，中华书局影印，1987。

起义结束以后，四川义仓才得以重新恢复。

嘉庆二十一年（公元 1816 年），四川总督常明以四川省常平仓所贮谷石一罹凶荒尚不足以济民食，奏请按粮摊派购置义田以为济仓，盖即义仓意也。至道光年间，四川省各地义仓的发展完全取代社仓，成为乡里积储捐输的重要仓储形式。道光六年（公元 1826 年），四川"统计买田收租者共有一百十八厅州县九姓一土司，内除成都府属十四州县田亩有都江堰灌溉无虞荒歉，又经前督臣将义田岁收租谷，奏准变价作为岁修都江堰水不敷之用并无存谷外，其余各厅州县土司收贮之谷，自数石起至数千石及万余石不等，统计共存仓斗有二十余万石。"[1] 同时要求各州，"按照各该地方岁收租谷之多寡及现在积谷之实数分别差等，自三千递至一万石止作为定额，以备赈恤动支，其定额之外，新收租谷易换陈谷，将价银解司库留为买谷还额及加赈之用。"[2] 此后，历年剩余的义仓田租谷，均被变价成银上交藩库，自道光六年（公元 1826 年）始至道光二十七年（公元 1847 年），全省共收到义仓田租谷变价银两 16.8 万余两，内除赈济水灾、修理省城仓廒及培补河堤、帮贴膏火、归补公费、越西军需等项借动之用外，现存银 5.409 5 万两[3]。

（二）义仓仓谷的来源

义仓仓谷主要来自民捐，主要是政府筹款或劝富民捐置义田，每年收租谷存仓，"集绅富劝捐买田收谷贮仓"[4]，其法与社田法类似。置田收租的好处在于，既避免了民间捐输的不稳定性，使社谷获得了源源不断的补充，又避免了老百姓"摊捐"之累，还因来源明确，数额公开，具有在一定程度上减少社首侵蚀社谷的作用，因此同以捐输为主的积谷方式相比，是一种比较合理的筹集积谷方法。道光年间，四川总督戴三锡的"为筹议措置民捐义田租谷以杜流弊而期其经久恭折奏"中说到，"在仓既可出陈易新得免霉变之患而动支，后又有存款可以买补额数，常盈毋虞短绌，况有定数，无从掩饰，可杜亏挪之弊，仍于有备无患之意并不相悖。"[5]

（三）义仓的经营管理

义仓由民间选出的士绅负责经营管理。管理人员的选拔，"公议仓正四

---

① 王瑞庆修道光《南部县志》卷五《食货志·仓储》，道光二十九年修，第 5 页。

② 王瑞庆修道光《南部县志》卷五《食货志·仓储》，道光二十九年修，第 7 页。

③ 王树桐、徐璞玉修，米绘裳等纂同治《续金堂县志》卷八《民赋》《中国地方志集成·四川府县志辑》，巴蜀书社，1992，第 4 页。

④ 柳琅声等修，韦麟书等纂民国《南川县志》卷四《食货志·仓储》《中国方志丛书·华中地方丛书》，成文出版社，1926，第 292 页。

⑤ 王瑞庆修道光《南部县志》卷五《食货志·仓储》，道光二十九年修，第 5-6 页。

人，每届役满，即令各举公正殷实粮户接充，倘不堪承任，惟举充者是问，……公议仓正定以两年一换。"① 义仓完全由民间管理，"听民自司出纳，不准官吏主持"②。比如《江津县志》记载："上谕济谷之设，系由民间公正绅耆自收自放，不涉胥吏之手，始无抑勒侵吞等弊。著各督抚各就地方情形妥为办理在案。"③ 义仓的经营情况要向官府申报，"每年各厅州县造具历年旧管谷数及本年新收谷数，及开除、实在四柱清册，出具实存无亏切结申报该管之府厅州，其分驻有仓之佐杂，亦造具四柱清册加结具报本厅州县，由该厅州县核明加结转申，复由该管之府厅州结报本管道员及总督、布政使司、衙门备案，如遇二官交代，亦与常、社二仓一体入于交代结报，以昭慎重。"④

三、社仓

（一）社仓沿革

社仓创始于隋代，唐"武德元年九月置社仓于各州县，救济凶年"⑤。清代，延续宋元以来的社仓制度，鼓励民间自行乐输。康熙四十一年（公元1702年），"上谕直隶各省州县虽设有常平仓，收贮谷石，遇饥荒之年不敷赈济，亦未可定。应于各村庄设立社仓收贮谷石。"⑥ 由此可见，"社仓在清代地方仓储的定位，是以辅助常平仓储的不足，由民众捐输谷米，于本乡建置，留作本乡所用者称之。"⑦

四川社仓始建于乾隆三年（公元1738年），据《四川通志》记载，"乾隆三年（公元1738年）令四川建社仓。初四川耀卖常平仓，谷价银除买补正项外令将余银均买作社粮以为民倡导，士民相率乐捐。自乾隆二年（公元1737年）秋后，买贮谷二千九百七十余石，捐贮谷二万五千六百余石，又达州内江等三十余处旧存贮谷二万一千石，以上合计新旧谷凡四万九千五百七十石有奇，均令加紧收贮，照常平仓例，每谷四百石建廒一间。"⑧ 由于社会政治稳定，农业经济不断发展，常平仓谷出现盈余，官府遂耀卖盈余常平仓谷，将谷

① 魏远猷，向志尹纂修光绪《大宁县志》卷三《食货》，仓储光绪十一年修，第5页。
② 王煌修，袁方城纂光绪《江津县志》卷四《仓储》，光绪元年修，第13页。
③ 王煌修，袁方城纂光绪《江津县志》卷四《仓储》，光绪元年修，第13页。
④ 李良俊修，王荃善等纂《新修南充县志》卷四《舆地志·仓储》《中国地方志集成·四川府县志辑》，巴蜀书社，1992，第136页。
⑤ 于佑虞：《中国仓储制度考》，正中书局，1948，第86页。
⑥ 福珠朗阿修，宋煊、黄云衢纂《道光江北厅志》卷三《积贮》，道光甲辰年阆厅新镌，第8页。
⑦ 李汾阳：《清代仓储研究》，《近代中国史料丛刊三编》第96辑，2006，第189页。
⑧ 杨芳燦等撰嘉庆《四川通志》，清嘉庆二十一年重修本，华文书局，第2394页。

价银买作社粮，社仓得到逐步发展。

嘉庆中后期，四川社仓逐渐走向衰落。光绪年间，丁宝桢任四川总督，在盘查四川仓谷时说道，"惟常、监各谷尚不致大形亏短，其余民间社、济各谷，自咸丰初年以来，有因奉文变价解银以充军需者，有被滇粤各匪焚掠全数无存者，有因经管各社首暗中侵渔、早已贫故难追者，兼有并不尽心经理以致霉变虫蚀不堪应用者，遂令从前义举大半归于乌有。"① 社仓由盛转衰的原因有：

第一，经营不善、民亏耗损、社首挪用、产绝人亡导致无法追回。光绪年间，"川督丁宝桢筹办积谷札内亦言，川省义、社各仓向来积谷甚多，只因不肖官绅变卖肥己，遂致荡然无存。"② 这是四川社仓衰亡的重要原因。四川社仓，原储谷"万二千余石"，但至光绪年间四川总督丁宝桢调查时，"多属子虚""县令罗度希逢宪意按现领名籍一一追老之，而各借户皆以贫窘，空领稍得升斗延生，话突遭暴比至买妻鬻子，犹填不足，涕泣号呼，人不忽见，既而仅追得钱万余千文，而民之破家死亡者，不下二百人矣。"③ 道光二十八年（公元 1848 年），四川省布政使派人检查社仓的弊端。检查的结果，发现"社仓一亏于社首，二亏于顽户，三亏于衙门。社首营私舞弊自行，是以一人累众人；社首善良，而借粮户中的奸顽之辈只借不还，则以众人累一人。至于衙门之弊，更为多端：推陈换新有费，呈请放借有费，收纳出结又有费，一年之中，别无事故，也须费钱数串，不十年而大仓亏、小仓空矣。"④

第二，战乱。清朝末年，社会政治局势走向下坡，四川政局动荡，农民起义此起彼伏。嘉庆末年，四川爆发了白莲教起义，咸丰九年（公元 1859 年）又爆发了震撼全国的李永和、蓝朝鼎农民起义。在混战中，仓谷损失最惨重，一方面，仓谷遭到起义军的劫掠，仓谷被焚，仓廒被毁；另一方面，各州县为了镇压起义军，组织团勇，动用社仓仓谷用于士兵口粮，而且动用的社仓仓谷几乎都没有得到弥补。

（二）社仓谷本来源

社仓谷本的来源有二，一是官府调拨，二是民间捐输。清朝社仓初创时期，官府的调拨起到了很大的作用。如雍正七年（公元 1729 年），清政府下令裁减火耗银，用于采买谷石分贮社仓，极大地推动了民间社仓的建设。四川社

---

① 《皇朝道咸同光奏议》卷三二《户政类·仓储》，上海久敬斋石印，光绪壬寅秋，12-13 页。
② 朱之洪等修，向楚等纂《民国巴县志》，巴蜀书社，1992，第 155 页。
③ 彭泰士修，朱襄廖纂光绪《内江县志》卷二《时事》，光绪三十一年重修四祠藏板，第 2 页。
④ 许宗仁主编《中国近代粮食经济史》，中国商业出版社，1996，第 89 页。

仓的初创，始于乾隆三年（公元1738年），清政府粜卖四川常平仓谷，将剩余的谷价银采买社粮建立社仓。民间捐输主要是以自愿为原则，"社仓之法，原以劝善兴仁，不得苛派以资烦扰……其所捐之数不拘升斗，积少成多。"① 为了鼓励民间捐输的积极性，对于捐谷达到一定数额者给予奖励："若有捐十石以上给以花红，三十石以上奖以匾额，五十石以上，递加奖励。其有好善不倦，年久数多，捐至三四百石者，督抚奏明给以八品顶戴。"② 但是，民捐除了自愿捐输外，也有强制性摊捐。如西充县社仓，"按粮派捐，修仓五十间，社谷仓斗五千七百零四石五升七合五勺。"③ 除民间捐输外，地方官亦参与其中。资阳县于"雍正十三年，官劝民输谷，故复有社仓……乾隆二十八年，知县张德源倡捐谷八百石，捐义谷二百石。教谕王玥捐谷十石，典史梁正心捐谷二十石。乾隆三十一年，知县张德源复捐义谷一百石且率士民捐输五乡各甲。"④

（三）社仓的管理运营

社仓的管理运营主要是由民间选举的社首负责，但受地方官的监管。社仓设有社首，"各社首由各所在地团正加倍选举，报由仓储所查明核定，转请县知事委其资格。"⑤ 社首由地方士绅充任，"年在二十五岁以上者，品行端方者。家道殷实有田产百亩以上者，确无嗜好者。"⑥ 社仓旨在民间自行经营，但由于有官方谷本在内，仍要受州、县地方官的监管，社首有出纳之权，地方官有稽查之责。在各县仓储的管理制度上充分执行了"绅为经理，官为稽查"模式，从对主管社长行为的监控，到对社谷发放，年底的盘查，乃至新旧交代申报等，都加大了官方权力的渗透和深入。在《酌定经管社谷章程》中规定"每社设印簿二本，首列本司通饬，次列某处现贮仓谷若干石，又次列条粮最多之户，按年承充，社首一年一换，周而复始，将例得借领社谷各户姓名挨次造入簿内，一本交社首备查，一本地方官存案。"⑦

---

① 熊履青总纂道光《忠县直隶州志》卷四《食货志·积贮》，道光丙戌年修，第30页。
② 熊履青总纂道光《忠县直隶州志》卷四《食货志·积贮》，道光丙戌年修，第30页。
③ 刘藻修纂《光绪西充县志》卷二《建置·公署》，光绪二年修，第15页。
④ 何华元编辑《咸丰资阳县志》卷六《赋役考·徭役》，咸丰十年新镌本邑文昌宫藏板，第11页。
⑤ 王佐、文显谟修，黄尚毅等纂民国《绵竹县志》卷二《建置》，《中国地方志集成·四川府县志辑》，巴蜀书社，1992，第428页。
⑥ 王佐、文显谟修，黄尚毅等纂民国《绵竹县志》卷二《建置》，《中国地方志集成·四川府县志辑》，巴蜀书社，1992，第428页。
⑦ 何东铭纂咸丰《邛嶲野录》卷三〇《赋役类·积贮》《中国地方志集成·四川府县志辑》，巴蜀书社，1992，第360页。

四、积谷仓

(一) 积谷仓沿革

积谷仓兴起于清朝后期，光绪二十四年（公元1898年）六月十九日，清政府上谕通饬全国，强调积谷、团练、保甲为当前三大要务；九月，再次通谕各省督抚"督饬各州县，将原有仓谷悉数买补足额，其向无仓谷之处，亦即设法筹办；按年查验，出陈易新，具报存仓实数"①。不久，清政府再次阐发加强积谷、保甲、团练三事办理的原因："积谷则歉岁足以救荒，保甲则常年足以弭盗，乡团则更番训练。"② 积谷开始成为一个比较特定的仓储名称，它主要区别于原来的常平仓、社仓和义仓等仓储，不再强调春借秋还及推陈出新，而是强调以积谷为主的新式仓储。积谷仓，是在全国仓储重新建设过程中，吸取了此前义仓改革经验的基础上，出现的一种新式仓储。

四川积谷仓建于光绪初年，为了弥补民间仓储社仓、义仓的不足，四川总督丁宝桢大力兴办积谷仓。"丁宝桢于光绪三年（公元1877年）任四川总督，次年即委员前赴各属认真盘查，惟常、监各谷尚不致大形亏短；其余民间社、济各谷，自咸丰初年以来，有因奉文变价解银以充军需者，有被滇粤各匪焚掠全数无存者，有因经管各社首暗中侵渔、早已贫故难追者，兼有并不尽心经理以致霉变重蚀不堪应用者，遂令从前义举大半归于乌有。"③ 在丁宝桢的劝办积谷折中写道"窃查川省山多田少，户鲜盖藏，生齿日繁，民无积蓄。即比岁丰收，尚恐人多粮少，不敷使用，一遇水旱偏灾，更有不堪设想者。臣于光绪三年到川，目击情形，深为顾虑。当经通饬各属，一律劝办积谷，以备荒歉。"④ 丁宝桢为"重振荒政"，札饬各地方官督率保团，或就粮加征或劝募粮户建仓储谷，举仓正一人管理。

四川的积谷仓建设，在全国积谷过程中规模最大。该积谷仓的建设与其总督丁宝桢的筹划有着密切的关系，丁宝桢在四川前后任职达十年之久，为四川积谷仓的建设作出了重要贡献。光绪初年，丁宝桢明定积谷章程，大力兴办积谷。四川各州县粮户捐谷踊跃，各州县至多者或捐至万数千石及数千石，至少

---

① 《清德宗实录》卷四三〇，中华书局，1987，第641页。

② 《清德宗实录》卷四三〇，中华书局，1987，第645页。

③ 《皇朝道咸同光奏议》卷三二《户政类·仓储》，光绪壬寅秋上海久敬斋石印，第12-13页。

④ 沈云龙主编《近代中国史料丛刊第八辑——丁文诚公（宝桢）遗集》，文海出版社，1967，第2627页。

者亦可数百石，办理积谷的地方达 110 余处①。

（二）积谷仓的来源

仓谷的来源主要为田亩劝输的方式，积谷章程中规定："粮户每收谷百石，积谷一石，以次递推，百分捐一，不许颗粒苛派抑勒。"② 正如丁宝桢所言，"家中可收谷一石者即出谷一升，收谷十石者，即出谷一斗，收谷百石千石者由此递加其谷，不满一石者免出以省琐碎，由此行之，踊跃乐输，众擎易举，且以一石而出升，许在尔百姓原无捐输之苦，而在荒年则实有备救之资，岂非济贫保富，防患未然之妙策乎。"③ 仓谷不仅来源于民间劝捐，而且仓廒也设于民间，"多置殷实人家经管。"④

（三）积谷仓的管理

积谷仓的管理为官督绅办，以士绅管理为主，官府有督查之责。如在绵竹县的积谷仓规则中，规定"官首同负完全之责任"⑤。在实际的仓储运营中，仓谷的存储、使用由地方士绅负责，"不准地方官押勒，不准地方豪猾刁生劣监把持侵吞及一切多派讹诈等弊，札饬各州县选择场市乡村公正绅耆各办各地，妥为料理，就近存储，以备荒年，平粜至散赈之时，各场之谷办理各场之赈，各乡之谷办理各乡之赈，俾免老弱妇女领谷时往返奔走是尔。"⑥ 官府负有监督之责，仓谷的发敛"均须禀官批准，年终报销一次，长官随时派人盘查"⑦。这也充分体现了官府在仓储运营过程中的权力。

———————————————

①　沈云龙主编《近代中国史料丛刊第八辑——丁文诚公（宝桢）遗集》，文海出版社，1967，第 2456 页。

②　《皇朝道咸同光奏议》卷三二《户政类·仓储》，上海久敬斋石印，光绪壬寅秋，12-13 页。

③　许曾荫、吴若枚监修光绪《永川县志》卷四《赋役·仓储》，光绪甲午岁增修，宝兴公局藏板，第 27 页。

④　柳琅声等修，韦麟书等纂民国《南川县志》卷四《食货志·仓储》《中国方志丛书·华中地方丛书》，成文出版社，1926，第 292 页。

⑤　王佐、文显谟修，黄尚毅等纂民国《绵竹县志》卷二《建置》《中国地方志集成·四川府县志辑》，巴蜀书社，1992，第 428 页。

⑥　许曾荫、吴若枚监修光绪《永川县志》卷四《赋役·仓储》，光绪甲午岁增修，宝兴公局藏板，第 27 页。

⑦　柳琅声等修，韦麟书等纂民国《南川县志》卷四《食货志·仓储》《中国方志丛书·华中地方丛书》，成文出版社，1926，第 292 页。

第二节　四川常平仓地理分布

一、四川常平仓地理分布特征

四川常平仓在空间分布上的主要特点是分布广泛、点面结合。常平仓作为地方官办仓储的主要形式，广泛地分布于四川几乎所有的府州县内，比清代以前历朝都更具普遍性。而各区域间的地理位置、自然环境、经济发展水平等存在明显的差异，又使四川常平仓的空间分布重点突出、呈现差异。这种有点有面的分布，更利于彼此呼应、相互协济。以同治十三年（公元1874年）为例，四川常平仓储谷具体分布情况见表2-1。

表2-1　同治十三年四川各县常平仓储谷数量　　　　单位：石

地域	各县储谷额	总数
成都府	成都县（95 000）华阳县（115 000）双流县（32 000）温江县（42 000）新繁县（32 000）金堂县（50 000）新都县（28 000）郫县（40 000）灌县（22 993）彭县（28 000）崇宁县（20 000）新津县（39 000）什邡县（20 000）崇庆州（38 000）简州（24 000）汉州（32 000）	657 993
重庆府	巴县（84 108）江津县（58 000）长寿县（44 000）永川县（6 590）荣昌县（6 200）綦江县（22 000）南川县（5 273）铜梁县（46 000）涪州（48 000）大足县（5 200）璧山县（5 400）定远县（44 000）江北厅（26 000）合州（52 000）	452 771
嘉定府	乐山县（48 000）峨眉县（10 000）洪雅县（15 560）夹江县（18 000）犍为县（38 000）荣县（12 000）威远县（4 000）峨边厅（5 824）	282 208
叙州府	宜宾县（58 000）南溪县（40 000）庆符县（12 000）富顺县（42 000）隆昌县（7 800）长宁县（29 000）兴文县（7 200）高县（12 530）筠连县（3 250）珙县（3 590）屏山县（3 970）雷波厅（2 600）马边厅（6 456）	228 396
泸州直隶州	泸州（58 000）九姓土司（3 116）纳溪县（30 000）合江县（37 000）江安县（38 000）	166 116
夔州府	奉节县（36 110）大宁县（4 650）巫山县（20 530）云阳县（26 730）万县（32 150）开县（12 400）	132 570

表2-1（续）

地域	各县储谷额	总数
顺庆府	南充县（42 000） 西充县（4 640） 营山县（4 250） 仪陇县（3 360） 邻水县（3 800） 岳池县（22 000） 广安州（26 000） 蓬州（24 855）	130 905
潼川府	三台县（30 010） 射洪县（15 000） 盐亭县（5 250） 中江县（24 000） 遂宁县（24 000） 蓬溪县（5 970） 安岳县（18 100）乐至县（4 270）	126 600
资州 直隶州	资州（28 000） 资阳县（28 000） 内江县（20 000） 仁寿县（24 000） 井研县（10 070）	110 070
眉州 直隶州	眉州（40 000） 丹棱县（4 310） 彭山县（32 000） 青神县（32 000）	108 310
宁远府	西昌县（45 140） 冕宁县（11 362） 盐源县（22 606） 会理州（17 636） 越巂厅（6 866）	103 610
保宁府	阆中县（22 050） 苍溪县（6 100） 南部县（14 000） 广元县（5 530） 昭化县（4 110） 通江县（8 727） 南江县（4 080） 巴州（15 060） 剑州（7 400）	87 057
忠州 直隶州	忠州（28 450） 丰都县（28 270） 垫江县（10 950） 梁山县（10 810）	78 480
绵州 直隶州	绵州（20 000）德阳县（7 480） 安县（15 000） 绵竹县（13 000）梓潼县（6 000） 罗江县（11 000）	72 480
雅州府	雅安县（17 597） 名山县（4 810） 荣经县（6 941） 芦山县（10 639） 清溪县（10 982） 天全州（5 930） 打箭炉厅（5 346）	62 245
绥定府	达县（14 000） 东乡县（6 210） 新宁县（5 200） 渠县（21 000）大竹县（8 300） 太平县（4 200）	58 910
龙安府	平武县（13 116） 江油县（17 999） 石泉县（4 020） 彰明县（6 641）	41 776
邛州 直隶州	邛州（26 000） 大邑县（8 000） 蒲江县（7 000）	41 000
叙永 直隶厅	本厅（21 000） 永宁县（12 750）	33 750
西阳 直隶州	西阳州（2 160） 秀山县（32 418） 黔江县（5 450） 彭水县（5 520）	36 650
茂州 直隶州	茂州（6 739） 汶川县（4 098）	10 837
松潘直隶厅	松潘厅（13 052）	13 052

表2-1（续）

地域	各县储谷额	总数
杂谷直隶厅	杂谷厅（10 743）	10 743
石柱直隶厅	石柱厅（6 000）	6 000
合计		3 052 529

资料来源：同治《钦定户部则例》卷一八，《仓庚》①。

由表2-1可以看出四川各地常平仓的分布状况：

（1）仓储额在45万石以上的府州有成都府、重庆府。

（2）仓储额在20万~30万石的府州有嘉定府、叙州府。

（3）仓储额在10万~20万石的府州有泸州直隶州、夔州府、顺庆府、潼川府、资州直隶州、眉州直隶州、宁远府。

（4）仓储额在10万石以下的地区有保宁府、忠州直隶州、绵州直隶州、绥定府、雅州府、茂州直隶州、龙安府、邛州直隶州、酉阳直隶州、叙永直隶厅、松潘直隶厅、杂谷直隶厅、石柱直隶厅。

从以上仓储的空间分布来看，重庆府和成都府是仓储额最高的地区，而嘉定府、叙州府是仓储额较高的地区，泸州直隶州、夔州府、顺庆府、潼川府、资州直隶州、眉州直隶州、宁远府的仓储额一般，保宁府、忠州直隶州、绵州直隶州、绥定府、雅州府、茂州直隶州、龙安府、邛州直隶州、酉阳直隶州、叙永直隶厅、松潘直隶厅、杂谷直隶厅、石柱直隶厅是仓储额最少的地区。

二、四川常平仓分布影响因素

四川常平仓虽然设置广泛，即广泛分布于全省各府州县，但呈现出明显的地域差异，可以看出常平仓的分布特点是"点面结合、重点突出"。清代四川常平仓分布出现的地域差异并非是随意而定的，乾隆十三年（公元1748年），清政府在言及四川省内府州县常平仓储额时，特别提到"转运难，出产少，地方冲要，以及提镇驻扎各省犬牙交错之处，彼此可以协济，均应分别加储"②。可见常平仓的空间分布体现了清政府在救灾粮食储备布局上的考虑。这种区域差异的形成受以下几方面因素的影响。

---

① 惠祥等纂同治《钦定户部则例》卷一八《仓庚》，清同治十三年校刊，第24-25页。

② 昆冈等纂光绪《大清会典事例》卷一九〇《户部·积储》，光绪二十五年八月石印本，第2页。

（一）物产的区域分布

从自然地理环境上来分析清末四川仓储的分布，仓储额最高的地区主要分布在川西平原、川东地区和川南地区，这与四川境内的稻米主产区正好吻合。"四川系水稻产区，境内各地自然环境不同，实际分布有相当差别，成都平原境内为标准冲击平原，地平土肥，河渠交错，灌溉事业至为完善，水田面积之广，单位产量之多，均为他省所不及，故产稻总量亦为全省最多。"① 川南地区地势较为平坦，盛产稻米，产量虽不及川西平原，但远优于川北丘陵地带，是长江上游第二大稻米产区②，"川南如宜宾、江安、长宁、南溪、泸县、合江各县皆为有名产米区域，亦为渝万之米供给地，夹江、大邑、洪雅、彭山、眉山、青神各县所产，质佳量丰，上以供给成都，下以供给犍乐。"③ 而重庆府为川东稻米主要产区，"四川稻米多产之县，当推江津、綦江、忠县等处，除自给外，尚有余力供给渝万。江、巴县产米亦丰。"④

仓储额最少的地区，主要在川西高原和四川盆地周边的山区，这些地区也是产米最少的地区，"川北涪江中游各县，土壤较为贫瘠，则甘薯占先，稻米屈居第二，再若边缘山地，地势高寒，水稻不宜，尤以川西北之平武北川及松理茂懋等县，其他杂类显见主要，稻米产量遂微不足道。"⑤ 而四川省东南边区的酉阳州农产多为杂粮。

（二）粮食方便外运因素

政府在确定常平仓储额时，地理条件是要考虑的重要因素。因为常平仓是我国历代的一项重要的救荒政策，政府为了方便将储存的粮食及时地调拨至其他受灾之地，所以在水陆交通要冲之地，存储的粮食量也应较大。《大清会典事例》记载，"有转运难、出产少、地方冲要以及提镇驻扎、各省犬牙相错之处，彼此可以协济，均应分别加储。"⑥ 乾隆年间就多次在沿江州县加贮仓储。乾隆五十五年（公元1790年）奏准"四川附近水次各州县，加贮三十万石，见在谷价平减，再分买谷五十万石，以备本省实贮及接济邻封之用。"⑦

（三）交通因素

在四川境内，仓储额在5万石以上的州县（成都、金堂、泸州、宜宾、合

---

① 中国地理研究所：《四川经济地图集说明》，1945，第13页。

② 王笛：《跨出封闭的世界-长江上游区域社会研究 1644—1911》，中华书局，2001，第17页。

③ 郑励俭：《四川新地志》，正中书局，1946，第78页。

④ 郑励俭：《四川新地志》，正中书局，1946，第78页。

⑤ 周立三、侯学焘、陈泗桥编《四川经济地图集说明》，中国地理研究所，1946，第13页。

⑥ 昆冈等纂光绪《大清会典事例》卷一九〇《户部·积储》，光绪二十五年八月石印本，第2页。

⑦ 刘锦藻：《清朝续文献通考》卷六〇《市籴考5)》，商务印书馆，1955，第8155-8158页。

川、江津）都处在交通便利之处。成都是省会所在地，水陆交通便利。金堂交通便利，处"成都之东北隅，扼沱江上游，位于中河北河毗河三支流之汇口"①。泸县"西距宜宾，水程二百七十里，轮运畅通，风帆无阻，长江自右袭来，沱江由左掩至，聚于县城会津门外之管驿嘴……东距重庆，约五百里，自轮船畅行之后，朝发夕至，俨若户庭，南界叙永，间道可通贵州赤水，扼川黔贸易之要冲，北至隆昌一百四十里，一日可达"②。宜宾处于金沙江与岷江汇合处，长江在四川境内的起点。合州为嘉陵江流域著名产米县，渠河、嘉陵江及涪江三河交汇地，交通极为便利。江津东接巴渝，西连泸州、合江，南接贵州习水县境，北通璧山、永川，长江通过其境。

从粮食仓储额较高的府州来看，这些府州都分布在长江及其支流流域。分布在长江流域的府州有重庆府、叙州府、泸州、夔州，分布在岷江流域的府州有成都府、嘉定府、眉州、叙州府，分布在沱江流域的府州有资州、泸州，分布在涪江流域的府州有潼川府，分布在嘉陵江流域的府州有顺庆府、重庆府，由此可以看出仓储的空间分布与四川的交通有着密切的关系。

（四）自然灾害因素

从历史时期的气候变迁来看，明清时期中国的气候十分寒冷，又称"明清小冰期"。蓝勇先生在《中国西南历史气候初步研究》中表明，四川盆地气候经历了唐五代北宋温暖湿润——南宋寒冷期——元代温暖期——明清小冰期③。明清小冰期，为低温多灾时期，四川的自然灾害频繁。而常平仓主要用于当地社会的平粜赈济，因此四川各地常平仓储额的多少，与各地受灾的强弱多寡有着一定的联系。如大竹县，"光绪三十年，春旱成灾，秋收歉薄，贫民日食维艰，知县曹钟彝禀准开办赈耀……赈耀办竣，所剩谷米及耀入银钱随即填还，前动各仓并新建仓二十余廒，添贮谷三千五百余石。"④ 由此可以看到，受灾的县份在赈济之后，常平仓不仅要填还，而且还要加贮。因此常平仓的储额多少，很大程度上受到灾害强度的影响。

根据以往对清代四川水旱灾害的研究，整理出清代四川各州府的受灾数据，通过受灾的年数这一数据来反映受灾情况，可以看出四川省内自然灾害的时空分布⑤。清代四川水灾空间分布见图2-1。

① 杨嘉和：《成都区经济概况》，《海光》1946年第10卷第4、5合刊。
② 稻麦改进所：《泸县米粮运销概况》，《建设周讯》1938年第7卷第16期。
③ 蓝勇：《中国西南历史气候初步研究》，《中国历史地理论丛》1993年第2期。
④ 陈步武，江三乘纂：民国《大竹县志》，成文出版社，1928，第36页。
⑤ 高岩：《明清时期四川地区水灾及社会救济》，学位论文，西南大学，2010，第61-76页。

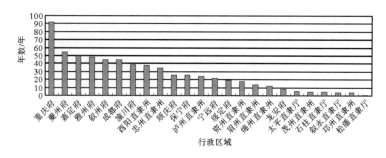

图2-1　清代四川水灾空间分布

注：本图根据《明清时期四川地区水灾及社会救济》①绘制。

由图2-1可以看出，重庆府水灾年数最高，高达92年，重庆府是一个水灾高发地区。水灾年数在41~60年的府级行政区有夔州府、嘉定府、叙州府、雅州府、成都府，属于水灾易发区。水灾年数在21~40年的府级行政区有潼川府、酉阳直隶州、忠州直隶州、保宁府、顺庆府、泸州直隶州、宁远府，这些区域属于水灾低发区。水灾年数在20年以下的府级行政区有资州直隶州、龙安府、眉州直隶州、绵州直隶州、邛州直隶州、茂州直隶州、叙永直隶厅、太平直隶厅、石柱直隶厅、松潘直隶厅、绥定府，这些地区水灾属于水灾偶发区，水灾灾害最小②。

清代四川旱灾空间分布见图2-2。

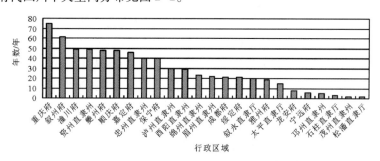

图2-2　清代四川旱灾空间分布图

注：本图根据《清代四川旱灾时空分布研究》③绘制。

---

① 高岩：《明清时期四川地区水灾及社会救济》，学位论文，西南大学，2010，第75~76页。
② 高岩：《明清时期四川地区水灾及社会救济》，学位论文，西南大学，2010，第75~76页。
③ 张艳梅：《清代四川旱灾时空分布研究》，学位论文，西南大学，2008，第76页。

由图 2-2 可以看出，重庆府发生的旱灾年数最多，高达 75 年，该区域旱灾发生的平均周期为 3.6 年，可见该区域在历史上就是一个旱灾频发的地区，属于常旱区。其次为叙州府，发生的旱灾年数为 61 年，旱灾发生的平均周期为 4 年，其发生的旱灾频率也高。此外旱灾年数在 40~50 年的有夔州府、忠州直隶州、资州直隶州、潼川府、顺庆府、嘉定府、保宁府，它们的旱灾发生平均周期在 5~7 年这个区间，这些区域都属于易旱区。而泸州直隶州、酉阳直隶州这些区域旱灾发生年数在 25~39 年这个区间，为次旱区。而成都府、绥定府、绵州直隶州、眉州直隶州、雅州府、宁远府、龙安府等区域旱灾发生年数均在 21 年之下，为不常发生旱灾的区域。从空间分布的角度来看，四川盆地中的陵谷区和丘陵区为旱灾发生频繁的地区，旱灾发生的频率自东向西递减[①]。

由表 2-1 和图 2-1、图 2-2 可以分析出，常平仓储额的多少与该地区的自然灾害强弱有着密切的联系。成都府、重庆府、嘉定府、叙州府等区域自然灾害频繁，常平仓的仓储额相应就较大，而绵州直隶州、雅州府、绥定府、龙安府、邛州直隶州、叙永直隶厅、松潘直隶厅、茂州直隶州、石柱直隶厅等地区不易发生自然灾害，仓储额相应也较少。总体看来，常平仓仓储额与四川各府州的受灾情况有着较高的相关性。

第三节　四川义仓地理分布

一、四川义仓地理分布特征

根据《中国地方志集成·四川府县志辑》[②]、《中国方志丛书》[③] 统计，清代四川各县义仓储谷情况见表 2-2。

---

① 张艳梅：《清代四川旱灾时空分布研究》，学位论文，西南大学，2008，第 76 页。
② 《中国地方志集成·四川府县志辑》，巴蜀书社，1992 版。
③ 《中国方志丛书》，成文出版社，1976。

表 2-2　清代四川各县义仓储谷数量　　　　　　单位：石

地域	各县储谷额	总计
叙州府	宜宾县（33 340）南溪县（3 000）庆符县（4 863）富顺县（14 978）长宁县（10 150）兴文县（1 821）高县（122）珙县（5 016）屏山县（2 834）雷波厅（1 192）马边厅（1 772）隆昌县（—）筠连县（—）	79 088
忠州直隶州	丰都县（2 690）垫江县（6 476）达县（20 000）东乡县（16 342）新宁县（1 800）渠县（11 395）大竹县（6 768）太平县（809）忠州（—）梁山县（/）城口厅（/）	66 280
重庆府	巴县（10 000）江津县（11 163）长寿县（140）永川县（7 443）荣昌县（2 760）綦江县（5 523）南川县（6 531）铜梁县（3 519）合州（1 845）涪州（2 640）定远县（6 722）江北厅（3 000）大足县（—）璧山县（—）	61 286
成都府	温江县（44 652）金堂县（3 600）彭县（165）崇庆州（11 193）什邡县（438）成都县（—）华阳县（—）双流县（—）新繁县（—）新都县（—）郫县（—）灌县（/）新津县（—）简州（—）汉州（/）	60 048
资州直隶州	资州（28 000）资阳县（7 351）内江县（1 100）仁寿县（16 853）井研县（6 079）	59 383
泸州直隶州	泸州（30 059）江安县（3 000）纳溪县（/）合江县（—）	33 059
顺庆府	西充县（2 446）营山县（3 761）仪陇县（4 965）岳池县（10 014）广安州（5 200）蓬州（3 450）南充县（—）邻水县（—）	29 836
绵州直隶州	绵州（4 054）德阳县（14 000）绵竹县（7 828）梓潼县（2 830）罗江县（/）	28 712
潼川府	三台县（10 906）射洪县（3 019）盐亭县（2 683）安岳县（4 420）乐至县（2 708）中江县（—）遂宁县（—）蓬溪县（—）潼南县（/）	23 736
夔州府	奉节县（2 727）大宁县（1 786）云阳县（12 692）万县（1 036）开县（4 017）巫山县（/）	22 258
保宁府	阆中县（5 120）广元县（3 178）通江县（2 275）南江县（2 626）巴州（3 940）苍溪县（/）南部县（—）昭化县（—）剑州（/）	17 139
永宁直隶州	永宁州（16 125）古宋县（429）古蔺县（/）	16 554

表2-2(续)

地域	各县储谷额	总计
嘉定府	峨眉县（1 453）夹江县（3 527）犍为县（7 000）威远县（3 000）乐山县（/）洪雅县（—）荣县（—）峨边厅（/）	14 980
眉州直隶州	眉州（7 165）丹棱县（1 716）青神县（/）	8 881
邛州直隶州	邛州（4 960）大邑县（3 200）蒲江县（—）	8 160
酉阳直隶州	酉阳州（2 400）秀山县（1 680）彭水县（1 244）黔江县（/）	5 324
龙安府	江油县（3 035）平武县（/）彰明县（/）石泉县（—）	3 035
雅州府	名山县（969）天全州（1 641）雅安县（—）荥经县（—）芦山县（/）清溪县（/）	2 610
松潘直隶厅	松潘厅（1 120）	1 120
宁远府	盐源县（1 020）西昌县（/）冕宁县（/）昭觉县（/）会理州（/）越巂厅（/）盐边厅（/）	1 020
茂州直隶州	茂州（/）汶川（/）	/
杂谷直隶厅	杂谷厅（/）	/
懋功直隶厅	懋功厅（/）	/
石柱直隶厅	石柱厅（/）	/
合计		542 509

注："—"表示州县设有义仓，但地方志中没有明确记载储谷数量；"/"表示州县没有设立义仓。

由表2-2可以看出，自嘉庆年间得以重建的四川义仓，至清末得到了不断的发展，从最初的20余万石，发展到50余万石，成为民间基层备荒救灾的主要手段之一。从空间分布来看，清代四川义仓的地理分布特征主要有：

第一，四川义仓的分布存在着明显的区域差异，四川盆地边区及盆地外部地区部分州县没有设立义仓。统计四川141个县的地方志发现，有113个县设有义仓，有28个县没有义仓。盆地内部地形为平原或丘陵，是四川省重要的农业区，气候温和，人口稠密，垦殖指数高，成为义仓分布的主要区域。而四川盆地边区及外部地区地势高，地域广袤，人口稀疏，垦殖指数低、气候寒冷，如平武县、茂州直隶州、汶川县、杂谷直隶厅位于川西北高原区，芦山县、清溪县、西昌县、冕宁县、昭觉县、会理直隶州、越巂直隶厅、盐边直隶厅位于西南高山峡谷区，彰明县、剑州直隶州、罗江县、苍溪县位于川北浅丘区，峨边直隶厅、古蔺县、黔江县、纳溪县、石柱直隶厅、巫山县位于盆边山区。这些州县之所以没有设立义仓，地理环境和资源禀赋是主要因素。

第二，各县义仓储谷数量整体偏少，呈现出不均衡的特征。道光六年（公元1826年），规定四川各州县义仓积谷按照地方岁收租谷之多寡，以3 000~10 000石为定额收贮。通过对地方志中113个设有义仓州县的统计发现，其中有27个州县虽设有义仓，但只记载了年收租谷数而没有存谷数，因此有明确记载义仓存谷数量的州县有86个。在这86个州县中，有18个州县义仓存谷数量在10 000石以上，34个州县义仓存谷数量在3 000~10 000石，34个州县义仓存谷数量在3 000石以下。由此可知，四川有52个州县义仓，即60%的州县存谷数量达到了标准，而约占40%的州县，即34个州县义仓存谷数量较低，没有达到标准。

第三，储谷数量较大、仓廒数量较多的义仓主要设立在交通便利的沿江沿河区域。义仓储谷数量在10 000石以上的的州县，主要位于长江及其主要支流。如泸州（30 059石）、宜宾县（33 340石）位于长江干流，温江县（44 652石）、崇庆州（11 193石）位于岷江流域，富顺县（14 978石）、资州（28 000石）、德阳县（14 000石）位于沱江干流，三台县（10 906石）位于涪江干流，岳池县（10 014石）位于嘉陵江流域，渠县（11 395石）、达县（20 000石）、东乡县（16 342石）位于渠江干流。在水陆要冲之地设立规模较大的义仓，主要是因为义仓作为民间仓储，强调置田收租，以备赈恤，交通发达之处义仓存谷越多，越能更好地发挥救荒备赈的作用。

二、四川义仓粮食调拨

以往学者们对于古代义仓的历史作用的研究，有着不同的观点。张岩认为义仓主要职能为承担灾荒赈济，相对于常平仓旨在利农、利民的目的，义仓创立的背景比较单纯，就是基于对灾荒的预防和救助[1]。而中国台湾学者李汾阳认为义仓"取之于民用之于民为其终极目的，对政府而言，具有减轻财政负担及安定社会的双重功能。但究诸史实，不论隋或唐代政府，都在国家财政困窘时，违背诺言挪移公用。百姓反而无以之用，完全丧失拯民凶荒的作用。"[2]应如何看待义仓的运作及社会作用？本书主要通过考察清代四川义仓粮食调拨

---

① 张岩：《论清代常平仓与相关类仓之关系》，《中国社会经济史研究》1998年第4期。
② 李汾阳：《清代仓储研究》，《近代中国史料丛刊三编》第96辑，2006，第13页。

情况，来分析义仓所发挥的社会作用。

（一）赈济灾荒时的粮食调拨

义仓，为赈济饥馑而设，具有慈善赈恤之性质。在发生自然灾害时，调拨义仓仓谷赈济，是义仓粮食物流的主要途径之一。

表2-3为灾害时期义仓平粜原因、数量及区域统计表。

表2-3　灾害时期义仓平粜原因、数量及区域统计　　单位：次

地区	灾别	道光年	咸丰年	光绪年	同治年	总计
丰都县	水灾		2 451		597	3 048
大宁县	荒歉	700		825		1 525
绵竹县	荒歉	12 750				12 750
乐至县	不详				1 354	1 354
蓬州	水灾	250	1 200	3 620		5 070
定远县	旱灾		3 000			3 000
天全州	岁歉	1 123				1 123
阆中县	平价	4 096				4 096
垫江县	岁荒			6 476		6 476
资阳县	赈济			4 310		4 310
射洪县					44	44
通江县	水灾	1 990				1 990
合计		20 909	6 651	15 231	1 995	44 786

资料来源：《中国地方志集成·四川府县志辑》①，《中国方志丛书》②。

（二）战争时期的粮食调拨

早在乾隆年间，清政府对大小金川用兵，就近筹措军需，共动支四川仓谷891 026石，其中除常平仓仓谷外，还动用义仓仓谷。四川李永和、蓝朝鼎农民起义期间，清政府筹办地方团练经费及兵勇口粮，动用义仓仓谷。嘉道以来，国势日衰，财政窘迫，清政府遂大规模地肆意提占仓谷以弥补财政赤字。咸丰九年（公元1859年），李永和、蓝朝鼎起义军入川，四川总督骆秉章明令

---

① 《中国地方志集成·四川府县志辑》，巴蜀书社，1992。

② 《中国方志丛书》，成文出版社，1976。

"尽数变卖,解充军饷,民间百余年之积蓄,至是荡然尽矣!"① 起义时期义仓仓谷调拨原因、数量及区域统计表见表2-4。

表2-4 起义时期义仓仓谷调拨原因、数量及区域统计 单位:石

地区	原因	乾隆三十六、三十七年	咸丰十、十一年	合计
蒲江县	碾办站夫口粮	5 399		5 399
彭县	碾办站夫口粮	6 973		6 973
什邡县	碾办站夫口粮	4 643		4 643
石柱厅	金川运粮夫价	620		620
崇宁县	碾办军需	数目不详		数目不详
铜梁县	军务		3 519	3 519
江津县	军务		8 901	8 901
大宁县	协济军饷		742	742
南溪县	军务		2 312	2 312
仁寿县	勇食		13 709	13 709
蓬州	筹兵备寇		125	125
定远县	置备炮铳火药器械及筹备军饷		3 609	3 609
太平县	解济军饷		101	101
温江县	兵费隄工		38 151	38 151
屏山县	防堵滇匪		5 661	5 661
眉山县	接济军食		7 166	7 166
大邑县	办理防缴		3 200	3 200
合计		17 635	87 196	104 831

资料来源:《中国地方志集成·四川府县志辑》②,《中国方志丛书》③。

(三)公益支出

首先,从嘉庆二十三年(公元 1818 年)至道光二十九年(公元 1849

---

① 鲁子健:《清代四川财政史料》,四川省社会科学院出版社,1984,第 82 页。

② 《中国地方志集成·四川府县志辑》,巴蜀书社,1992。

③ 《中国方志丛书》,成文出版社,1976。

年），清政府粜卖成都等14州县的义仓仓谷，用作维修都江堰的经费。嘉庆二十三年（公元1818年），郫县知县陈光宗奏请将义田改名堰田，年出租谷作为都江堰国家额定岁修不敷之费。道光二十九年（公元1849年），四川总督琦善查明都江堰岁修经费原系盐茶耗羡外销项下开支，饬停各县申解济仓。彭县，"嘉庆二十三年，绅粮蔡汝霖等按粮劝捐，置买济田二百零一亩三分八厘，招佃每年收市斗谷二百七十一石八斗六升三合。嗣是自嘉庆二十五年起至道光二十三年止，历年租谷均经变价尽数解赴藩库收拨支都江岁修。"① 新津县，"济贫仓，嘉庆二十二年奉文捐设，以备岁歉，合县捐输共置田一百三十一亩零，岁收市斗租谷一百三十七石一斗四升。除完粮等费外，余谷尽变价批解藩库作岁修都江堰费。"②崇庆县，"清嘉庆间为助都江堰工，募黑石河民资购田岁储其入以备修濬。"③ 郫县，"济仓田所入租谷除完正供及堰工外，均作荒政用，由县委绅耆理之。"④ 新都县，"每年摊解堰工银一百四十六两七钱六分五厘七毫，又摊解水利同知竹价银五十四两整。"⑤ 蓬州，"同治九年大水溃隄，复筑之，用谷六百五十石。"⑥

其次，粜卖义仓仓谷，用以支付地方的各类临时性开销，如抚恤孤贫、书院膏火、修养济院。永川县，"自光绪十一年起至光绪十九年止，及光绪三十三年连存并岁收租谷共一万零四百一十一石五斗，除（佃户豁免、公局拨用、孙令亏挪、孤贫支济）各款外，实存仓斗谷七千四百四十三石零六合。"⑦ 庆符县，"每年提谷四十石给发孤贫，以五十七石存济仓。"⑧ 蓬州，"历年拨济玉环书院经费膏火用谷二千石"⑨。射洪县，"同治六年，前署县邵禀准奉文糶

① 张龙甲修，吕调阳等纂光绪《重修彭县志》卷四《赋税志·仓储志》《中国地方志集成·四川府县志辑》，巴蜀书社，1992，第96页。

② 陈齐学修，叶方模、童宗沛纂道光《新津县志》卷二一《仓储》《中国地方志集成·四川府县志辑》，巴蜀书社，1992，第608页

③ 谢汝霖等修，罗元黼等纂民国《崇庆县志》《建置二》《中国地方志集成·四川府县志辑》，巴蜀书社，1992，第246页。

④ 李之清等修，戴朝纪等纂民国《郫县志》卷一《仓储》《中国地方志集成·四川府县志辑》，巴蜀书社，1992，第652页。

⑤ 陈羽删等修，闵昌术等纂民国《新都县志》第二编《政纪》《中国地方志集成·四川府县志辑》，巴蜀书社，1992，第739页。

⑥ 方旭修光绪《蓬州志》第六《惠鲜篇》，光绪二十三年岁次丁酉十月既望新镌，第2-3页。

⑦ 许曾荫、吴若枚监修光绪《永川县志》卷四《赋役·仓储》，光绪甲午岁增修宝兴公局藏板，第27页。

⑧ 光绪《庆符县志》卷一四《公署》，《中国方志丛书·华中地方》，成文出版社，1976，第67页。

⑨ 方旭修光绪《蓬州志》第六《惠鲜篇》，光绪二十三年岁次丁酉十月既望新镌，第2页。

卖义仓仓斗谷四百石培修养济院。"① 叙永县，"光绪四年，叙永同知吴之桐、知县钱泽远禀请创建（育婴堂），嗣经督宪丁提拨义仓租谷为常年经费。"②

从以上义仓粮食调拨情况可以看出，清末四川义仓已经超越了建立之初的职责，即在灾荒年救济百姓，以弥补常平仓、社仓救荒之不足。在灾荒时，国家调拨义仓粮食用以赈济；在战争时期，国家调拨义仓粮食用以充作军粮之需，或地方调拨变卖提作团练经费或兵勇食粮；此外，义仓粮食还被调拨用以公益事业之需。因此，四川义仓不仅发挥了灾荒时拯民救民的救荒作用，同时还弥补了国家和地方的财政需要，起到了稳定社会政治秩序，支持地方社会发展的作用。

第四节　四川社仓地理分布

一、四川社仓地理分布特征

四川社仓自乾隆年间设立后，得到不断的发展。乾隆二年（公元 1737 年），仅有达州、内江等 30 余州县建有社仓，储谷不过 21 000 石有余。乾隆三年（公元 1738 年），社仓储谷量增加到 54 030 石，乾隆八年（公元 1743 年），"社仓粮石充裕，共实贮粮一十三万八千二百余石。"乾隆皇帝得到奏报后，非常高兴，批谕"社仓之谷，多多益善，但不可强民耳。"③ 嘉庆年间，社仓储谷量达到 1 607 295 石④。1840 年后，四川社仓出现了减少之势，笔者根据四川方志中的记载，统计出道光年以后，四川社仓的储谷总数为 1 088 695 石。四川社仓储谷的分布情况见表 2-5。

---

① 黄允钦等修，罗锦城等纂光绪《射洪县志》卷五《食货·仓储》，《中国地方志集成·四川府县志辑》，巴蜀书社，1992，第 547 页。

② 赖佐唐等修，宋曙等纂民国《叙永县志》卷二《政治篇·慈善》，《中国地方志集成·四川府县志辑》，巴蜀书社，1992，第 25 页。

③ 《高宗纯皇帝实录》卷一八五，中华书局，1987。

④ 杨芳燦等撰嘉庆《四川通志》卷七二《食货·仓储》，华文书局印行，清嘉庆二十一年重修本，第 2396-2405 页。

表 2-5　道光至宣统年间四川各县社仓实储谷额　　　　单位：石

地域	道光至宣统年间各县实储谷额	总数
成都府	成都县（15 291）华阳县（7 120）双流县（34 209）温江县（一）新繁县（15 000）金堂县（19 045）新都县（一）郫县（0）灌县（一）彭县（39 512）崇宁县（23 219）新津县（6 297）什邡县（74 950）崇庆州（28 929）简州（0）汉州（一）	263 572
重庆府	巴县（0）江津县（14 549）长寿县（4 108）永川县（983）荣昌县（3 082）綦江县（4 142）南川县（6 246）铜梁县（8 133）合州（29 614）涪州（1 938）大足县（14 587）璧山县（7 655）定远县（10 240）江北厅（2 233）	107 510
资州直隶州	资州（26 580）资阳县（13 557）内江县（12 854）仁寿县（42 570）井研县（3 289）	98 850
绵州直隶州	绵州（11 296）德阳县（43 078）安县（0）绵竹县（25 289）梓潼县（7 145）罗江县（一）	86 808
嘉定府	乐山县（一）峨眉县（1 960）洪雅县（2 814）夹江县（1 717）犍为县（205）荣县（32 979）威远县（45 728）峨边厅（0）	85 403
绥定府	达县（4 927）东乡县（30 001）新宁县（376）渠县（26 649）大竹县（18 680）太平县（2 642）城口厅（1 205）	84 480
顺庆府	南充（一）西充县（10 647）营山县（5 704）仪陇县（6 977）邻水县（1 070）岳池县（500）广安州（23 164）蓬州（8 977）	57 039
邛州直隶州	邛州（36 280）大邑（8 088）蒲江（9 440）	53 808
叙州府	宜宾县（7 003）南溪县（10 445）庆符县（813）富顺县（11 630）隆昌县（8 522）长宁县（279）兴文县（4 196）高县（800）筠连县（1 064）珙县（909）屏山县（0）雷波厅（2 852）马边厅（一）	48 513
潼川府	三台县（339）射洪县（3 019）盐亭县（一）中江县（9 041）遂宁县（6 174）蓬溪县（2 430）安岳县（11 525）乐至（5 880）	38 408
泸州直隶州	泸州（14 972）纳溪县（一）合江县（13 631）江安县（6 540）	35 143
忠州直隶州	忠州（2 144）丰都县（174）垫江县（5 397）梁山县（23 790）	31 505
宁远府	西昌县（4 500）冕宁县（230）盐源县（2 290）会理州（15 173）	22 193

表2-5(续)

地域	道光至宣统年间各县实储谷额	总数
保宁府	阆中县（1 917）苍溪县（1 688）南部县（2 349）广元县（192）昭化县（—）通江县（664）南江县（972）巴州（6 894）剑州（—）	14 676
龙安府	平武县（—）江油县（9 323）石泉县（—）彰明县（4 254）	13 577
雅州府	雅安县（8 508）名山县（4 255）荥经县（—）芦山县（—）清溪县（469）天全州（—）	13 232
夔州府	奉节县（2 737）大宁县（1 133）巫山县（5）云阳县（971）万县（2 152）开县（5 200）	12 198
酉阳直隶州	酉阳州（1 750）秀山县（—）黔江县（2 360）彭水县（2 551）	6 661
叙永直隶厅	永宁县（6 409）叙永厅（—）	6 409
眉州直隶州	眉州（3 242）丹棱县（1 254）彭山县（0）青神县（—）	4 496
茂州直隶州	茂州（1 628）汶川县（28）	1 656
杂谷直隶厅	杂谷厅（1 438）	1 438
松潘直隶厅	松潘厅（1 120）	1 120
石柱直隶厅	石柱厅（—）	–
合计		1 088 695

资料来源：《中国地方志集成·四川府县志辑》①，《中国方志丛书》②；注："—"表示史料中记载不详。

由表2-5可以看出四川社仓的空间分布情况：

（1）仓储额在10万石以上的府州有成都府、重庆府。

（2）仓储额在5万~10万石的府州有资州直隶州、绵州直隶州、嘉定府、绥定府、顺庆府、邛州直隶州。

（3）仓储额在1万~5万石的府州有叙州府、潼川府、泸州直隶州、忠州直隶州、宁远府、保宁府、龙安府、雅州府、夔州府。

（4）仓储额在1万石以下的地区有酉阳直隶州、叙永直隶厅、眉州直隶州、茂州直隶州、杂谷直隶厅、松潘直隶厅。

---

① 《中国地方志集成·四川府县志辑》，巴蜀书社，1992。

② 《中国方志丛书》，成文出版社，1976。

由此，我们可以总结出四川社仓的空间分布特征是设置广泛、分布不均衡。四川社仓广泛设立，遍布四川广大的农村，充分体现了社仓服务民间的社会性质。但从储谷数额来看，储谷数量不均衡，各府州县存在着一定的差异。作为四川省政治经济中心的成都府，社仓仓储额最高，而川西高原地区及盆地周边山区仓储额最低。

二、四川社仓地理分布影响因素

第一，物产的区域分布是导致社仓分布差异的重要因素。四川社仓分布广泛，重点突出，分布的重心主要在成都平原和川南地区，如成都府、绵州直隶州、嘉定府、资州直隶州、邛州直隶州等，这些地区都是四川最重要的稻米产区。而川北地区、川西高原及川东的一些地区稻谷产量小，因此仓储储谷量也少。

第二，经济发展状况是影响社仓分布的重要因素。社仓是民间仓储的重要形式之一，仓谷主要来源于民捐，因此地区经济的发达水平，直接影响着社仓的建设和发展。地区的农业经济发达，农民才能积累更多的剩余产品，由此仓储也就更加殷实。四川社仓的分布重心为以成都府为中心的川西地区、嘉定府为中心的川南地区、重庆府为中心的上川东地区，这些地区都是清代四川经济较发达的地区。

位于成都平原的川西经济区是长江上游人口最稠密、开发最早、自然条件最好的地区，这一地区每年都有大量稻谷运出。本区河流通航条件较差，但陆路交通却很方便，上游重要的大路和驿路皆由此辐射而出。上川南经济区，指成都平原以南的岷江、大渡河流域地区，以嘉定府城（乐山）为中心，"就地略观之，嘉定当三江之会，实南中形胜之区"[1]，嘉定府城居青衣江、大渡河与岷江合流处，溯岷江可至成都，溯青衣江可至洪雅。下川南经济区，是指沱江下游与长江交汇区域，溯长江到宜宾与川南经济区相连，顺长江而下通过重庆与上川东区接壤，是长江上游农业经济较发达的地区。上川东经济区，该区主要包括嘉陵江下游地区和黔江流域，主要城市有重庆、涪州、合州、广安等。重庆地处长江、嘉陵江之汇流处，为上游江河运输网络上最有利的位置，"有舟航转运之利，蜀西南北，旁及康藏，以至滇黔之一隅，商货出入输会必于重庆。故重庆者，蜀物所萃，亦四方商贾辐辏地也。"[2]

---

① 四川省第五区行政督察专员公署编：《四川第五区风土政情》，1944 年。
② 朱之洪等修，向楚等纂民国《巴县志》卷一三《商业》，巴蜀书社，1992。

第三，政治因素也是影响社仓地理分布差异的重要原因。历史上成都府是四川的政治、经济、文化中心，四川的最高行政机构设在成都。成都府人口众多，嘉庆十七年（公元1812年），成都府人口总数达384万人，位居四川之首。为了保障四川政治中心的社会稳定，就必须加大仓储建设，作为社仓的社会功能，不管是仓谷的春借秋还，还是灾害赈济，都是为了保障农民的生活生产，发挥社会保障的作用。因此成都府不仅官办仓储常平仓储谷最多，且民间仓储社仓的储谷量也位居全省之首。

第四，战争是导致社仓地理分布变迁的重要因素。社仓分布变迁主要表现在两个方面：第一，社仓储谷额空间分布的变化。作为民间仓储的社仓由于缺乏官方的保护，在战争中最易遭到破坏，位于川南农业经济发达地区的泸州直隶州、叙州府社仓储谷额不足5万石，水平较低，而位于川北地区的绥定府、顺庆府社仓水平反而较高。通过对四川地方志资料的整理，发现李永和、蓝朝鼎农民起义爆发后，四川社仓储谷数量呈整体下降之趋势，其中储谷量较高的川西、川南、川东地区社仓储谷量下降最为明显。成都府减少了193 122石，将近一半之多，其次为绵州府减少了79 663石，嘉定府减少了69 704石，邛州府减少了54 863石，重庆府减少了38 563石，叙州府减少了31 070石。位于川北地区的府州因基本未受到战争波及，社仓储谷数量稳定，甚至还出现了增长，如绥定府、顺庆府、宁远府、忠州直隶州、保宁府、松潘直隶厅，而茂州直隶州社仓储谷数额不变。第二，社仓设立地点的变迁，即从乡村转移到县城。清初，社仓普遍设立于乡村，以弥补常平仓救灾之不足。早在嘉庆年间，四川爆发白莲教起义，清政府推行"寨堡团练""坚壁清野"的政策，通令全省各州县将散设四乡的社仓积谷全部移贮县城，与县署常监仓合廒。咸丰十年（公元1851年）李、蓝义军入川，社仓谷遭到破坏，因此大部社仓被移贮县城。如南川县"咸丰八年，知县王臣福以寇匪及境，悉令移入署内与常平仓同处"①。永川县"前咸丰十年，滇匪陷城，分窜四乡，被焚劫社谷九千七百九十七石，经委员查明造册结报，余存谷七百五十九石，饬移贮县城，由官经理。"② 井研县"咸丰末，滇匪蹯县，所在焚掠。至同治九年，知县陈葆真奉文仅数糶卖，置业四区，此后岁入租谷，皆由县署仓廒存储。"③ 笔者根据四

---

① 柳琅声等修，韦麟书等纂民国《南川县志》卷四《食货志·仓储》，《中国方志丛书·华中地方丛书》，成文出版社，1926，第292页。

② 许曾荫、吴若枚监修光绪《永川县志》卷四《赋役·仓储》，光绪甲午岁增修宝兴公局藏板，第26-28页。

③ 高承瀛修光绪《井研县志》卷四《建置》，光绪二十六年修，第11-12页。

川方志的记载，统计了97个县社仓分布地点，有55个县的社仓分布于乡村里甲，42个州县的社仓设于城内，占到总数的43%，将近一半之多，具体情况见表2-6。

表2-6　清末四川省社仓分布地点

分布地点	州县	州县数/个	所占比例/%
城内	华阳县、新津县、崇庆州、绵竹县、江油县、雅安县、名山县、会理州、洪雅县、夹江县、荣县、威远县、眉州、邛州、大邑、筠连县、雷波厅、阆中县、通江县、南江县、西充县、营山县、广安州、射洪县、遂宁县、乐至县、永川县、綦江县、南川县、江北厅、大宁县、巫山县、忠州、丰都县、	34	35
城、乡	金堂县、德阳县、长宁县、兴文县、资阳县、邻水县、巴县、大足县、	8	8
乡、都、里	双流县、新繁县、郫县、彭县、崇宁县、什邡县、绵州、安县、梓潼县、罗江县、彰明县、犍为县、峨边县、丹棱县、青神县、泸州、合江县、江安县、宜宾县、南溪县、隆昌县、高县、资州、内江县、仁寿县、井研县、永宁县、苍溪县、南部县、广元县、安岳县、江津县、荣昌县、铜梁县、合州、璧山县、万县、垫江县、达县、新宁县、渠县、大竹县、太平县、酉阳州、秀山县、黔江县、彭水县	47	49
乡图、都甲	简州、富顺县、昭化县、巴州、云阳县、梁山县、东乡县、城口厅	8	8
总计		97	100

资料来源：《中国地方志集成·四川府县志辑》①，《中国方志丛书》②。

三、四川社仓粮食调拨

在传统社会，社仓作为民间社会的重要保障制度，其经营模式及社会职能的发挥都有赖于社谷的流通。社仓的"以仓养仓"经营模式，即以仓储直接进入粮食流通领域，通过市场上的粮食买卖或借贷，以此维持仓储的经营发展。

---

①　《中国地方志集成·四川府县志辑》，巴蜀书社，1992。
②　《中国方志丛书》，成文出版社，1976。

其核心理念就是以流通应对存储压力，希望通过市场交易获取利润，以此应对仓储损耗，维持仓储经营。在实践层面上，古代社仓不仅是社会保障机构，更是一个经济组织，发挥了粮食存储与流通两方面的作用。社仓粮食的流通主要是通过赈济灾荒、借贷于农，或地方军事需要，或用于地方社会公益事业等途径实现。

（1）粜卖社谷，赈济灾荒，平抑物价。

社仓粮食的流出，主要是在青黄不接或发生自然灾害之时，出粜仓谷，接济农民。如咸丰二年（公元1852年）川南大旱，乐山县"饥民食蓬草，草尽食白泥。县令发仓赈济"①。南溪县，"咸丰元二三年，知县陈价藩糶卖仓斗谷九千一百零三石一斗，提追尚未赔还。"② 笔者根据地方志的记载，统计出因自然灾害各县社仓谷平粜情况，见表2-7。

表2-7　灾害时期社仓平粜原因、数量及区域统计　　　单位：石

地区	灾别	咸丰年间	同治年间	光绪年间	合计
乐山县	旱灾	数目不详			不详
南溪县	旱灾	9 103			9 103
遂宁县	平价		4 250		4 250
丰都县	歉收		806		806
定远县	旱灾	4 220	5 496		9 716
铜梁县	旱灾		360		360
德阳县	平价			6 400	6 400
峨边县	不详			547	547
合江县	水灾		数目不详		不详
合计		13 323	10 912	6 947	31 182

资料来源：《中国地方志集成·四川府县志辑》③，《中国方志丛书》④。

（2）动碾社谷，用于军事需要。

咸丰九年（公元1859年），云南爆发了李永和、蓝朝鼎农民起义，战火迅速蔓延到四川。各地地主纷纷修筑堡寨碉楼，举办团练，纠集武装，以抵抗起

---

① 唐受潘修，黄镕、谢世瑄等纂民国《乐山县志》卷一二《中国地方志集成·四川府县志辑》，巴蜀书社，1992，第41页。

② 同治甲戌秋新镌《南溪县志》卷二《公署》，板藏校士馆，第2页。

③ 《中国地方志集成·四川府县志辑》，巴蜀书社，1992。

④ 《中国方志丛书》，成文出版社，1976。

义军，协助官军作战。为了筹集兴办团练经费、支发团丁口粮，各地纷纷动碾地方社仓仓谷作为地方军粮。如民国《郫县志》记载，"咸丰十年，蓝逆之乱，各乡均提作办团用，贼平，无法填补，仓亦毁。"[1] 咸丰年间，清政府为了镇压义军，提拨地方仓储支持地方军需的州县见表2-8。

表2-8　战争时期社仓谷动碾数量、用途及区域统计　单位：石

地区	用途	咸丰十年	咸丰十一年	同治元年	合计
郫县	团练费用	8 960			8 960
绵州	勇食		4 574		4 574
南溪县	团练费用		5 171		5 171
遂宁县	团练费用	14 751			14 751
丰都县	勇食			2 261	2 261
定远县	勇食		3 308		3 308
峨眉县	团练费用		7 211		7 211
铜梁县	勇食	2 611			2 611
涪州	勇食		4 797		4 797
璧山县	团练费用		4 830		4 830
太平县	团练经费			875	875
彭县	团练经费及修浚城濠添建敌楼			14 044	14 044
夹江县	勇食		4 499		4 499
犍为县	团练经费	16 500			16 500
大邑县	办理防缴并支楚军口粮			6 000	6 000
屏山县	防堵滇匪	4 405			4 405
丹棱县	贼碾食			3 244	3 244
万县	民借碾及贼焚毁			5 449	5 449
合计		30 727	50 890	31 873	113 490

资料来源：《中国地方志集成·四川府县志辑》[2]，《中国方志丛书》[3]。

　　根据地方志记载，对四川社仓仓谷物流情况进行统计，社仓谷用以赈济或

---

　　[1]　李之清等修，戴朝纪等纂民国《郫县志》卷一《仓储》，《中国地方志集成·四川府县志辑》，巴蜀书社，1992，第652页。

　　[2]　《中国地方志集成·四川府县志辑》，巴蜀书社，1992。

　　[3]　《中国方志丛书》，成文出版社，1976。

平粜的次数及数量并不多，反而为了地方军事需要大量调拨社仓仓谷。这反映了晚清社仓仓政职能的扩大，不仅局限于赈灾救荒，而且地方州县还在"以公济公"的名义下肆意动拨，补充地方财政需要，满足地方的不时之需。

（3）社会公益事业。

地方的各类社会公益事业开支也往往借贷地方仓储，社仓仓谷由此流入交易市场，变卖成谷价银后，用于填补地方公益事业之需。如丰都县就曾将社仓仓谷变卖后拨作城工的费用，据光绪《丰都县志》记载，因丰都县社仓仓房毁于水，"糴存谷价，知县马佩玖因迁治拨作城工，又道光二十年办赈盘折谷十五石，余城工及民借又七百八十三石，余均未筹填。"① 洪雅县，"社仓自咸丰六年邑令解开祥办文领款买田收租起，年纳报明京斗谷贰百零壹石贰斗外，每年另拨租谷肆拾石合入书院以资诸生膏火。"② 合川县，"光绪二十九年，上谕改办学堂，知州陈夔麒禀请案提社仓息谷十股之二，贴补各里高小学经费。"③

（4）支持农业生产。

社仓的主要功能为济贫，"分在城乡以备贫农之借贷"④。社仓主要通过春贷秋偿的方式，即春时支借，秋成还仓，收息加贮，"每石收息二斗，小歉减息一半，大歉全免其息，只收本谷。十年后，息已二倍于本，只以加一行息"⑤，以救济贫民，具有利农之性质。中国是一个传统的农业国家，由于生产力水平的局限，无论是在平常年景抑或是在灾年，当时的农民都处在极端贫困之中。在此境况下，农民往往连维持简单再生产的能力都没有——缺乏生活资料、口粮、籽种等，万般无奈，只得借贷于富户大姓，受其高利贷盘剥。社仓的作用表现在灾后或青黄不接之时，以较低的利息贷给农民籽种、口粮等，使其能够进行简单的再生产。"查社仓之设，所以接济农民，俾免重利称贷。"⑥ 清代社仓筹办章程中有关社谷使用一条，主要宗旨都是借贷籽种、口粮等给无力之农民，"社谷原备农民籽种，耕田之家，无论佃田自田，凡无力

① 徐昌绪编纂光绪《丰都县志》卷二《赋役志·仓储》，光绪十九年续纂，第32页。
② 郭世棻修，邓敏等纂光绪《洪雅县志》卷二《仓储》，《中国地方志集成·四川府县志辑》，巴蜀书社，1992，第508页。
③ 郑贤书等修，张森楷纂民国《新修合川县志》卷一六，《仓储》，《中国地方志集成·四川府县志辑》，巴蜀书社，1992，第493页。
④ 陈法驾、叶大锵等修，曾鉴、林思进等纂《民国华阳县志》卷三《建置·仓储》，《中国地方志集成·四川府县志辑》，巴蜀书社，1992，第76页。
⑤ 熊履青总纂道光《忠县直隶州志》卷四《食货志·积贮》，道光丙戌年修，第30-31页。
⑥ 刘锦藻：《清朝续文献通考》卷六〇《市籴考5》，商务印书馆，1955，第8155-8158页。

者皆许借领"①。社仓的借贷对于恢复农业生产具有重大意义，通过仓储借贷以缓解农民的贫困境况，使其最低程度的简单再生产能够进行下去，从而稳定了社会秩序②。

第五节　四川积谷仓地理分布

一、光绪年间积谷仓地理分布

四川积谷仓自光绪三年（公元1877年）开始，先后办理积谷三次，第一次共收仓斗谷731 900石，川北一带不产谷米，积谷困难，后经奏明酌拨盐厘银两发给绵州、三台等11州县分别采买谷27 638石；第二次共收仓斗谷291 771石7斗；第三次共收仓斗谷166 436石9斗③。四川积谷仓共储谷1 217 745石。但在《中国地方志集成·四川府县志辑》④、《中国方志丛书》⑤中，对积谷仓的记载并不全面，有些县份虽记载了积谷仓，却没有记载储谷数量，所以根据四川方志的记载所统计出的储谷数仅为651 020石。根据现有的资料，我们可以大致看出四川积谷仓的空间分布情况（见表2-9）。

表2-9　光绪年间各县积谷仓储谷数量　　　　　单位：石

地域	光绪年间各县实储谷额	总数
叙州府	宜宾县（19 543）南溪县（＊）庆符县（1 230）富顺县（46 274）隆昌县（＊）长宁县（7 733）兴文县（1 619）高县（2 234）筠连县（一）珙县（3 138）屏山县（13 074）雷波厅（960）马边厅（＊）	95 805
重庆府	巴县（＊）江津县（18 456）长寿县（13 230）永川县（7 150）荣昌县（＊）綦江县（＊）南川县（9 083）铜梁县（＊）合州（20 031）涪州（＊）大足县（＊）璧山县（＊）定远县（14 088）江北厅（＊）	82 038

---

① 徐栋编《牧令书》卷一二《筹荒上》，道光刊。

② 牛敬忠：《清代常平仓、社仓的社会功能》，《内蒙古大学学报》1991年第1期。

③ 沈云龙主编《近代中国史料丛刊第八辑——丁文诚公（宝桢）遗集》，文海出版社，1967，第2627-2628页。

④ 《中国地方志集成·四川府县志辑》，巴蜀书社，1992。

⑤ 《中国方志丛书》，成文出版社，1976。

表2-9(续)

地域	光绪年间各县实储谷额	总数
泸州直隶州	泸州（51 042）纳溪县（＊）合江县（12 816）江安县（8 884）	72 742
成都府	成都县（一）华阳县（＊）双流县（＊）温江县（16 968）新繁县（一）金堂县（＊）新都县（＊）郫县（一）灌县（＊）彭县（＊）崇宁县（6 694）新津县（＊）什邡县（＊）崇庆州（7 372）简州（35 586）汉州（＊）	66 620
潼川府	三台县（一）射洪县（5 938）盐亭县（＊）中江县（30 164）遂宁县（一）蓬溪县（17 074）安岳县（＊）乐至县（＊）东安（3 586）	56 762
顺庆府	南充（一）西充县（＊）营山县（3 389）仪陇县（＊）邻水县（＊）岳池县（＊）广安州（22 979）蓬州（24 234）	50 602
绥定府	达县（20 441）东乡县（15 177）新宁县（＊）渠县（＊）大竹县（8 632）太平县（4 300）城口厅（＊）	48 550
嘉定府	乐山县（一）峨眉县（4 382）洪雅县（＊）夹江县（3 395）犍为县（4 778）荣县（34 026）威远县（＊）峨边厅（＊）	46 581
忠州直隶州	忠州（＊）丰都县（9 696）垫江县（＊）梁山县（18 198）	27 894
雅州府	雅安县（3 561）名山县（14 852）荥经县（一）芦山县（＊）清溪县（2 560）天全州（＊）	20 973
资州直隶州	资州（一）资阳县（一）内江县（13 000）仁寿县（＊）井研县（5 658）	18 658
绵州直隶州	绵州（4 488）德阳县（7 437）安县（＊）绵竹县（6 746）梓潼县（＊）罗江县（＊）	18 671
眉州直隶州	眉州（2 400）丹棱县（5 700）彭山县（6 828）青神县（＊）	14 928
夔州府	奉节县（5 337）大宁县（968）巫山县（2 330）云阳县（＊）万县（＊）开县（＊）	8 635
保宁府	阆中县（＊）苍溪县（＊）南部县（＊）广元县（619）昭化县（＊）通江县（＊）南江县（6 022）巴州（一）剑州（＊）	6 641
叙永直隶厅	永宁县（3 372）古宋县（2 183）	5 555

表2-9(续)

地域	光绪年间各县实储谷额	总数
龙安府	平武县（＊）江油县（4 765）石泉县（＊）彰明县（＊）	4 765
酉阳直隶州	酉阳州（＊）秀山县（2 800）黔江县（＊）彭水县（＊）	2 800
宁远府	西昌县（＊）冕宁县（＊）盐源县（1 675）会理州（＊）	1 675
松潘直隶厅	松潘厅（125）	125
邛州	邛州（一）大邑（一）蒲江（＊）	
茂州直隶州	茂州（＊）汶川县（＊）	
杂谷直隶厅	杂谷厅（＊）	
石柱直隶厅	石柱厅（＊）	
合计		651 020

资料来源：《中国地方志集成·四川府县志辑》①，《中国方志丛书》②。

注："一"表示该县建有积谷仓但史料中没有记载积谷仓的数量；"＊"表示史料中未记载该县积谷仓的情况。

二、积谷仓地理分布特点及原因

第一，积谷仓不仅储谷量大，且空间分布广泛。光绪年间积谷仓先后三次通过捐输、采买等方式共积谷1 217 745石，积谷仓的储谷数超过了此时的社仓及义仓，且积谷的地方多达110余处，这说明了清后期随着民间仓储——义仓、社仓的衰落，积谷仓取代了义仓和社仓，成为民间主要的储粮方式。

第二，积谷仓的分布也存在着区域差异，川西平原的成都府、川东地区的重庆府及川南地区的叙州府、泸州直隶州等地的储谷量较多，而位于川西北高原地区的龙安府、松潘厅、茂州、杂谷厅等地储谷量最少。自然地理环境所决定的四川省内农业经济的区域差异仍是导致储谷地理分布差异的重要因素。

第三，农业经济落后，产粮较低的川北地区积谷数量并不少。这主要是因为丁宝桢在办理积谷时考虑到川北地区自然条件的脆弱性，"川北保宁、潼川、顺庆、绵州各府州，山多田少，产谷无几，且道路艰险，一旦遇有饥荒本

---

① 《中国地方志集成·四川府县志辑》，巴蜀书社，1992。

② 《中国方志丛书》，成文出版社，1976。

境既无谷可筹，买谷又难以转运，办理虞掣肘，不可不先事绸缪为有备无患之计。"① 因此 "饬令各盐厘局酌量匀拨银二万八千九百五十余两，于绵州、三台、中江、射洪、阆中、南部、西充、蓬溪、乐至、盐亭、遂宁共十一州采买谷石存仓以资备御。"②

从积谷仓的地理分布可以看出，民间仓储备荒的建设有了一定的发展，从仓储制度上注重民捐民管，且对于一些交通及农业经济落后地区，由政府采买粮食增强储额，这样使仓储在地理分布上更合理、更均衡。

---

① 沈云龙主编《近代中国史料丛刊第八辑——丁文诚公（宝桢）遗集》，文海出版社，1967，第 2483 页。

② 沈云龙主编《近代中国史料丛刊第八辑——丁文诚公（宝桢）遗集》，文海出版社，1967，第 2484 页。

第三章　1912—1936 年四川社会保障仓储地理分布

第一节　1912—1936 年四川社会保障仓储的类型

1912—1936 年，由于社会的变迁，四川社会保障仓储也发生了重大变化。这一时期的仓储，从性质来看可分为两大类：一是传统仓储——常平仓、义仓、社仓；二是新式仓储——积谷仓，其由旧式仓储发展而成，用于平粜与备荒。

一、传统仓储（常平仓、社仓、义仓）走向衰落

从民国元年（公元 1912 年）至民国二十四年（公元 1935 年）二月，四川传统仓储逐渐走向衰败，"民国以来，防区制起，军政长官自由提用，有司莫敢抗违，未几颗粒无存，其最不肖者乃取仓廒以代薪，设仓之地亦以为官产而斥卖无余，言之十足痛心。"①

（一）民国初年，战事不断，仓谷因军用而减少乃至无存

民国初年，四川省经历辛亥革命、讨袁斗争、护国战争和护法战争，由于起义所需及过路军队提作军需、军饷，仓谷大幅度减少甚至提用无存。如温江县，积谷仓"辛亥之变，路事起义损失 232 石，民国元年提卖至 1 886 石，见实存京斗谷一万五千零八十二石七斗。"② 荣经县，"民国元年将民间积谷全数

---

① 陈法驾、叶大锵等修，曾鉴、林思进等纂《民国华阳县志》卷三《建置·仓储》，第 75 页。
② 张骧等修，曾学傅等纂民国《温江县志》卷三《民政》，《中国地方志集成·四川府县志辑》，巴蜀书社，1992，第 382 页。

提作军需禀销有案，所余仅常监积济三仓之谷耳，然不知在前如何消耗，竟存少数。"① 眉山县，常平仓"民国六年滇军围城，川军旅长刘成勋令碾军米接济军食，所有谷石全数拨借。"社仓，"民国七年，援鄂川军纵队长邓锡侯令饬碾军米接济军食。民国九年实存社仓年租谷市斗二百二十石。"济仓，"民国六年刘旅长令饬碾军米动拨京斗谷三千六百四十五石，九年计实存年租市斗谷一千一百二十二石一斗。"积谷仓，"民国六年因防御滇军旅长刘成勋令饬碾米接济军食，将城储积谷全数动拨。截至民国九年共计存各保积谷八百四十石，实存城仓积谷六百五十四石。"② 重庆积谷，于清咸丰八年（公元1858年），由川东道王廷植就地抽收厘金，交由江南、江西、陕西、广东、浙江、福建、湖南、湖北等省会馆客长保管，购置产业，建仓积谷，遂命名八省积谷局。此后，此项积谷及财产，即由八省留渝绅商执掌，俨同会产，历年添购，共积谷至3万余石（旧制）之多。后来由于驻军提借及经手人侵蚀，到1927年原来的70个仓廒仅存47个，积谷也只有8 700余石（新制）③。

（二）军阀割据、政局动荡，仓谷被毁严重

1919年，四川省军阀实行"防区制"，即军阀割据，导致四川仓谷毁坏严重。各路军阀在自己的防区内"就地筹饷"，仓储被随意提拨，仓谷被提取一空，甚至连仓廒都悉数被毁，或改为他用。如华阳县，清末有各类仓谷118 748石，"民国以来防区制起，军政长官自由提用，有司莫敢抗违，未几颗粒无存。"④ 德阳县，"民七年以后，川政不纲，防区成制，遂被驻军首长先后提卖，继且变卖仓房。"⑤ 汉源县，"民国以还，防区分治，政令纷歧，仓储提卖无遗。"⑥ 洪雅县，"军阀割据，储粮操作军用，谷仓大部被毁。"⑦ 资阳县，

---

① 贺泽等修，张赵才等纂民国《荥经县志》卷二《建置志·仓廒》，《中国地方志集成·四川府县志辑》，巴蜀书社，1992，第442页。

② 王铭新等修，杨卫星、郭庆琳纂民国《眉山县志》卷三《食货志·仓贮》，《中国地方志集成·四川府县志辑》，巴蜀书社，1992，第532-533页。

③ 《关于开会商讨积谷建仓事宜致重庆警察局的函》，重庆档案馆藏，重庆市警察局档案，档案号：61-15-3924。

④ 陈法驾、叶大镛等修，曾鉴、林思进等纂《民国华阳县志》卷三《建置·仓储》，《中国地方志集成·四川府县志辑》，巴蜀书社，1992，第75页。

⑤ 熊卿云、汪仲夔等修，洪烈森等纂民国《德阳县志》，《仓储》，《中国地方志集成·四川府县志辑》，巴蜀书社，1992，第17页。

⑥ 刘裕常修，王琢纂民国《汉源县志》，《建置志》，《中国地方志集成·四川府县志辑》，巴蜀书社，1992，第70页。

⑦ 四川省洪雅县地方志编纂委员会编纂《洪雅县志》，电子科技大学出版社，1997，第429页。

"历民国六年七年，或因城防动拨，或因师长提卖，或因荒旱平四仓，几竭无存。"①

此外，由于四川政局动荡，仓储管理不善，仓谷或被经理侵蚀，或被民欠，或被挪作他用，四川仓储制度遭到破坏。如西昌县，"县署仓储，或因军事及荒歉动用，或经理侵蚀，或积欠在民，仓中存谷无多。"② 隆昌县，积谷"拨作民国十七年修筑成渝公路经费，积谷颗粒无存。"③

（三）传统仓储被废弃

1928年，国民政府设立内政部，积谷归内政部主办。内政部设立之初，参考历代成规，首先颁行了"义仓管理规则"，令恢复各地旧制，将各地旧有之常平仓、储备仓、社仓及其他谷仓，一律改称义仓。1932年10月，刘湘以国民革命军第二十一军军部名义训令成区各县县长整顿积谷，"将常平、社仓、济仓等向来属于官管之各县市仓库正名为市仓或县仓，属区者正名为区仓，属乡、镇者正名为乡仓、镇仓。"④ 自1936年始，四川按照《各地方建仓积谷办法大纲》的规定募集积谷，建立积谷仓，旧式仓储常平仓、社仓、义仓也就不复存在。

二、新式仓储（积谷仓）兴起与发展

（一）国民政府颁布《各地方仓储管理规则》

1930年1月，内政部将"义仓管理规则"修正后，定名为《各地方仓储管理规则》，并呈准在全国通行。按照此项规则，积谷仓分为县仓、市仓、区仓、乡仓、镇仓、义仓六种，县乡镇各仓，为必设仓，市仓、区仓之设立，由民政厅根据地方情形决定，各仓由所在地之县市区乡镇设立。义仓由私人捐办，县市区乡镇各仓，筹备积谷，皆用地方公款办理，如无地方公款时，则采取派收及捐募两种方式。各仓积谷数目，县市各仓，由民政厅决定，区仓由县政府决定，乡镇各仓，以一户积谷一石为准，按数递加。为加强监督与管理，县、市、区、乡、镇仓谷，除由县长、市长、区长、乡长、镇长各自负责办理外，还要由地方推举公正士绅三人至五人协助之，以防官吏之舞弊⑤。

---

① 佚名：《民国资阳县志稿》卷一《仓廒》，《中国地方志集成·四川府县志辑》，巴蜀书社，1992，第756页。

② 郑少成等修，杨肇基等纂民国《西昌县志》卷三《食货志》《中国地方志集成·四川府县志辑》，巴蜀书社，1992，第64页。

③ 《隆昌县粮油志》，四川省隆昌县粮食局编1986年版，第123页。

④ 《万县市粮食志》，万县市粮食局1989年版，第246页。

⑤ 《中国仓储问题》，庐山暑期训练团印1937年版，第23页。

（二）国民政府颁布《兴办仓储案计划》

为加快仓储建设，1931年国民政府颁布实施仓储、预防灾荒、充裕民食之规定。1932年10月，陈果夫向国民党中央政治会议提出调节民食案，又令各县恢复积谷仓，及由中央择粮食汇集处设总储备仓等。至1933年10月行政院会议，复通过"官买积谷以利农村案"；同月，蒋介石在南昌召集赣、湘、鄂、豫、皖、冀、浙、苏八省政府代表及上海市政府代表，举行粮食会议，决议兴办仓储一案，转由行政院命令饬内政部、实业部，依照原案计划，令各省市依此原则认真办理。《兴办仓储案计划》对仓储的种类、设置、组织、经费等方面进行了修订。一是仓储种类，仓储分为国立储备仓、省立储备仓、县仓、区仓、乡仓。二是仓储设置，国立储备仓由中央设立，省立储备仓由省设立，省以下各仓，乡仓、镇仓必须普遍设立，县仓、市仓参酌地方情形，分别设立，区仓则斟酌地方财政，酌量设立。地方原有旧制之积谷仓库，应即恢复改组，应用现在名称；县仓或区乡仓，应参合旧有义仓、社仓办法，县仓如储备积谷，尚有余力，并得兼营农仓业务。三是组织上，县仓组织仓储管理委员会，主管该县县仓一切事宜，管理员由地方职业团体、慈善团体及捐款百元以上者，推定若干人充任，县长立于监督地位，随时得抽查稽核；县仓储备数量，至少陆续积谷至一万石以上；区仓储备数量，至少在一千石以方面，乡仓至少在五百石以上。四是经费上，县仓、乡仓经费之筹集，除依部章规定派收、捐募两种方法外，再以下列各法筹集：旧有仓储资产，公团存款，移拨地方不急之经费，县行政部分之罚款，公产变卖（县仓以上），香会神社公集款，乡社公款，各种补助款（区乡仓以上）①。

（三）国民政府制定《各地方建仓积谷办法大纲》

1936年9月，内政部根据前项管理规定，并参酌1933年粮食会议所通过的《兴办仓储案计划》，制定了《各地方建仓积谷办法大纲》，规定"各地方积谷仓分为县仓、市仓、区仓、乡仓、镇仓、义仓六种。"② 其较《各地方仓储管理规则》及《兴办仓储案计划》更为周详，主要表现在以下几点：一是规定各种积谷仓，兼以辅助农村生产事业为宗旨。各地方积谷仓，除备荒恤贫外，必要时应运用于辅助农村生产事业之发展。其事业除将积谷使用于贷放、平粜及散放外，如认为有辅助农村生产事业发展之必要时，得以存谷向金融机关抵押借款，办理农村贷放。二是奖励输谷。人民或私人团体，一次捐助积谷

---

① 《中国仓储问题》，庐山暑期训练团印1937年版，第25-26页。
② 内政部统计处编《仓储统计》，战时内务行政应用统计专刊第3种1938年印，第51页。

五十石以上，或累积五百石以上，由省政府援照褒扬条例，酌予褒奖。三是严定检查办法。为考察各地建仓积谷成绩，政府每年应实施检查一次，由内政部派员分赴各地抽查，省政府派员分赴各县市仓逐仓查验，并抽查区乡镇仓，县长、市长本人或派员分别查验区乡镇仓。四是规定积谷处置方法。各仓积谷，应逐年翻晒，至少每三年推陈出新一次，由县长、市长、区长、乡长、镇长督同保管人员管理之。1936 年 12 月，内政部订立《各省建仓积谷实施方案》，次年 4 月内政部又公布了《全国建仓积谷查验实施办法》，为各级地方政府实施查验建仓积谷成绩提供准则①。

（四）四川积谷仓仓谷的募集方法、管理、仓廒建设及积谷使用

1935 年，国民党政府统一四川，四川省政府改组，改组后的省政府"对于仓储，始事清理，力谋改进"②，四川积谷仓有所发展。

（1）仓谷的募集方法。

依据四川省政府民国二十四年（公元 1935 年）施政纲要，四川省制定"各市县屯局筹设镇乡仓及分期募集谷石办法"，该办法规定："（一）各市县屯局所属各镇乡，须各筹设镇乡仓一所。（二）各镇乡仓募集谷石，亟应由各该市县屯局长官，查酌地方情形，按照内政部颁布各地仓储管理规则第四条规定，分派收与募捐两种办法征集之。（三）各镇乡仓应集谷量，以各该镇乡所辖户口多寡，照户积谷一石为限度。其募集标准，照收租数目，以累进法计算。收租不满二十石者，免予摊募。（四）各镇乡仓谷派募办法，分三期办理，以一年为一期。第一期派募十分之四。第二第三两期，各派募十分之三。各该镇乡遵照预定募集数额逐年筹募。限于二十四年度以内将第一期之数募集，至二十六年度以内，募足全额。但有特别情形，不能如期募集者，应专案报核。（五）各镇原存积谷，如已符储量标准者，免再募集。不足者应照欠额补募，以足定额为止。（六）各镇乡原有仓房，如已遭折毁，或从未建有仓房，即在各镇乡庙宇，或公共场所内，设法改建或新建。（七）各镇乡仓谷管理办法，由各市县屯局遵照部颁管理规则并查酌地方情形，拟定报核。"③

（2）仓谷的管理。

积谷募集完后，即须悉数归仓，统一保管。1937 年 9 月，四川省政府制订《四川省各县市区乡镇仓保管委员会组织规程》，通令各县市政府遵照，分别组织各仓保管委员会，其中规定：各县市及设治局，所属各县市区乡镇仓积

① 《中国仓储问题》，庐山暑期训练团印 1937 年版，第 26-27 页。

② 何南陵编述《四川省仓储概况》，四川省政府印 1947 年版，第 1 页。

③ 《省府通令各县募集仓谷》，《四川月报》1935 年第 7 卷第 6 期，第 113 页。

谷及谷款，应依照本规程分别组织保管委员会管理之。保管委员会分为县市仓保管委员会、区仓保管委员会、乡镇仓保管委员会。县市仓保管委员会由县长、市长担任主任委员，并于殷实士绅中，遴选五人为委员；区仓保管委员会，由区长担任主任委员，并于殷实士绅中，遴选五人为委员；乡镇仓保管委员会，由乡镇长担任主任委员，副乡镇长、名誉副乡镇长担任委员，并于殷实士绅中，遴选二人至五人为委员。保管委员会之职权为：①仓谷之出纳，及推陈出新事项；②仓谷与谷款之管理，及使用事项；③仓廒之建筑及修葺事项；④其他有关仓储事项。县市局长、区长、乡镇长卸任时，应将经手管理之积谷及谷款，按照公务员交代条例，正式造册移交，并与新任会衔呈报县市政府，或设治局备查。保管委员会所经管之积谷或谷款，未经呈报核准，不得挪作别用，否则应由全体委员负连带赔偿之责。积谷及谷款，因管理不善，所受损失除系天灾事变不可抗力者外，应由各委员负责赔偿。另外，保管委员会应设置各种簿册，关于派募、贷放、建仓及开支必要经费等项，应分别记载，并于每年年终时呈报县市政府，或设治局查核，及时公布①。

（3）仓廒建设。

县市仓设于县政府或市政府所在地，区乡镇仓设于区乡镇公所所在地。各地仓廒应先尽旧廒或就公有寺庙、公有房屋改建，如旧有仓廒设备不良应积极修葺完整。仓廒之建筑及修葺费由县市政府制定的款开支，呈请省政府核准列入地方预算，如无款可供指定或指定的款不敷开支时，可呈准省政府拨现存谷款或变卖积谷一部分补充，但以不超过现存积谷总额的三分之一为限②。

（4）积谷使用。

积谷的使用，依照国民政府 1936 年颁发的《各地方建仓积谷办法大纲》第二十条之规定，仅限于每年青黄不接之时，贷与平民减价平粜、散放赈灾及拨助农村生产事业之需，不得挪作别用。

第二节　1912—1936年常平仓、社仓、义仓的地理分布

一、四川传统仓储在全国处于落后水平

民国初年，四川战事不断、政局动荡，仓储的发展失去了稳定的政治环

---

① 何南陔编述《四川省仓储概况》，四川省政府印 1947 年版，第 18-20 页。
② 《各地方建仓积谷办法大纲》，《粮政法规：征集类、调查类》，粮食部印行 1944 年版，第 27 页。

境，军阀割据使四川局势更加混乱不堪，加之天灾人祸频袭，仓储破坏严重，"各县仓储，窳败者多""甚有能继续维持常态者。"① "各县仓储，迭据呈报与视察员考查所及，或为驻军提取变卖无余。或遭匪蹂躏，损失殆尽。或为团保所挪，所存无几。其有仓房亦被折毁，全无存在者。"②

根据内政部编制的各省仓储统计，可知各省市仓储概况，1931—1935 年各省市仓储积谷数量见表 3-1③。

表 3-1　1931—1935 年各省市仓储积谷数量　　　　单位：石

年份	各省积谷数	总计
1931 年	江苏（19 142）安徽（71 583）江西（298 359）湖北（5 194）湖南（1 272 976）四川（5 219）山东（22 182）山西（458 413）河南（11 485）浙江（243 133）福建（36 470）广东（21 330）广西（13 379）云南（107 648）青海（8 910）察哈尔（42 793）绥远（7 702）南京市（20 423）	2 886 154
1932 年	江苏（397 148）湖北（12 852）湖南（2 358 878）四川（11 490）山西（667 488）河南（1 775）广东（181 277）云南（104 907）察哈尔（71 885）绥远（20 927）南京市（18 123）	3 901 025
1933 年	江西（747 772）湖北（79 732）湖南（2 497 905）四川（988）山西（982 536）广东（38 749）云南（1 144 135）绥远（39 612）南京市（25 756）	5 557 185
1934 年	江苏（497 773）安徽（122 775）江西（804 904）湖南（1 943 909）广东（92 157）广西（30 041）云南（1 513 233）山东（95 792）山西（1 771 061）甘肃（18 502）绥远（83 903）察哈尔（235 504）南京市（23 532）	7 233 106
1935 年	浙江（556 845）江西（2 138 186）湖南（2 845 368）云南（1 954 400）福建（76 371）绥远（104 957）察哈尔（244 080）广西（125 243）甘肃（30 469）南京市（13 767）陕西（135 765）	8 225 451

资料来源：《中国仓储问题》。

由表 3-1 可知，各省市数字虽逐年不同，且亦未能包括全国情形，但仅就此不完全统计数字显示，各省市仓储事业确实在逐年进步④。由表 3-1 可知，

① 王嗣鸿：《四川仓储问题》，《建设周讯》1938 年第 5 卷第 1 期，第 16 页。
② 《省府通令各县募集仓谷》，《四川月报》1935 年第 7 卷第 6 期，第 112 页。
③ 《中国仓储问题》，庐山暑期训练团引印，1937 年版，第 28—29 页。
④ 《中国仓储问题》，庐山暑期训练团引印，1937 年版，第 30 页。

1931—1933 年，四川省积谷的数量在所列的各省市中处于落后水平。究其原因，1931—1933 年，四川省积谷的数量很可能是清理的旧有仓谷的数量，而四川各县募集积谷始于 1936 年，即国民政府统一四川政务之后。

二、传统仓储的地理分布特征

（一）各地仓储积谷减少，部分县没有积谷，传统仓储呈整体衰败之势

（1）四川省整体储谷数额较少。四川省从 1931 年即有仓储报告书呈报内政部，但是由于各县积谷多为驻军提卖，1931 年报内政部的县仅有 8 县，经部咨请补送，亦仅续报 4 县，仅有积谷 5 219 石；1932 年、1933 年所报县数亦甚寥寥，1932 年为 11 490 石，1933 年减少为 988 石[①]。1934 年报内政部的县份较多，计有 120 县，积谷数为 92 338.99 石，而 1935 年却仅有 56 县，积谷数为 49 852 石[②]。

（2）在四川 163 县中，有 56 县没有积谷，约占 1/3 之多。根据 1934—1935 年四川省仓储积谷统计，四川未转报积谷的县有 21 个；转报无积谷的县有 56 个，它们是：庆符县、隆昌县、巴县、铜梁县、大足县、合川县、宣汉县、渠县、开江县、纳溪县、夹江县、华阳县、新繁县、新都县、郫县、灌县、彭县、简阳县、广汉县、三台县、盐亭县、丰都县、垫江县、彭山县、营山县、仪陇县、广安县、盐源县、越巂县、昭觉县、古蔺县、叙永县、德阳县、安县、梓潼县、罗江县、酉阳县、黔江县、阆中县、苍溪县、昭化县、通江县、南江县、巴中县、剑阁县、汉源县、天全县、平武县、江油县、北川县、彰明县、茂县、汶川县、理番县、万源、城口县[③]。其中有些县份仓廒数量较多，但没有积谷，如温江县仓廒 70 所，南川仓廒 50 所，大邑仓廒 24 所，广安仓廒 22 所，西充仓廒 16 所，巫溪仓廒 10 所[④]。

（二）四川各县储谷水平均较低，储谷数目悬殊较大

根据 1934—1935 年四川省仓储积谷统计数据，储谷在 1 万石以上的县仅有富顺县（11 640 石）、大竹县（10 038 石）；储谷在 1 000 石至 1 万石间的县市有 20 个：宜宾县（5 614）、高县（1 072）、奉节县（2 240）、云阳县

---

① 《中国仓储问题》，庐山暑期训练团印 1937 年版，第 26 页。
② 内政部统计处编印《仓储统计》，战时内务行政应用统计专刊第 3 种 1938 年版，第 3 页。
③ 内政部统计处编印《仓储统计》，战时内务行政应用统计专刊第 3 种 1938 年版，第 23-24 页。
④ 内政部统计处编印《仓储统计》，战时内务行政应用统计专刊第 3 种 1938 年版，第 23-24 页。

（9 334）、忠县（4 663）、重庆市（2 747）、江津县（5 197）、永川县（3 497）、綦江县（1 923）、泸县（7 244）、乐山县（1 000）、犍为县（1 388）、威远县（4 082）、资中（1 502）、资阳县（1 909）、井研县（1 497）、成都市（3 003）、崇庆县（1 166）、安岳县（1 949）、梁山县（1 953）；储谷数在1 000石以下的县有43个：南溪县（318）、兴文县（190）、筠连县（593）、雷波（46）、马边（57）、巫山县（120）、万县（987）、长寿县（116）、荣昌县（374）、涪陵（200）、璧山县（84）、江北（924）、达县（579）、渠县（172）、合江县（924）、峨眉（236）、峨边（295）、内江县（96）、仁寿县（527）、双流县（325）、什邡县（639）、崇庆（1 166）、中江县（730）、乐至县（374）、潼南（428）、眉山（138）、丹棱县（150）、青神县（438）、南充县（50）、邻水县（72）、岳池县（233）、蓬安（300）、西昌县（314）、宁南县（79）、邛州（299）、蒲江县（54）、古宋县（226）、绵阳（49）、绵竹县（103）、松潘（99）、秀山县（23）、彭水县（67）、石柱（5）[1]。由此可知，四川大部分县储谷量都在1 000石以下，整体储谷水平较低，且悬殊较大，储谷最低的县是石柱县，仅有5石，而最高的富顺县，有谷11 640石，相差2 000多倍。

第三节　1912—1936年四川积谷仓地理分布

一、四川积谷仓的空间分布特征

四川各县积谷，自民国二十五年（公元1936年）开始筹募，当年从事募集者，计有82个县区，共募403 663石。民国二十六年（公元1937年）计有70个县市区，共募337 901石。1936年、1937年四川省各县市区新募积谷数量见表3-2。

表3-2　1936年、1937年四川省各县市区新募积谷数量　单位：石

地域	各县市积谷数量	总计
	成都市（1 943.600）	1 943.600
	自贡市（一）	

---

[1]　内政部统计处编印《仓储统计》，战时内务行政应用统计专刊第3种1938年版，第23-24页。

表3-2(续)

地域	各县市积谷数量	总计
第一行政区	温江（23 043.699）成都（30 334.131）华阳（23 916.982）灌县（6 755.940）新津（一）崇庆（849.650）新都（28 307.030）郫县（22 932.046）双流（979.500）彭县（22 648.530）新繁（6 399.320）崇宁（12 126.423）	178 292.94
第三行政区	永川（20 615.914）巴县（32 356.000）江津（35 024.029）江北（9 711.182）合川（一）荣昌（924.400）綦江（9 113.540）大足（3 221.930）璧山（8 515.616）铜梁（1 193.200）三峡区（1 045.740）	121 631.55
第十三行政区	绵阳（6 908.304）绵竹（26 527.650）广汉（14 950.466）安县（7 648.260）德阳（6 268.442）什邡（12 801.410）金堂（12 667.600）梓潼（2 667.000）罗江（5 547.570）	95 986.71
第九行政区	万县（4 175.280）奉节（3 436.906）开县（34 236.200）忠县（6 680.525）巫山（1 085.580）巫溪（一）云阳（28 122.690）城口（200.000）	77 937.181
第七行政区	泸县（6 864.274）隆昌（一）富顺（44 025.159）叙永（2 868.220）合江（7 139.067）纳溪（一）古宋（862.125）古蔺（2 200.000）	63 908.845
第二行政区	资中（1 224.214）资阳（2 268.277）内江（119.910）荣县（26 771.260）仁寿（4 605.820）简阳（6 394.700）威远（4 253.149）井研（一）	45 637.33
第十二行政区	遂宁（4 879.082）安岳（6 126.160）中江（21 214.200）三台（10 469.840）潼南（一）蓬溪（一）乐至（1 073.861）射洪（490.960）盐亭（519.620）	44 779.723
第六行政区	宜宾（18 023.618）南溪（3 538.930）庆符（3 737.600）江安（1 584.350）兴文（434.656）珙县（3 912.766）高县（2 311.600）筠连（559.976）长宁（2 629.08）	36 732.576
第四行政区	眉山（810.205）蒲江（10 353.300）邛崃（272.333）大邑（一）彭山（10 318）洪雅（2 518.729）夹江（1 168.880）青神（369.891）丹棱（1 502.495）名山（一）	18 027.634
第十行政区	大竹（3 063.594）渠县（89.151）广安（3 392.200）梁山（4.089）邻水（7 243.412）垫江（351.000）长寿（366.300）	14 509.746

表3-2(续)

地域	各县市积谷数量	总计
第十五行政区	达县（4 708.650）巴中（2 442.290）开江（2 986.720）宣汉（2 092.700）万源（—）通江（—）南江（—）	12 230.360
第五行政区	乐山（4 077.475）屏山（533.800）马边（274.800）峨边（—）雷波（177.810）犍为（5 342.588）峨眉（946.640）	11 053.113
第八行政区	酉阳（734.550）涪陵（—）丰都（9 767.915）南川（4 122.390）彭水（1 022.400）黔江（269.000）秀山（—）石柱（1 728.950）	10 645.21
第十四行政区	剑阁（5 289.803）苍溪（—）广元（28）江油（3 431.960）阆中（—）昭化（—）彭明（809.600）北川（—）平武（—）	9 559.363
第十六行政区	茂县（67 800）理番（273.662）懋功（—）松潘（139.440）汶川（83.750）靖化（—）	564.652
第十一行政区	南充（—）岳池（—）蓬安（—）营山（—）南部（—）武胜（302.880）西充（—）仪陇（—）	302.880
合计	138 县市区	743 743.4

注：本表根据《四川省仓储概况》① 统计而成。"—"表示未统计。

由表3-2可知，1936、1937年积谷仓的空间分布有以下特征：

第一，积谷仓的空间分布不均衡，积谷数量最高的地区为川西成都平原和川东丘陵区，而积谷数量最少的地区主要位于川北及川西北地区。储谷数量在10万石以上行政区有第一行政区、第三行政区，第一行政区是成都平原区，第三行政区是川东丘陵区。而位于川北的第十一行政区、第十四行政区，及川西北的第十六行政区储谷量最少，其中第十一行政区仅有武胜县募集了302石。

第二，积谷仓的分布不普遍，且积谷数量较少。1935年，四川省正式实行行政督察区制，全省划分为18个行政督察区，共166个县。从1936年、1937年募集积谷的区域来看，只有16个行政区募集积谷，至于县份，1936年为82个县，1937年为70个县。从募集的积谷数量来看，总体数量较少，仅有第一行政区、第三行政区在10万石以上，其他行政区均在10万石以下，甚至第十一行政区和第十六行政区仅有积谷几百石。

---

① 何南陔编述《四川省仓储概况》，四川省政府印1947年版，第2-14页。

二、四川积谷仓空间分布的影响因素

（一）政治因素

政治要地是影响积谷的一个重要因素，一般而言，政治要地都是储谷量较大的地区，如各省省会所在的府州储谷量都较大。笔者统计了1840—1911年及1936—1937年两个时段四川的仓储，不论是前一时段的常平仓、社仓，还是1936—1937年的积谷仓，储谷量最多的地区均为成都（民国时为第一行政区）及重庆（民国时为第三行政区）。成都作为四川省省会所在地，历史上一直都是四川的政治中心，而重庆早在清代乾嘉之际随着四川商业重心的东移，开始成为川东地区的经济中心，近代重庆开埠后，经济地位更加重要。近代成都和重庆成为四川最重要的两个中心城市，因此也是仓储建设的重点区域。

（二）人口因素

1936年四川省开始以户口为单位，比照一户积谷一石为定额募集积谷，因此各行政区积谷的数量和人口有着密切的关系。我们将1937年四川各行政区积谷数量与人口户数进行比较，发现大致上积谷数量的多少与户数的多少有着一定的关联。但由于四川积谷分三期办理，以一年为一期，第一期募集十分之四，第二期、第三期各募集十分之三。四川积谷从1936年开始募集，至1937年才完成第二期，所以实际募集到的积谷数额与户数相差还很大。1936—1937年四川各行政区积谷数量与人口户数比较见表3-3。

表3-3　1936—1937年四川各行政区积谷数量与人口户数比较

地域	积谷数/石	户数/户	地域	积谷数/石	户数/户
第一行政区	178 292.94	503 379	第四行政区	18 027.634	355 926
第三行政区	121 631.55	991 319	第十行政区	14 509.746	597 309
第十三行政区	95 986.71	493 038	第十五行政区	12 230.360	375 308
第九行政区	77 937.181	685 739	第五行政区	11 053.113	303 643
第七行政区	63 908.845	618 574	第八行政区	10 645.21	605 785
第二行政区	45 637.33	842 667	第十四行政区	9 559.363	280 432

表3-3(续)

地域	积谷数/石	户数/户	地域	积谷数/石	户数/户
第十二行政区	44 779.723	880 264	第十六行政区	564.652	33 300
第六行政区	36 732.576	376 381	第十一行政区	302.880	667 959
合计	743 743.4	8 611 023			

资料来源：1937年四川各行政区户数统计数据来源于《近代四川人口》中的《1937年四川省保甲户口统计资料》①。

（三）区域农业经济的差异

四川省由于地形复杂，农业经济区域差异明显，这也是影响积谷仓空间区域差异的重要原因。积谷数量较多的第一行政区、第三行政区、第七行政区、第九行政区分别位于成都平原、川东丘陵区、川南地区及川江流域，这些地区都是四川重要的产粮区，因此募集积谷数量较大。成都平原区土地肥沃、气候温暖湿润，适宜农业生产，而且灌溉条件好。成都平原6 000平方千米，都江堰灌溉面积达3 500平方千米，灌县、郫县、彭县、崇宁、新繁、广汉、金堂、新都、成都、华阳、温江、崇庆、双流十四县，皆直接受益②。有利的农业生产条件带来了谷产发达，该区稻米产量高，每平方千米土地面积的平均产量在750石以上，最高的地方达2 000石③。新都、新繁、郫县在民国二十四年（公元1935年）封存米约2 000石以上④。川南地区的泸县、富顺、古蔺都是主要的产米区。泸县除高山沙田外，其余农田，灌溉便利、气候适宜，生产甚丰。据县府估计，有稻1 044 600亩（1亩≈667平方米），约产谷4 700 700石⑤。川东地区的巫溪、奉节、云阳、开县、万县、忠县、丰都、城口等地为盆周山地水稻产区。盆周东部春雨充沛，光热配合良好，有利于水稻种植，但夏季有伏旱威胁，对大春作物后期不利。

而位于川北的第十一行政区、第十四行政区，川西北的第十六行政区，由于气候寒冷，产米较少，因此积谷数量较少。据民国二十九年（公元1940年），四川省动员委员会调查，西充"土地贫瘠，山多田少，每年所产之谷仅

① 李世平、程贤敏主编《近代四川人口》，成都出版社，1993，第88-94页。
② 蒋君章：《西南经济地理》，商务印书馆，1945，第25页。
③ 周立三、侯学焘、陈泗桥：《四川经济地图集说明》，中国地理研究所1946年版，第13页。
④ 吕平登编《四川农村经济》，商务印书馆，1936，第261页。
⑤ 稻麦改进所：《泸县米粮运销概况》，《建设周讯》1938年第7卷第16期，第40页。

够全县三四月之用，本年小春，收入不及四成，民多自耕农，又以交通不便购买艰难，公私均无大批存储。"① 蓬溪县"地居川北，原极苦寒，所有农作出产，不够自给，尤以粮食一端，非靠邻县供给不可，故平素存储极少。"② 北川县"地居山陬，非产米区域，所有食米完全仰给于附近邻县运入，且交通不便，运输艰难，民窭财困，无法筹集储存，其余所产粮食以包谷为大宗，地多荒芜，私人方面，每年收入，尚不敷一家之食，无大量之存储。"③ 平武县"地广人稀，食粮产量甚少，仅足供县人食用，并无 15 石以上之存量"④。营山县"山多田少，常年产米，仅足以维持半年，其他杂粮，亦不过足用三月，其余不敷三月之粮食，多仰给于嘉陵江上游各县。"⑤ 四川西北角的松潘一带，因地势较高，温度过低，不能种植水稻⑥。茂县"因地处边僻，十室九毁，仓库无存"，而且"向不产米，所有食米，均系由安县绵竹等地运入……其他粮食，主要者为玉麦，每交秋季，即有被蠹蛀之虞，故县人建仓者极少，亦无法囤积"⑦。汶川县"向不产米，土著人民均以芋麦及其他杂粮为生，历系自给自足"⑧。

---

① 四川省动员委员会：《各县征募积谷调查表》，四川省档案馆，四川省动员委员会档案，档案号：50-923，第 159 页。

② 四川省动员委员会：《各县征募积谷调查表》，四川省档案馆，四川省动员委员会档案，档案号：50-923，第 124 页。

③ 四川省动员委员会：《各县征募积谷调查表》，四川省档案馆，四川省动员委员会档案，档案号：50-923，第 167 页。

④ 四川省动员委员会：《各县征募积谷调查表》，四川省档案馆，四川省动员委员会档案，档案号：50-923，第 211 页。

⑤ 四川省动员委员会：《各县征募积谷调查表》，四川省档案馆，四川省动员委员会档案，档案号：50-923，第 161 页。

⑥ 胡焕庸编《四川地理》，正中书局，1938，第 12 页。

⑦ 四川省动员委员会：《各县征募积谷调查表》，四川省档案馆，四川省动员委员会档案，档案号：50-923，第 207 页。

⑧ 四川省动员委员会：《各县征募积谷调查表》，四川省档案馆，四川省动员委员会档案，档案号：50-923，第 225 页。

第四章　1937—1945 年四川社会保障仓储地理分布

第一节　1937—1945 年四川社会保障仓储的类型

我国抗日战争时期的粮食仓库共分为四种：一为粮食机构之征实仓，二为军粮补给机关之军粮仓，三为地方设立之各级积谷仓，四为合作社、县乡镇公所及发展农业经济为目的的法人及农民所组设之农业库①。其中，军粮仓为军粮机关为配给部队粮秣所建之仓库，不属于社会保障仓储。因此，本章所讨论的社会保障仓储主要有三种：征实仓、积谷仓及农仓。

一、田赋征实仓

抗日战争全面爆发后，大后方人员猛增，而产粮区域不断缩小，粮食价格上涨，市场收购粮食困难。行政院为了适应战时需要，稳定物价，把握一定粮源，通过 1941 年国民党五届八中全会决议将田赋收归中央，财政部于 1941 年 6 月即召开第三次全国财政会议，决议自 1941 年起田赋改征实物，同时规定随赋购粮，按政府此种改制及随赋购粮办法的规定，其目的在于：①把握粮源，"以粮控价"，扫除粮食管理局时期"以价控粮"政策的流弊；②利用七成粮食库券配搭三成法币的办法购粮，以减轻财政负担，同时避免人为刺激粮价上涨②。田赋改征实物后，财政部于 1941 年 5 月 10 日正式成立了"整理田赋筹备委员会"，由财政部部长兼任主任委员。同年 6 月 8 日公布"各省田赋

---

① 汪元：《五年来粮食仓储设施与推进积谷概述》，《粮政季刊》1945 年第 4 期，第 64 页。

② 许廷星：《四川粮食管理机构合理化问题》，《四川经济季刊》1944 年第 1 卷第 2 期，第 51 页。

管理处组织规程"，继复公布"各县市田赋管理处组织规程"，督促各省筹备省县田赋管理机构，四川随即于 8 月 1 日成立省田赋管理处，9 月 1 日各县成立县田赋管理处，并相继纷设乡镇征购办事处。

1941 年全国征购粮食达 5 000 余万石，此巨量之粮食，由政府掌握后，须备仓库以备之，粮食部特设修建四川仓库工程管理处，统筹其事。但粮食部成立时距田赋开征不到三个月，而后方各省仓储毫无基础，倍极困难，大量建设仓库，既非战时财力所许，且地区之广，征用之急，经拨款发交各省以利用公仓及公共祠庙改修简易仓库或租用民仓为主，而在粮食集运地点，酌建新式仓库为辅。1942 年起，征收事务改由田赋机关统一办理，粮食部对集中仓库及聚点仓库进行有计划的建设，1943 年起采取中央与地方分担办法，在重要交通地点由中央筹建，使其将来能满足一般商业的需要，在内地则指定财源责成地方政府筹建，使其满足地方积谷的需要①。

1941 年全国征实县份达 1 400 余县，征收地点应设之仓库，平均每县 8 处计，即在 11 000 处以上，此外为配合集中转运屯储需要，在各特定地点均须配设相当仓容，方能使征获之粮食进行流转，综计全国设仓地点约 17 000 处，依其性质分为三类：收纳仓、集中仓、聚点仓。收纳仓，即在征收处所在地所设之仓库，最初由田赋机关管理，为便于向农民征收征购之实物，其设立地点散于各县之乡区。集中仓，即在各县水陆交通便利地点所设之仓库，用以收集收纳仓库运存之粮食。聚点仓，即在重要转运据点军粮交接点或重要消费地点所设之仓库。这三类仓库，隶属于不同的机构，征收阶段所需之收纳仓库，隶属于田赋机关；转运、分配阶段所用之储运仓库，即集中仓、聚点仓，隶属于粮政机关。

四川田赋征实仓中的收纳仓隶属于四川田赋粮食管理处，集中仓和聚点仓隶属于四川粮食储运局。四川粮食储运局所辖仓库分为两种：一种为聚点仓库，储备粮所在地及水陆交通便于转运地点所设之仓库属之，定名为"四川粮食储运局某某仓库"；另一种为县仓库（集中仓库），各征实征购粮食县份所设之仓库属之，定名为"四川粮食储运局某某县（市）（局）仓库"，其分仓定名为"四川粮食储运局某某县（市）（局）仓库某某分仓"。聚点仓库设在县城者由所在县县仓库兼管，县仓库兼管聚点仓库者其总仓之组织得酌量扩大但以不超过甲等聚点仓库之组织为限。仓库之组织除重庆、成都两处另行规定外，其余仓库视其收拨及运输数量之多寡分为五等：甲等聚点仓库、乙等聚

---

① 汪元：《五年来粮食仓储设施与推进积谷概述》，《粮政季刊》1945 年第 4 期，第 62 页。

点仓库、甲等县仓库、乙等县仓库、丙等县仓库，其分等标准另定之。

1942年，四川粮食储运局颁布了《四川粮食储运局仓库组织规程》，规定仓库的职能有：①关于征实粮食之收拨及登记事项；②关于仓粮之保管及防除损耗事项；③关于粮食加工之准备与实施事项；④关于粮食包装及麻袋进出之管理事项；⑤关于仓库车船之修整及租赁管理事项；⑥关于粮食运输之规划及运输工具之调配事项；⑦关于运输合约之洽订及运费之稽核事项；⑧关于运粮报单之填发及过道粮食之登记报验事项；⑨关于接粮凭单之填发及领粮机关印收之收转事项；⑩其他奉令办理事项①。

二、积谷仓

抗日战争全面爆发后，国民政府更加重视积储备荒，积谷仓得以进一步发展。1941年10月，积谷事宜由内政部转到粮食部接管，四川积谷事宜由四川粮政局接管。在内政部主办时期，曾举办1940年以前全国各省市积谷数量总清查，粮食部接管后，一边继续清查，一边督促储备。粮食部将仓储行政划分为两个阶段：1941年以前为整理阶段，重在彻底清理、另订清理办法，限期填报，不用原有仓储报告书式，使不受成规限制，以省手续，同时厉行惩处，务使不再因循疲玩，以期确实明了各地积谷实存数量，完成整理工作；1941年以后为建设阶段，重在督促储建。

1935年中华民国四川省政府改组后，制定"各市县屯局筹设镇乡仓及分期募集谷石办法"，四川积谷仓自此开始设立。但"原订分期募集积谷办法，系按照各县市户口数目之多寡，以一户积谷一石为标准，与部颁法令规定，应积足人口总数三月食粮额数不符。且原办法系按租摊募，弊多效鲜，其建仓及保管经费，均系拨售积谷，消耗尤大，亟应设法改进，以臻完善。"因此，1941年，中华民国四川省政府民政厅发布《改进各县仓储计划纲要草案》，其中积谷方式、标准、性质及其用途都发生了显著的变化。

第一，积谷来源，规定"一律比照粮额标准派募"②。田赋征实以后，募集积谷的方式由过去按照田赋、营业税等攀息收取改为随田赋附带征收。同时，行政院规定积谷以征实起点为起募标准，随同田赋同时另票附征，按月交拨县市局仓保管委员会接收，另仓保管备用。派募办法："①以各县征收局，或征收处粮册为根据，依照规定标准按户派募；②不订起缴标准，无论载粮多

---

① 《四川粮食储运局仓库组织规程》，重庆市档案馆，四川粮食储运局档案，档案号：0352-0003-00052。

② 何南陔编述《四川省仓储概况》，四川省政府印1947年版，第32页。

寡，均须一律派募；③仍采累进制度，其累进差率，以载粮一钱或二钱为准；④累进计算法，采属地主义，以县为单位。"①

如崇庆县镇乡仓征集率，由二十石起至五十石止，征收百分之二；由五十一石起至一百石止征收百分之四；由一百零一石起至二百石止，征收百分之六；由二百零一石起至三百五十石止，征收百分之八；由三百五十一石起至六百石止征收百分之十；由六百零一石起至一千石止，征收百分之十二；由一千零一石起至一千五百石止，征收百分之十四；由一千五百零一石起至三千石止征收百分之十六②。

第二，积谷标准，由"以全省户口为标准，比照一户积谷一石为定额"③，改为"以人口为比例一人积谷一石"④。1940年，因募集积谷标准与部颁发法令规定不符，导致"本省各县市，所募积谷，截止二十八年止，共计四百余万石，除去优待谷等项拨用外，所余不过二百万左右，以与一户一石定额数量相较，所差甚钜"⑤，1940年四川省各县市整编保甲后人口数字，共计七百五十三万六千八百四十户四千六百三十八万四千零八十七口，就以上数字观察，户口仅为人口六分之一强，为切合法令，充实储谷，加强备荒力量，积谷募集定额应改为以各县市人口为比例，一人积谷一石。积谷办法为：①以十年或十五年为完成期限；②划分区域，分期完成，以五年或十年为一期；③以全部积谷十分之二，为县仓，十分之三为区仓，十分之五为乡镇仓；④原有积谷数目应合并计算⑥。

第三，积谷使用的变化。积谷之使用，依照国民政府于民国二十五年（公元1936年）颁发各地方建仓积谷办法大纲第十二条之规定，仅限于每年青黄不接之时，贷与平民、减价平粜、散放赈灾，及拨助农村生产事业之需，不得挪作别用。抗日战争全面爆发以后，四川为应对环境变化，将积谷拨充优待及转售军粮，以致旋收旋支，漫无限制，为兼顾兵役储政起见，乃提经第五百一十次省务会议决定，自民国三十年（公元1941年）九月起，积谷不再转售军粮，只以五分之三，拨充优待征属经费之一部，以五分之二，留作备荒之用，在民国三十一年（公元1942年）一月起，至八月止，共计使用积谷五十

① 何南陔编述《四川省仓储概况》，四川省政府印1947年版，第33页。
② 《各县积谷概况》，《四川经济月刊》，1937年第8卷第5期，第36页。
③ 何南陔编述《四川省仓储概况》，四川省政府印1947年版，第1页。
④ 何南陔编述《四川省仓储概况》，四川省政府印1947年版，第31页。
⑤ 何南陔编述《四川省仓储概况》，四川省政府印1947年版，第26页。
⑥ 何南陔编述《四川省仓储概况》，四川省政府印1947年版，第31-32页。

八万六千三百五十余石，谷款一百七十二万六千余元。因此积谷不仅起到备荒的作用，更重要的是支持抗日战争。

第四，创行仓储示范区制度。另外，四川还创建仓储示范区制度，选择本省土地膏腴、物产丰裕、不易受灾，及人事健全，便于督饬各县，作为示范区。①以第一区所属各县之一部或全部为示范区域；②示范区内，各县应较其他各县提前完成；③示范区内各县县长，及区乡镇长，办理仓储成绩，应估考成分数百分之二十五以上；④制定四川省各县市办理积谷人员奖惩办法，每年实行考绩一次，认真执行；⑤照规定查验办法，分布初查复查及抽查；⑥必要时，由民政厅派员督饬办理①。

第五，建仓及保管经费一律列入地方预算内报支。四川建仓及保管经费，过去以各县财政未加整理，收支不符，故权准提拨积谷，变卖充用，现在各县地方财政，正积极从事整理，以后收入，当可增加，为适合法令规定，免除积谷消耗期间，各县建仓及保管经费，应一律列入地方预算内开支，不得再行变卖积谷充用②。

三、农仓

过去仓储之作用，主要为救荒，而农仓之作用，则为活跃农村金融，调剂农产品价格，便利运销。20 世纪 30 年代，正值世界经济凋敝，中国农产品价格亦惨跌，农村困难备至，为救济起见，农产品抵押借款，遂为当时人所提倡。1929 年，江苏省农民银行（省立银行）开始经营农业仓库业务，行政院农村复兴委员会于 1933 年 5 月决议农民银行须在各县设立农业仓库，实业部则在 1933 年草拟农仓法草案，并于 1935 年公布，1937 年公布施行条例，5 月办理中央模范仓库，同年豫、鄂、皖、赣四省农民银行亦发布各行附设农业仓库章程，各省政府多列举办农仓业务为行政要项，而各银行在此期间也在各地分支行办事处附设仓库，办理农产品抵押贷款，或单独办理或与运销合作社办理，此外农本局亦在 1936 年成立，积极办理农仓事业③。

农本局所设立之农仓，分为两期：1936 年 9 月至 1938 年 1 月为第一期；1938 年 2 月至 1939 年 1 月为第二期。第一期筹设之农仓计 31 所，分布于苏皖鄂冀湘川晋贵等 10 省。甲级农仓，有南京、上海、广州、汉口、天津、芜湖、南昌、长沙、重庆、济南、潼关、蚌埠、柳州等 13 仓；乙级农仓，有正阳关、

---

① 何南陔编述《四川省仓储概况》四川省政府印 1947 年版，第 33-34 页。
② 何南陔编述《四川省仓储概况》四川省政府印 1947 年版，第 35 页。
③ 曲直生：《中国粮仓制度之演进》，《中农月刊》1947 年 8 卷 11 期，第 66 页。

亳县（以上受蚌埠仓管辖），巢县、南陵、青弋江，三河、宣城（以上受芜湖仓管辖），临川、漳州（以上受南昌仓管辖），常德（受长沙仓管辖），石歧、陈村、江门（以上受广州仓管辖），万县、泸县、合川（以上受重庆仓管辖），贵县（受柳州仓管辖）等17仓。丙级农仓，有双桥（受宣城仓管辖）1仓。

第二期，抗日战争全面爆发后，沿海各仓无法继续经营，相继停顿。农本局西迁重庆，开始以西南为中心发展农仓。1938年，农本局在西南增设仓库26所，到年底有仓库57所；1939年年底，后方鄂湘川康陕桂黔七省已成立农仓77所，容量为1 916 502石，筹备中农仓数21处，容量为8 751 785石。简易农仓及协办农仓有656所。截至1940年年底，全国自由区16省1市，465县，共有仓廒34 515间，积谷5 329 553石，其他玉米豆麦杂粮仓，计95间，共积蓄量为213 444石，总共积谷款项为6 902 914元①。

农仓最初为官营性质，如中央模范仓库，为中央农业推广委员会与宁属农业救济协会联合创办，江苏省成立省内各县农业仓库，由省组织农业仓库管理委员会主持。后来，主管机构也逐渐发展私营性质的农仓，如《中央模范农仓暂行章程》修改后规定，"本仓库开始后，应为合作社之筹备，并指导业务区内之农民，认股加入，俟社股集有成数，及农民能自行管理时，依农仓及合作社各关系法令，实行改组"②，而将农产让渡管理。江苏省则有《农仓经营承认暂行办法》，认定金融机关，合作社及合作社联合会，及其他公私机关等各团体，得为农仓之经营主体。因此，实业部在《农仓法草案》规定，农仓经营主体为合作社或合作社联合社，县乡镇区农会，乡镇区公所，以发展农业经济为目的之法人，及经营农业生产事业或与农业生产有直接关系之事业者十二人以上等，有经营农仓事业之资格③。

农仓不以营利为目的，业务除堆藏及保管农产品外，得兼营收寄物之调制改装及包装，受寄物之运送，并为介绍售卖或代为售卖，以本农仓、其他农仓或联合农仓所发给之仓单为担保而放款，或介绍借款诸业务，并规定农仓于收受寄托物后，应发给仓单④。

农仓的设立由政府批准且经营要受政府监督。《农仓法草案》规定，农仓具有登记及呈报义务，即经营农仓业务者，应拟具业务规则及其他应备章程，向所在地主管官署呈请登记，非经主管官署核准登记，不得设立农仓。此外农

① 刘中甫：《我国粮仓之沿革及其将来》，《粮政季刊》1947年第5-6期，第75页。
② 《中国仓储问题》，庐山暑期训练团印1937年版，第32-33页。
③ 《中国仓储问题》，庐山暑期训练团印1937年版，第33页。
④ 《中国仓储问题》，庐山暑期训练团印1937年版，第33页。

仓或联合农仓，每半年应编造仓单表册，详列收寄物之种类数量、品质及保管情形，呈报主管官署备案，并应于业受年度终了后，编造资产负债表，损益计算书及财产目录，呈请主管官署审核①。

第二节　1937—1945 年四川田赋征实仓地理分布

一、四川田赋征实仓的设立情况

1941 年至 1943 年年底，三年来全国新建仓库容量 6 477 576 石，改建仓库容量 37 089 898 石，连同征粮以前各省原有仓库及租仓容量合计，已有仓库容量 66 730 050 石。四川省仓库容量在全国是最大的，约占这一时期全国容量的五分之一。1943 年各省现有仓库容量见表 4-1。

表4-1　1943 年各省现有仓库容量　　　单位：石

省份	现有仓库容量		
	收纳仓库	集中仓库和聚点仓库	合计
四川	4 752 462	7 415 013	12 167 475
江西	2 820 932	4 187 742	7 008 674
湖南	8 097 522	5 619 937	13 717 459
陕西	2 490 965	948 686	3 475 651
甘肃	1 492 018	669 988	2 162 006
贵州	1 637 527	634 035	2 271 562
广西	2 233 158	1 517 717	3 750 875
河南	2 606 608	1 275 825	3 882 433
云南		1 399 762	1 399 762
安徽	1 902 042	1 333 173	3 235 215
浙江	1 194 200	975 281	2 169 481
广东	1 080 441	1 982 522	3 062 963

---

① 《中国仓储问题》，庐山暑期训练团印 1937 年版，第 32-33 页。

表 4-1（续）

省份	现有仓库容量		
	收纳仓库	集中仓库和聚点仓库	合计
江苏	298 471		298 471
西康	156 120	251 503	407 623
福建	2 985 941	1 427 451	4 413 392
山西	400 362	947 929	1 348 291
宁夏	437 010	163 737	600 747
绥远	50 000		50 000
湖北	270 320	963 800	1 234 120
青海	73 850		73 850
总计	34 979 949	31 750 101	66 730 050

资料来源：汪元：《中国粮食仓储设施概况》，《粮食问题》1944 年 1 卷第 3 期，第 154—156 页。

截至 1945 年年底，过去五年间全国共建新仓容量 5 890 378 石，改修仓容量 21 747 516 石，连同各省原有仓库及租仓容量合计已有仓库容量 66 011 197 石。其中四川省仓库总容量增加到 16 792 572 石，约占全国仓库总容量的四分之一，居全国之首。1945 年各省仓库总容量见表 4-2。

表 4-2　1945 年各省仓库总容量　　　　　　单位：石

省别	现有各种粮食仓库容量			
	收纳仓库	集中仓库	聚点仓库	合计
四川	9 639 403	4 449 500	2 703 670	16 792 572
江西	2 696 078	831 100	892 500	4 419 678
湖南	8 101 583	471 967	3 445 429	12 018 979
陕西	3 224 581		697 166	3 921 747
甘肃	1 125 171	805 155	309 000	2 239 326
贵州	1 668 873	804 879	234 400	2 708 152
河南	2 489 872	55 000	30 000	2 574 872
云南	1 766 658	230 150	145 000	2 141 808

表4-2（续）

省别	现有各种粮食仓库容量			
	收纳仓库	集中仓库	聚点仓库	合计
安徽	1 654 393	873 173	420 000	2 947 566
浙江	695 593	195 735	283 338	1 174 666
广东	1 946 513	973 449	431 766	3 351 728
江苏	298 471			298 471
西康	156 120	231 670	37 000	424 790
福建	2 459 238	651 236	307 400	3 417 874
山西	328 700	297 20		625 900
宁夏	730 700	50 000		780 700
绥远	209 200			209 200
湖北	1 320 511	698 163	40 000	2 040 674
青海	97 140			97 140
广西	2 419 797	553 050	254 390	3 226 237
新疆	599 117			599 117
总计	43 609 711	12 170 427	10 231 095	66 011 197

资料来源：汪元：《五年来粮食仓储设施与推进积谷概述》，《粮政季刊》1945年第4期，第63-64页。

二、四川田赋征实仓的分类及其空间分布

抗战时期四川设立的田赋征实仓主要分为以下三种：收纳仓、集中仓、聚点仓，这三种仓储实现了田赋粮食的收纳、储存、转运、交拨，满足了战时军糈民食的需要。

（一）收纳仓的空间分布特征

收纳仓，最初由田赋机关管理，为了便于收纳向农民征收、征购的粮食，其设立地点分散于各县乡镇的征收处所在地，数量众多且较为分散，其作用主要是收储粮户所缴之赋谷，故名曰收纳仓。"依照财政部之规定，三十一年度各县设征收处八处，每处平均四仓，三十二年度减为五处，仓库数仍旧，照此

计算每县可有二十仓"①。根据修四建一的原则修建，如无旧仓可修又不便建新仓，亦准租用民房，据统计此项仓容已达征实征购（借）量的五成以上。1943年，四川各县所需收纳仓库，原拟一律照征借总额，设备七成，嗣以经费关系，仅规定设五成仓容。每石配发费用一元，以十分之六作改装费（凡以寺庙及公共建筑物改装成仓，永为公有者，即动用此费）。十分之四作整补费（凡就原有仓库加以修葺者，即动用此费）。1943年年底，四川共建有收纳仓容量4 752 462石，仅次于湖南，位居全国第二②，到1945年增加至9 639 403石，已经超过湖南，位居全国第一③。四川收纳仓的基本特点主要有以下几个方面：

（1）收纳仓数量多、仓容量大。

1943年，四川共建收纳仓6 939座，容量达4 752 462石。其中粮政机关移交仓为2 101座，容量为2 348 325石；租借民仓、公仓2 652座，容量为1 174 214石；修葺仓2 073座，容量为1 240 887石；新建仓112座，容量为68 536石④。

（2）收纳仓遍布全省，广泛设置于各乡镇征收处所在地。

收纳仓以置于征收处所在地为原则，主要设置在各县乡村、场镇。收纳仓附设于各县征收分处，四川省征收办事处的设置是以三乡镇设一处为原则，但"县区幅员有大小，距离有远近，配合未尽适当，人民至感不便，三十一年度虽酌情有增加，仍感顾虑各县实际情形，因地制宜，按征额仓库交通距离分别增减，尽可能使纳粮人民能当日往返，以解耗时费财之痛苦，而激扬踊跃输将之兴趣，如再囿于成法而惜费用，则背利民便民之旨，对于征购，影响殊大。故本年度之征购办事处，增至二千零七十余处（去年定额一千四百五十一处）。"⑤

（3）收纳仓设置简陋，毫无基础。

为了避免收纳仓"散漫不易管理，再度集中，更縻费用"等弊端，从1943年起，四川省粮政局对收纳仓的设置进行了改进，"在征收办事处及其附近五里以内，实行总动员法征用民仓民房，即责由房主仓主保管，其利有：

① 刘中甫：《我国粮仓之沿革及其将来》，《粮政季刊》1947年第5-6期，第76页。
② 汪元：《中国粮食仓储设施概况》，《粮食问题》1944年1卷第3期，第154页。
③ 汪元：《五年来粮食仓储设施与推进积谷概述》，《粮政季刊》1945年第4期，第63页。
④ 《各省田赋征实实物收纳仓库统计表》，《田赋通讯》1944年第36、37期，第35页。
⑤ 四川省政府粮政局编印《粮政工作检讨及改进意见：民国30年9月至31年8月》，四川省档案馆，档案号：8-1-149。

①集中存储，便于管理交拨；②杜绝承办人员侵蚀租金；③减少损害及再度集中费用；④肯吏无舞弊机会，人民汗血，不容忽视。"①

（二）集中仓的等级体系及空间分布

（1）集中仓的性质、作用。

集中仓指粮食部及附属粮政机关办理粮食集中拨发用的仓库。分散在各县收纳仓的粮食，须先由粮食机关集中到一定地点，为存储此项初步集中粮所用的仓库，称为集中仓，设立于城区及交通中心地点。"田赋征实征购（借）之粮，以及采购或抢购各种粮食，经初度集中后，有时仍须输运远方，供应军糈，不得不再度集中"②，因此，集中仓起着联系收纳仓与聚点仓的中介作用。集中仓粮食的分配如下："甲、一部分屯储仓中，以备逐渐拨用，或径留作屯粮待日后不时之需。乙、按照军粮机关所规定之需要量按月交拨当地军粮仓库，由其自行分配；若当地未设有军粮仓库者则直接交拨当地军队。丙、以当地征购粮食十分之一分月拨出，作为省县级公务、教育、保警人员之公粮。（经自本年度起县级公粮迳由收纳仓库交拨）丁、按当地需要以若干数量拨供当地民食。戊、按照业务计划将本县余粮循水道、公路或大路运至其他指定县份，藉以调剂各地之盈虚。己、缺粮县份之仓库于他县粮食运到后，即行起卸接收，以备拨供当地之用。庚、水陆转运县份，于过路粮食到后，即行进仓，随即办理换运，再将此项粮食运出。"③

从1941年10月四川粮食储运局各县征购粮食再度集中地点县份看，青神、峨眉、马边、彭水、万县、奉节、达县、通江共8县，集中仓库容量共87 121石④。《四川省三十一年度增建初度集中仓库计划》称，"1941年四川征收总额达1 400余万石，除利用粮食部历史修建仓库约可容纳200万石外，其余1 200余万石概无完善仓库可资存储，只能临时通过培修庙宇、租用民仓民房。赶制篾席围储以解燃眉之急。"⑤ 到1945年四川省集中仓仓容445万石，居全国第一，占全国总仓容约三分之一。

---

① 四川省政府粮政局编印《粮政工作检讨及改进意见：民国30年9月至31年8月》，四川省档案馆，档案号：8-1-149。

② 刘中甫：《我国粮仓之沿革及其将来》，《粮政季刊》1947年第5-6期，第76页。

③ 张华宁：《粮食仓库之重要及全国所需容量》，《中农月刊》1942年第3卷第8期，第40页。

④ 《四川省田赋地点一览表》，1941年10月，四川省档案馆，四川省田赋管理处档案，档案号：民91-2025-1。

⑤ 《四川省三十一年度增建初度集中仓库计划》，四川档案馆，四川粮食储运局档案，档案号：民92-517-1。

（2）集中仓的层级体系。

1941 年国民政府实行田赋征实，征购征借的粮食的存储主要分三个阶段，第一阶段，由储运仓库派员会同征收处负责保管及办理封仓事宜，借用储运仓库为收纳仓库，粮食入仓后，即视同交拨。第二阶段，将各地收纳仓之粮食运到县仓库，县仓库负责保管。第三阶段，由县仓库将粮食转运到各地重要消费地点或转运站。因此，县仓库即为集中仓库，起着联系收纳仓与聚点仓的中介作用，负责田赋粮食的储存、转拨。

县仓库为各征实征购粮食县份（市）（局）所设之仓库属之，定名为"四川粮食储运局某某县（市）（局）仓库"并得酌设分仓定名为"四川粮食储运局某某县（市）（局）仓库某某分仓"①。县仓库按接收粮食多寡及集中存储情况分为特等、一等、二等、三等、四等及分仓六级。1942 年粮食部四川省集中仓库等级情况见表 4-3。

表 4-3　1942 年粮食部四川粮食储运局各县仓库等级表

仓库等级	县名
特等	重庆、成都、新津、内江、合川、犍为、宜宾、泸县、万县、渠县（三汇）、南充、射洪（太和）、绵阳、金堂（赵镇）、广元。
一等	崇庆、荣县、仁寿、简阳、邛崃、眉山、富顺、大竹、广安、岳池、中江、遂宁、安岳、三台、德阳。
二等	温江、华阳、郫县、双流、彭县、井研、威远、资中、巴县、江津、大足、铜梁、蒲江、大邑、洪雅、乐山、南溪、隆昌、合江、涪陵、梁山、邻水、南部、武胜、潼南、蓬溪、乐至、绵竹、广汉、安县、什邡、罗江、达县。
三等	灌县、新都、新繁、崇宁、资阳、江北、永川、荣昌、璧山、綦江、彭山、夹江、青神、丹棱、名山、屏山、峨眉、庆符、高县、筠连、珙县、长宁、兴文、江安、纳溪、叙永、古宋、古蔺、酉阳、秀山、黔江、石柱、丰都、彭水、南川、奉节、开县、云阳、忠县、巫山、巫溪、垫江、长寿、仪陇、西充、蓬安、营山、盐亭、梓潼、江油、彰明、平武、北川、剑阁、昭化、苍溪、阆中、开江、宣汉、万源、通江、南江、巴中。
四等	峨边、雷波、马边、城口、理番、松潘、汶川、懋功、靖化

资料来源：《关于检送粮食部四川粮食储运局裁撤及继续设置各仓库一览表》，重庆市档案馆，档案号：55-5-263；张光旭《川省粮食仓储问题》，《督导通讯》1942 年第 1 卷第 4 期，第 12-17 页。

---

① 《四川粮食储运局仓库组织规程》，重庆市档案馆，四川粮食储运局档案，档案号：352-3-52。

四川省集中仓层级体系的特征：

第一，特级仓库有重庆、成都、新津、内江、合川、犍为、宜宾、泸县、万县、渠县（三汇）、南充、射洪（太和）、绵阳、金堂（赵镇）、广元。这些特级仓库，除犍为仓库外，全部是聚点仓，因为"凡聚点仓库在县城所在地者，则兼为该县县仓。"① 在聚点仓的业务中，"当地征购粮食之处理，仅占此种仓库所经营业务之一小部分"，"其业务之中心在于接受及转运他县之粮食及供应当地大量之消费。"② 所以特等仓库，虽然田赋征购数量不是最大，但是承载了较为繁重的任务。如泸县上承长江上游叙、嘉等地，北接沱江流域资、富各县，南迎叙永、古宋、长宁，各方粮食，汇聚于此，下则运济陪都大量民食及前方军粮，轮帆辐辏，起卸频繁，故其仓库业务重心在于转运接济。又如自贡盐区，当地粮食产量甚少，而消费极大，专赖外地之接济，则其仓库业务重心在于起卸、接受及交拨。

第二，除特等仓库外，其余仓库的等级与田赋征购数量呈正比。仓库的等级越高，那么该县的田赋征购量就越大。一等仓库共15所，除邛崃仓库外，其余14所仓库所在县的田赋征购数量都在20万石以上。二等仓库共33所，其中除井研在10万石以下外，其余仓库所在县的田赋征购数量基本在10万至20万石。三等仓库共63所，其中除资阳外，其余仓库所在县的田赋征购数量都在12万石以下。四等仓库共9所，这些仓库所在县的田赋征购数量都在5 000石以下③。

（3）集中仓的空间分布及其特征。

根据抗日战争时期四川粮食储运局档案的记载，1941—1944年，四川114县，共设置662处集中仓，总容量为4 323 500石④。1940—1944年四川各县集中仓基本情况见表4-4。

---

① 许廷星：《四川粮食管理机构合理化问题》，《四川经济季刊》1944年第1卷第2期，第153页。

② 张华宁：《粮食仓库之重要及全国所需容量》，《中农月刊》1942年第3卷第8期，第40页。

③ 《四川各县三十一年度征购（借）粮食收拨结存数量表》，四川省档案馆，四川省田赋粮食管理处档案，档案号：93-622。

④ 《四川省各县集中仓库地点容量调查表》，四川省档案馆，粮食部四川粮食储运局档案，档案号：092-1-1 555。

表 4-4 1940—1944 年四川各县集中仓基本情况　　　单位：石

区别	县别	容量	来源	设置年份	分布地点
第一行政区	崇庆	89 934	寺庙	1941—1942 年	三江镇、元通场、合兴镇、三江镇、怀远镇、元通镇、王家场、崇德场、牛皮场、城厢
	灌县	24 290	寺庙、祠堂	1941—1942 年	蒲场乡、太平乡、石羊乡、崇义桥、新民乡、蒲阳、金马乡
	温江	20 608	寺庙、商仓	1941 年、1943 年	文兴场、大家场、西外下河坝
	华阳	15 000	寺庙	1941 年	中兴镇
	双流	37 630	寺庙	1941—1942 年	簇上街、南门外、簇桥、江镇、淮镇、黄水乡
	新都	31 000	寺庙、公屋	1941 年	弥牟镇
	新繁	10 000	公屋	1941 年	西外三合院
	崇宁	25 400	公屋、民仓	1941 年、1943 年	北外寄魂庄、县城东街
	郫县	32 000	寺庙	1941 年	东门外、永定场、三元场、永兴场
	彭县	46 000	寺庙	1941—1942 年	东门外、隆丰场、敖家场、濛阳镇、中心镇、麓春、新兴
	合计	331 862			

表4-4（续）

区别	县别	容量	来源	设置年份	分布地点
第二行政区	简阳	215 817	寺庙、积谷仓、公屋、仓房	1941—1943年	县城、石桥镇、养马乡、施家乡、贾家乡、龙泉驿、石钟乡、平泉镇、临江寺
	资中	55 353	寺庙、公屋、民房、民仓	1941—1944年	银山镇、甘露乡、大江乡、球溪乡、苏家乡
	资阳	86 144	庙宇、公屋、民厂、祠堂、民仓、民房	1941—1943年	保和乡、城东乡、铜钟乡、忠义乡、南津驿、铜钟驿、孝子场
	仁寿	107 050	寺庙、公屋、仓库	1941—1943年	县城、太府乡、始建乡、龙正乡、富加乡、煎茶乡、北斗乡、大公乡、杨里乡、籍田乡、老君乡、彭山江口
	荣县	128 672	寺庙、民仓	1941—1943年	县城南门坝、程家乡、长山乡、中城镇、双石乡、来早乡、杜家乡
	井研	10 760	寺庙、公屋	1941—1942年	东林乡、周崇坎戏场坝、千佛乡
	威远	31 447	寺庙、公屋	1941—1943年	新盛镇、县城、镇西镇、新义乡、新盛镇、县城
	合计	635 243			

表4-4(续)

区别	县别	容量	来源	设置年份	分布地点
第三行政区	永川	37 710	寺庙、公屋	1941—1942 年	南东乡、松溉镇、双太乡、鼓楼、老仓坝
	巴县	7 200	民仓	1943—1944 年	鱼洞溪周家坝、木洞新街、铜罐驿新村
	江津	27 600	寺庙、民仓	1941 年、1943 年	朱家沱、白沙双槐树
	江北	23 000	公屋、民仓	1943 年	鱼嘴、洛碛、寸滩
	綦江	29 782	旧仓、寺庙、公屋	1941—1942 年	綦江县、东溪镇、石角镇、升平乡、古南
	璧山	20 581	寺庙、公屋、祠堂	1941—1943 年	狮子乡、丁家乡、八塘乡、来凤驿、兵风勉分校、县府
	荣昌	25 230	寺庙	1941—1942 年	城区、吴家镇、古桥乡、昌元镇
	大足	24 000	寺庙、民仓、民房	1941—1943 年	县街、珠溪、泸县
	铜梁	49 000	寺庙、民房	1941—1942 年	县城、安居镇、虎峰
	合计	244 103			
第四行政区	大邑	40 100	公屋、寺庙、民仓	1942—1943 年	县府、唐镇罗家店、城厢、三泗镇、安仁镇、县城河边
	眉山	76 600	寺庙	1941—1942 年	太平场、县城桂香街、王家场、太平场、张家坎、思濛场、太和场、
	蒲江	22 400	寺庙、民仓	1941—1942 年	县城、寿安镇、城区、大塘乡
	洪雅	35 860	公屋、寺庙	1941 年、1943 年	城内、三宝乡、土戈乡、天池乡、柳江乡
	彭山	14 581	寺庙、民仓	1941 年、1943 年	城内东门、县城、青龙镇、双江镇
	青神	11 802	寺庙、公屋、民仓	1941—1943 年	城外、白菜渡、汉阳坝
	丹棱	10 000	寺庙	1941—1942 年	城内、仁美乡、高桥
	夹江	14 500	寺庙、民仓	1941—1943 年	甘江镇、木城镇、杜公场

表4-4（续）

区别	县别	容量	来源	设置年份	分布地点
第四行政区	邛崃	101 400	寺庙、民仓	1941—1942 年	东门外、固驿镇、平落镇、固驿区署、安平、桑园、白鹤场、县城文君井、南河坎渔唱巷
	名山	25 907	寺庙	1941—1942 年	百丈镇、城西镇、新定乡、
	合计	353 150			
第五行政区	犍为	34 490	寺庙、民仓	1941 年、1943 年	城门油炸街、清溪镇、金栗乡、西城、孝姑
	马边	5 020	公屋、旧仓	1941 年	新政乡、城内
	雷波	900	寺庙	1943 年	城厢镇、文水乡、黄琅乡
	峨眉	29 800	寺庙、民仓、仓库	1941—1943 年	北门外、桑园、青龙乡、外北、乐山杜家场、县城、双福场
	屏山	5 000	寺庙	1941 年	县城东门外
	合计	75 210			
第六行政区	江安	58 600	公屋、寺庙、民仓	1941 年、1943 年	北街、江安城外、秭归乡、天龙乡、东门外、县城
	庆符	14 500	庙宇、民仓	1941 年、1943 年	中诚镇、来复乡、月家乡、南广正街
	高县	7 400	庙宇	1942 年	外北、腾达
	珙县	18 400	寺庙、民仓	1941 年、1943 年	城镇、上罗、孝儿乡、洛表正街、回检场、沐滩、上罗、底硐、孝儿场、南广、赵滩
	长宁	28 700	公屋	1941 年	安宁桥、上街
	南溪	96 900	公屋、寺庙、民仓	1941 年、1943 年	李庄、县城、九龙滩、龙君坝、圆通门、大柏树、镇江楼
	筠连	3 000	旧仓	1941 年	县府后
	兴文	2 000	公屋	1941 年	晏阳镇、文武乡
	合计	229 500			

表4-4(续)

区别	县别	容量	来源	设置年份	分布地点
第七行政区	纳溪	10 000	公屋	1941年	安富镇
	叙永	17 480	寺庙	1941—1942年	城西、江门乡、叙蓬乡、两合、双城
	古宋	5 560	寺庙	1941年	中城镇
	古蔺	6 700	寺庙、民仓	1941年、1943年	中城镇、金泥乡、太平渡
	隆昌	53 092	寺庙、公屋、民仓	1941—1943年	城厢镇、中城镇、县府后、迎祥乡、朱家院、石桥、桦木镇、黄家乡、牛佛渡、黄家乡
	合江	58 293	公屋、民仓	1941年、1943年	县城、先市场、先市镇、王场
	富顺	71 572	公屋、民仓、寺庙	1941—1943年	赵化镇、怀德乡、邓关镇、沿滩、牛佛镇、泽浦乡、狮市乡
	合计	222 697			
第八行政区	酉阳	5 300	寺庙	1941年	铠多镇、濯水乡、渤海乡
	涪陵	56 360	寺庙、旧仓、民仓	1941年、1943年	蔺市、珍溪、北门外、珍溪南渡
	丰都	24 357	寺庙	1941年	高家镇、立石镇、泥巴溪、王家渡
	南川	14 014	祠堂、民仓	1941年、1943—1944年	城区、莲池镇、城区西外晏家村
	黔江	10 000	寺庙、公屋	1941年	三屯乡、棚山乡、五呈乡、石会乡
	彭水	10 000	寺庙	1941年	江口镇、议葭镇、大河乡、郁山镇
	秀山	15 000	寺庙	1941年	清溪乡、石耶乡、龙地乡、官庄乡
	石柱	5 775	公屋	1941年	南岚坝太白岩
	合计	140 806			

表4-4(续)

区别	县别	容量	来源	设置年份	分布地点
第九行政区	忠县	34 843	祠堂、寺庙	1941 年	城厢、潭场、兴龙乡、永兴场、三台寺
	云阳	23 220	寺庙、民仓、积谷仓、公屋	1941 年、1943 年	双江乡、南溪镇、小盘沱、县城、王家溪
	开县	18 000	寺庙、民房	1941 年	县城
	奉节	15 400	寺庙、公屋、民房	1942—1943 年	西坪、安坪、罗家沱、朱家乡
	巫溪	4 100	寺庙	1941—1942 年	城区
	巫山	6 000	寺庙	1942 年	丰和镇
	城口	6 392	公屋	1942—1943 年	城区西关外土城、城内、坪坝街后、明通街后、修溪坝街后
	合计	107 955			
第十行政区	渠县	33 312	寺庙	1941—1942 年	临巴镇、鲜渡镇、
	大竹	47 800	寺庙、公屋、民仓、仓库、木船	1941—1943 年	城厢、庙坝乡、庞家嘴、大河嘴
	广安	80 225	寺庙、公屋	1941—1942 年	城西、明月乡、护安乡、石笋河、拨罗溪、三溪河、保安乡
	垫江	33 052	寺庙	1941 年、1942 年	桂阳镇、澄溪乡、界滩乡、新民乡、太平乡
	梁山	60 000	寺庙	1941—1942 年	城西乡、聚奎镇、锦屏镇、仁贤乡、袁坝驿、福禄镇
	长寿	63 600	寺庙、新建、木船	1941—1943 年	河街镇、城区镇、江北太洪岗
	邻水	61 754	公屋、寺庙、民仓、民房	1941 年、1943 年	鼎屏镇、镡同乡、龙柑乡、丰水镇、九龙镇、御临乡、城区、柑子铺、幺滩、岳池梨梓街
	合计	379 743			

表4-4（续）

区别	县别	容量	来源	设置年份	分布地点
第十一行政区	蓬安	76 500	寺庙	1941 年	周口、城厢、金溪场、正源场
	西充	10 600	寺庙、旧仓	1941—1942 年	合家乡、县城
	营山	45 850	寺庙、民仓	1941 年、1943 年	小桥乡、老林乡、龙滩子、三汇、蓬安周口
	岳池	87 862	公屋、寺庙、民仓	1941—1943 年	罗渡溪、黎梓街、养龙乡、石垭、广安河街、城区小东街、油榨溪、张家滩、覃家店、溪嘴
	南部	27 665	寺庙	1941—1942 年	东门外、南龙坝、新政镇、盘龙驿
	武胜	12 600	寺庙、公屋	1941 年、1943 年	中心镇、沿口乡、龙女乡
	仪陇	21 300	寺庙、公屋、祠堂	1941 年、1943 年	城内、观音场、新奇场、新政坝
	合计	282 377			
第十二行政区	蓬溪	30 790	寺庙、民仓	1941—1943 年	城区、大石桥、郪口乡、遂宁仁里乡
	苍溪	28 700	寺庙、公屋	1941 年	中土、东溪、圻坪
	三台	45 004	寺庙、民仓	1941—1943 年	葫芦溪、新场、城区老西街、南外镇
	安岳	59 565	寺庙、公屋、仓库、民仓	1941—1943 年	龙台乡、李家乡、城区、周礼乡、国坝、潼南县城、唐坝
	乐至	22 100	公屋、民仓	1941—1943 年	平民工厂、回润乡、太极乡、县城、泰来场
	潼南	58 400	寺庙	1941—1942 年	县城、双江镇、夜猫溪、三坝、玉溪
	中江	40 110	寺庙、民仓	1941—1943 年	城厢镇、大镇、胖镇、城区、回龙乡、甘露乡、蓬莱镇
	盐亭	9 200	寺庙、民仓	1941 年、1943 年	县城、玉龙乡
	合计	293 869			

表4-4(续)

区别	县别	容量	来源	设置年份	分布地点
第十三行政区	绵竹	84 422	公屋、庙宇	1941—1942 年	城内、富新场、新市场、县城、城区、忠孝乡
	德阳	89 612	庙宇、公屋、民仓	1941—1943 年	南街、县城东街、孝全场、八角场、黄浒镇、城区、八角场、
	罗江	33 983	寺庙、公屋	1941—1942 年	东关外、金山乡、东门外
	金堂	91 630	公屋、寺庙、民仓	1941 年、1943 年	淮州、同兴乡、青渡溪、五凤溪、姚家渡、县城
	安县	80 900	公屋、寺庙、民仓	1941 年、1943 年	花街镇、县区、黄文场、界牌场
	梓潼	6 600	寺庙	1941 年	沼城
	广汉	104 700	公屋、寺庙	1941 年、1943 年	三水关、连山镇、县城、中兴场、
	什邡	79 000	寺庙	1941—1942 年	大华街、徐家场徐家坝、兴隆场
	合计	570 847			
第十四行政区	剑阁	25 567	寺庙、公屋、民仓	1941 年、1943 年	下寺、江口场、普安乡、剑门关、城内、武连乡、五连乡
	阆中	46 499	寺庙、公屋	1941 年、1943 年	合龙溪、时兴场、双龙场、天安乡、河溪乡
	昭化	37 890	寺庙	1941 年	江口、虎跳驿、郭家渡、三堆坝
	彰明	80 800	寺庙、民仓	1941 年、1943 年	县城、太平场、青莲场
	江油	44 460	公屋、庙宇	1941 年、1943 年	中坝、神水寺
	平武	4 000	寺庙	1942 年	城区
	合计	239 216			

表4-4(续)

区别	县别	容量	来源	设置年份	分布地点
第十五行政区	万源	4 000	公屋	1941 年	城子镇、罗文坝、白沙乡
	开江	6 400	公屋、民仓	1941 年、1943 年	普安镇、梁山
	达县	79 230	寺庙、新建	1941—1942 年、1944 年	县城、河市乡、全垭乡、申家乡、渡市街、石梯坎、申家滩、金垭场、城南、罗江口、江陵溪、周家河、城守镇、洛车河、骑龙场
	巴中	56 995	寺庙、公屋	1941 年、1943 年	曾口镇、城守镇、江口镇、梁永场、兰草乡、恩阳镇、云龙乡、三江口、垣溪口、渐岸沱
	宣汉	18 367	寺庙、民仓	1941 年、1943 年	普光乡、城区、南坝镇、双河场、南坝干坝子、南坝马家石、南坝墨溪寺、南坝东溪沟
	通江	19 900	祠堂、公屋	1941 年、1943 年	毛洛镇、涪阳镇
	南江	30 400	寺庙	1941 年	镇子乡、青龙场、治城、赤澳场、长池乡、元潭乡、官两乡、黄沙乡
	合计	215 292			
	自贡	12 930	寺庙	1941 年	上桥
总计		4 323 500			

注：本表根据《四川省各县集中仓库地点容量调查表》① 统计而成。

集中仓设置的基本情况，包括集中仓数量、分布地点、来源、设置年份，可以总结出四川省集中仓库的分布特点主要有以下几个方面：

第一，集中仓以利用公共祠庙及公屋，改修简易仓库或租用民仓为主，设

---

① 《四川省各县集中仓库地点容量调查表》，四川省档案馆，粮食部四川粮食储运局档案，档案号：092-1-1555。

备简陋。根据档案资料统计，四川省 114 县，662 处集中仓，383 处为利用庙寺改修，131 处为利用公屋改修，115 处为租用民仓，7 处为租用民房，8 处为租用祠堂，9 处为利用旧仓，2 处为租用木船，1 处为租用商仓，6 处为新建仓库。四川省收纳仓大部分系利用寺庙改修，其次为公屋，再次为民仓，新建仓库、民房及旧仓，只占最少数。从集中仓设置的时间上来看，1941—1942 年设置的集中仓基本上都是利用寺庙或公屋，1943 年开始租用民仓。这说明随着粮食征实数量的增加，利用公共设施存储粮食已不能满足需要，所以开始租用民仓用以储粮。

第二，各县集中仓分为总仓和分仓，总仓数量较少，基本上设置于县城内，或该县重要的场镇和交通中心地点，总仓下辖多处分仓。

第三，集中仓的空间分布存在着明显的区域差异。通过对 1940—1944 年四川各县集中仓的统计来看，第二行政区、第十三行政区的集中仓总容量最大，均在 50 万石以上；第一行政区、第四行政区、第十行政区的集中仓总容量也较大，均为 30 余万石，而其他行政区的集中仓总容量基本是在 30 万石以下。

抗日战争时期四川省集中仓容量与粮食征借、外运数量对比见表 4-5。

表 4-5 抗日战争时期四川省集中仓容量与粮食征借、外运数量对比

单位：石

储运区	行政区	集中仓总容量	1944 年粮食征借总数	1943 年粮食外运量
沱江区	第二行政区	635 243	2 218 395.177	929 346
涪江区	第十三行政区	570 847	2 101 328.444	692 837
	第十二行政区	293 869	2 307 933.453	
渠河区	第十行政区	379 743	1 561 168.277	532 152
	第十五行政区	215 292	757 550.450	
成都区	第一行政区	331 862	2 321 238.781	517 082
嘉陵江区	第十一行政区	282 377	1 347 923.655	504 694
	第十四行政区	239 216	501 140.342	
叙渝区	第六行政区	229 500	1 023 775.262	491 667
	第七行政区	222 697	1 656 727.886	
渝夔区	第三行政区	244 103	1 809 296.108	446 115
	第八行政区	140 806	575 185.099	
	第九行政区	107 955	633 451.429	

表4-5(续)

储运区	行政区	集中仓总容量	1944 年粮食征借总数	1943 年粮食外运量
岷江区	第四行政区	353 150	1 911 343.018	300 796
	第五行政区	75 210	761 393.306	
总计		4 323 500	21 523 617.338	4 414 689

注：粮食征借总数来源于《抗战建国史料：粮政方面（二）》；粮食外运量来源于《三年余来之四川粮食配运业务》①

出现区域差异的原因是，某一区域集中仓总容量的大小与该区域粮食征借数量或粮食外运量有着密切的关系。由表4-5可以看出，第二行政区、第十三行政区集中仓总容量最大，同时这两个行政区在8个储运区中粮食外运量最多，且粮食的征借数量也较多，都在20万石以上；第一行政区、第四行政区、第十行政区集中仓总容量也较多，是因为第一行政区是全省粮食征借总数最多的地区，且成都区粮食外运量也较大，第四行政区虽然粮食外运量最少，但是该行政区的粮食征借总数较大，第十行政区属于渠河储运区，粮食外运数量较多。

因此，四川省集中仓的空间分布呈现出明显的规律性，即各区集中仓容量的大小与田赋粮食实物征借数量及外运粮食数量成正比，也就是说粮食征借数量大，或外运数量多的地区，集中仓的容量相应就大。因为集中仓是用以集中经过收纳仓征集的粮食，并且对集中的粮食进行分配及转运。这说明了抗日战争时期四川修建的仓库相对集中于粮食产区，特别是粮食征收地，可见国民政府对粮仓修建地点的重视。

（三）聚点仓库

（1）聚点仓的特点。

聚点仓指设立于消费及转运地点之仓库，因"都市工业区及特产区等消费地点及水陆运输中心地点之粮食进出繁多……业务较为重要，且恒将各地集中仓库之粮食再行集中，故名聚点仓库，以别其轻重也。"② 聚点仓的业务重心在于接收及转运他县之粮食及供应当地大量之消费。聚点仓的特点：①业务较为繁重；②业务之中心视当地情形而定，或转运接济为主，或以接受交拨为主；③当地征购粮食之处理，仅占此种仓库所经营业务之一小部分；④交拨中央公教人员公粮（指重庆）。

1941年10月1日，四川粮食储运局成立，办理四川粮食储运业务。粮食部

---

① 洪瑞涛：《三年余来四川粮食配运业务》，《粮政季刊》1945年第1期，第72页。

② 张华宁：《粮食仓库之重要及全国所需容量》，《中农月刊》1942年第3卷第8期，第40页。

四川粮食储运局"下辖成都、叙渝、渝夔、岷江、沱江、涪江、渠河、嘉陵江等八区办事处。聚点仓库十五所，市仓库一所，县仓库一百一十四所。"[1] 重庆仓库也是聚点仓性质，因此聚点仓库一共 16 所，分别设在成都、新津、乐山、泸县、宜宾、绵阳、太和镇、遂宁、三汇、重庆、万县、内江、赵镇、合川、南充、广元[2]。从所处的地理位置而言，其全部分布在川江及川江的五大主要支流上。岷江沿线有成都、新津、乐山；川江沿线有宜宾、泸县、重庆、万县；涪江沿线有绵阳、太和、遂宁；渠江有三汇；沱江有赵镇、内江；嘉陵江干流有广元、南充、合川。四川省各聚点仓库仓房地点及容量见表4-6。

表4-6 四川省各聚点仓库仓房地点及容量 单位：石

聚仓名称	仓房地点	容量	来源
重庆总仓	马桑溪仓	甲 5 000	部建
		乙 5 000	部建
		丙 5 000	部建
		丁 5 000	部建
		2 600	租用
	石马河仓	64 000	中粮公司移交
	兜子背仓	20 000	购储会移交
		700	租用
		1 000	向市仓借用
	厚记仓库	50 000	租用
	落中子仓	108 500	部建
	菜园坝仓	38 000	市田处移交
	董家溪仓	30 000	部建
	沙堎仓	1 000	租用
	化龙桥仓	56 000	部建
	磁器口仓	15 000	向石仓借用
	龙门浩仓	4 500	租用
	双溪沟仓	3 000	向市仓会借用
	聚兴诚仓	2 000	部建
		4 000	租用
	洪砂碛仓	30 000	中粮公司移交

---

① 《粮食部四川粮食储运局概况调查表》，重庆市档案馆，四川田赋粮食管理处储运处档案，档案号：352-1-11。

② 《四川粮食储运局聚点仓库组织规则草案》，重庆市档案馆，四川田赋粮食管理处储运处档案，档案号：352-3-52。

表4-6(续)

聚仓名称	仓房地点	容量	来源
太镇聚仓	木洞店仓	18 000	部建
	黄磏浩仓	3 000	租用庙宇
遂宁聚仓	遂宁东外望鹤楼	5 000	租用
	荣梁茶社	3 000	租用
	遂宁东外段家堤	32 000	部建
南充聚仓	北大街万寿宫	10 698	拨用
	南门外子弹厂	17 646	拨用
	南门外新仓	68 000	自建
赵镇聚仓	焦山分仓	33 000	农本局建修
广元聚仓	本仓内	9 000	租用联合勤务部
内江聚仓	罗家嘴分仓	36 000	部建
	魏家分仓	24 000	部建
	魏家分仓	6 000	部建
绵阳聚仓	仓库	4 200	租用
	隙地	8 000	自建临时店棚
乐山聚仓	马鞍山分仓	15 000	部建
	马鞍山	35 000	部建
	杜家场	2 000	租借民房
	乐山老岗坝	12 000	庙宇改建
三汇聚仓	三汇北街	54 000	部建
成都聚仓	外南倒桑树	71 600	租用
	外西正法寺	41 600	部建
	外北永巷	13 400	租用
万县聚仓	肥子坝仓	24 000	部建
	肥子坝仓	18 000	部建
	禹王宫	5 000	庙宇改修
	文昌祠	5 000	租用民祠
	陈家坝	10 000	租用民房
宜宾聚仓	沙湾集中仓	28 000	部建
	沙湾集中仓	48 000	部建
	宜宾南华宫	49 426	未注明性质
泸县聚仓	小石第一仓	6 000	新建
	小石第二仓	6 000	新建
	小石第三仓	6 000	新建
新津聚仓	南华宫	2 200	
	石厂厂仓	18 000	部建
	石厂厂仓	2 000	部建

表4-6(续)

聚仓名称	仓房地点	容量	来源
合川聚仓	南津分仓	60 000	部建
	甘家分仓	55 000	部建
	罗家坝分仓	5 000	部建
总计		1 029 026	

资料来源:《各聚点仓库仓房容量表》,重庆市档案馆,四川粮食储运局档案,档案号:353-1-1。

(2)聚点仓的空间分布特点。

①从交通因素来看,聚点仓设置在"水陆交通便于转运地点"①,而四川省聚点仓全部设于川江及川江的五大主要支流上。民国时期,四川省公路运输有所发展,但主要服从于军事物资的运输,陆路运输铁路尚待兴建,而米谷作为大宗笨重货物,水运就成为主要运输方式。川西米以沱江、岷江为主要运输干道,川南米以长江为运输干道,二处会合于泸州再输往下川东,遂宁、潼南米以嘉陵江为输运干道,重庆则为输往下川东的总汇口②。如岷江的乐山,米谷输入多靠水道③;沱江的内江公路发达,但汽车运价昂贵,不能为运输米谷之用,米谷运输以沱江为其主干,上自两资,下到富泸渝各地④;涪江的三台虽有公路,但"惟运输则多由水道"⑤,射洪太和镇有陆路公路通三台与遂宁,但仅有形迹,少有运输,该地运输往来上下恃河道,尚有少数人力车往来其间⑥;嘉陵江流域的合川农产运输"完全用木船载运"⑦。四川米谷通过水运,分别沿岷江、沱江、涪江、嘉陵江、渠江、川江下运重庆,因此作为接受、转运粮食的聚点仓也就建在川江及川江五大主要支流的转运地点上。

②聚点仓辐射了四川省四大粮食供应区域。1940年粮食部为供应四川省各大消费地区民食起见,设立民食供应处四处:a.陪都民食供应处,设于重庆市,供应陪都;b.四川民食第一供应处,设于成都市,供应省会及犍乐盐

---

① 《四川粮食储运局仓库组织规程》,四川省档案馆,四川田赋粮食管理处储运处档案,档案号:352-3-52。

② 西南经济调查合作委员会:《四川经济考察团考察报告》,独立出版社印行,第11页。

③ 中国农民银行四川省农村经济调查委员会:《乐山县农村经济调查初步报告》,《中农月刊》1942年第3卷第1期。

④ 稻麦改进所:《内江县米粮运销概况》,《建设周讯》1939年第8卷第21、22期合刊,第69页。

⑤ 潘鸿声:《四川省主要粮食之运销》,重庆中农印刷所1941年版,第26页。

⑥ 潘鸿声:《四川省主要粮食之运销》,重庆中农印刷所1941年版,第26页。

⑦ 《合川县农村社会调查》,《建设周讯》1937年第1卷第5期,第14页。

区；c. 四川民食第二供应处，设于内江，供应资内自贡区；d. 四川民食第三供应处，设于绵阳，供应川北盐区。以上四个供应处虽直接以川省五个集中消费之最后市场为对象，但此四个供应处分辖之聚点有十五处以上，此十五处聚点，分布于北起广元、南迄叙泸、东自万县、西界新津之区域内，各就交通运输情形集散关系储备相当数量之粮食，平时应五大消费区之需要源源输济；遇其他城市因临时之天灾人事关系而致粮食缺乏，皆可分别策应，以资调剂。

③聚点仓设置于粮食集散中心或粮食消费市场。根据粮食管理委员会的调查，四川每年进米最多的市场包括成都、金堂赵镇、重庆、泸县、合川、宜宾、射洪太和镇、万县等。输出米以泸县、金堂赵镇、射洪太和镇、合川、绵阳等地为最多。消费以重庆、成都、万县、内江、遂宁、合川、南充等地最多①。据统计，四川全省共需仓库容量约五百二十万石；其中成都等 15 处重要市场及转运地点，即须二百四十万石，占全省所需总容量的一半②。由此聚点仓库必须建于粮食集散中心及消费市场所在地。

三、从田赋征实仓看战时粮食存储、运输的空间格局

1942 年，四川征收征购粮食总额为谷一千七百余万石，除一部分就地分配消费外，大部分须外运，外运总额约为谷一千万石。一千万石之谷，遍布全省一百三十五县，三千余征收处，而需要消费之地区，则集中于数个城市③。本书以璧山县仓库为例，说明抗日战争时期，如何将散布数千地点之粮食，集运至数个城市，满足后方的军糈民食。表4-7 为 1944 年 7、8 月四川粮食储运局璧山县仓库运渝粮食月结清单。

表4-7 1944 年 7、8 月四川粮食储运局璧山县仓库运渝粮食月结清单

单位：石

运出日期	原起运仓	转运仓库	终点仓库	运交数量
7 月 4 日	璧山县来凤驿收纳仓库	璧山县仓库	重庆市仓库	6 000
7 月 14 日	璧山县丁家收纳仓库	璧山县仓库	重庆市仓库	57 000
7 月 14 日	璧山县来凤驿收纳仓	璧山县仓库	重庆市仓库	44 000
7 月 30 日	璧山县来凤驿收纳仓	璧山县仓库	重庆市仓库	73 000

---

① 西南经济调查合作委员会：《四川经济考察团考察报告》，独立出版社印行，第 11 页。
② 张华宁：《粮食仓库之重要及全国所需容量》，《中农月刊》1942 年 3 卷 8 期，第 41 页。
③ 洪瑞涛：《本年度四川征实征购粮食之配运计划》，《粮政月刊》1943 年第 1 卷第 1 期，第 39 页。

表4-7（续）

运出日期	原起运仓	转运仓库	终点仓库	运交数量
7月30日	璧山县丁家收纳仓库	璧山县仓库	重庆市仓库	12 000
7月30日	璧山县河边收纳仓库	璧山县仓库	重庆市仓库	25 000
8月4日	璧山县河边收纳仓库	璧山县仓库	重庆市仓库	22 532
合计				239 532

资料来源：《关于鉴核粮食部四川粮食储运局璧山县仓库储运处各种月结清单的呈、指令》，重庆市档案馆，粮食部四川粮食储运局档案，档案号：55-5-247。

由表4-7可以清楚地看出璧山县仓库粮食的来源与去向。璧山县来凤驿、丁家、河边三个收纳仓将农民收交的粮食运到璧山县仓库后，璧山县仓库再将集中的粮食运到重庆市聚点仓库。以收纳仓、集中仓、聚点仓为三个层级体系，实现了粮食的收储、集中、配拨。第一层级为粮食的收储，粮民将应缴粮食运至各地收纳仓。由经收人员考验成色，以干净纯洁无杂质为标准，合格时经计手过捡后，运入办事处附设仓库储存，这一阶段实现了粮食初度集中。第二层级为粮食的集中，粮食储运机构将各地收纳仓之粮食，运到县仓库即集中仓库，此阶段实现了粮食的再度集中。第三层级为粮食的转运，由集中仓运至聚点仓库，这一阶段实现了粮食的转运及配拨。由此，粮食的运输也完成了从产地，集中于县城，最后转运至消费中心的过程。

从全省来看，以各储运区为单位，各县办理粮食集中运输的空间格局见表4-8。①

表4-8　各县办理粮食集中运输的空间格局

区别	预征三十三年度谷麦县名	中转或集中保管地	备考
渝夔区	江北、巴县、璧山、长寿、涪陵、邻水、垫江、綦江、南川、北碚、彭水、武隆	运重庆	在重庆仓库交拨
	万县	就地交	由万县聚仓就地交拨
	丰都、忠县、石柱	运重庆或万县	在重庆或万县仓交拨
	云阳、奉节、开县、梁山	运万县	在万县仓库交拨

---

① 《各县办理粮食集中运输简明图》，重庆市档案馆，四川田赋粮食管理处储运处档案，档案号：352-3-53。

表4-8（续）

区别	预征三十三年度谷麦县名	中转或集中保管地	备考
成都区	成都、华阳、郫县、崇宁、灌县、温江、双流、新津	运乐山	在乐山聚仓交拨
	新都、新繁、彭县	运赵镇或乐山	在赵镇或乐山聚仓交拨
沱江区	内江	就地交拨	由内江聚仓就地交拨
	德阳、绵竹、广汉、金堂、什邡	运赵镇	在赵镇聚仓交拨
	简阳、资中、荣县	运内江	在内江聚仓交拨
	隆昌、富顺	运泸县	在泸县聚仓交拨
嘉陵江	南充	就地交拨	由南充聚仓就地交拨
	广元、阆中、营山、蓬安、西充、南部	运南充	在南充聚仓交拨
	合川	就地交拨	由合川聚仓交拨
渠河区	渠县、达县、大竹、开江、宣汉	运合川	在合川聚仓交拨
	广安、岳池	运重庆	在重庆仓库交拨
	巴中	运南充	在南充聚仓交拨

第三节　1937—1945年四川积谷仓地理分布

一、抗日战争时期四川积谷的发展

抗日战争期间，就全国各省份的积谷情况而言，四川每年的积谷数居于绝对的优势地位，成为大后方的粮食储备基地。抗日战争时期各省市积谷数量见表4-9。

表4-9　抗日战争时期各省市积谷数量　　　　　单位：石

省份	年份			
	1942年前	1943年	1944年	1945年
云南	4 768 763	停办	缓办	缓办

表4-9(续)

省份	年份			
	1942 年前	1943 年	1944 年	1945 年
广西	3 926 236.21	340 770.07	11 314.32	
湖南	2 643 417.14	停办	57 157	缓办
江西	1 590 364.11	334 246.62	167 940.67	1 547
四川	1 066 378.88	989 886.16	1 417 338.18	2 167 718.41
河南	589 825.89	118 498	53 842.43	39 637.92
浙江	423 773.63	276 400	151 244.65	
福建	325 228.03	133 894.48	229 690.65	158 648.75
贵州	195 537.43	停办		312 806
湖北	170 994.71	222 703.89	167 963.15	
陕西	368 337.38	44 337.54	57 915.11	
广东	69 487.12	改至1944 年度办理	143 058.98	8 245.82
青海	64 000	未募	缓办	缓办
安徽	54 423.71	135 312.70	7 864.78	豁免
甘肃	64 207.07	6 170.632	32 719.23	缓办
西康	4 291.9	停办	48 896.34	51 382.27
重庆	6 431.72	1 183	3 584.16	538.28
宁夏		13 333.33	11 111.11	10 222.22
新疆		未募	缓办	缓办
合计	14 331 697.92	2 868 956.23	2 561 640.74	2 750 746.67

资料来源：汪元：《五年来粮食仓储设施与推进积谷概述》，《粮政季刊》1945 年第 4 期，第65—71 页。

由表4-9 可以看出，1943 年四川积谷 989 886.16 石，占全国积谷总量的34.5%；1944 年四川积谷 1 417 338.18 石，占全国积谷总量的55.3%；1945 年四川积谷 2 167 718.41 石，占全国积谷总量的78.8%。1945 年四川积谷数量占全国总量的比例最高，主要原因是山东、热河、察哈尔等省大部分地区为中国共产党管理，而山东和台湾等省又刚刚收复，所以全国大部分省未能派募，四川是少数征办积谷的省份，所以四川积谷数量所占比例较高。

抗日战争期间随着四川积谷的增加，原有积谷仓已经不敷使用，为了解决仓容不足，1944年四川粮食储运局呈请粮食部，拟将四川储运局所属集中仓、聚点仓各仓谷量划出十分之三用作积谷，以利积谷推行[①]。

二、抗日战争时期四川积谷仓的空间分布

四川各县积谷，自1936年开始筹募，是年从事募集者，计有82个县市区，共募403 663石；1937年计有70个县市区，共募337 901石；1938年计有124个县市区，共募1 544 523石；1939年计有104个县市区，共募1 954 224石。抗日战争全面爆发后，四川省积谷得到了快速发展，全部募集数量，合计4 240 313石。1938—1939年，四川全部县市区新募积谷数目见表4-10。

表4-10　1938—1939年四川省各县市区新募积谷数目　　单位：石

地域	四川各县市区积谷数量	总计
	成都市	594.210
	自贡市	4 588.040
第九行政区	万县（198 267.000）奉节（48 648.100）开县（49 313.350）忠县（122 406.010）巫山（2 028.000）巫溪（230.000）云阳（87 625.840）城口（672.120）	509 190.420
第三行政区	永川（44 040.138）巴县（69 999.000）江津（75 703.964）江北（60 583.820）合川（16 680.370）荣昌（35 224.740）綦江（8 643.280）大足（59 775.070）璧山（24 500.339）铜梁（36 308.340）三峡区（2 822.120）	434 280.301
第十一行政区	南充（104 176.940）岳池（52 452.690）蓬安（79 168.340）营山（50 443.660）南部（27 055.000）武胜（46 685.120）西充（476.550）仪陇（10 549.294）	375 298.594
第十二行政区	遂宁（8 696.576）安岳（44 156.260）中江（63 824.590）三台（43 115.810）潼南（46 728.474）蓬溪（40 811.500）乐至（38 755.001）射洪（34 422.300）盐亭（11 854.275）	332 359.355
第二行政区	资中（90 869.120）资阳（31 342.340）内江（27 250.140）荣县（50 530.562）仁寿（22 326.189）简阳（47 376.560）威远（5 125.290）井研（36 526.410）	311 346.611
第十行政区	大竹（61 615.764）渠县（62 326.000）广安（103 317.430）梁山（40 856.550）邻水（8 576.848）垫江（13 140.000）长寿（2 208.740）	292 041.324

[①] 《四川粮食储运局函请粮食部将集中聚点各仓划出十分之二三作积谷仓》，四川省档案馆，四川粮食储运局档案，档案号：92-505-1。

表4-10(续)

地域	四川各县市区积谷数量	总计
第七行政区	泸县（127 864.260）隆昌（26 523.956）富顺（37 328.230）叙永（6 872.120）合江（14 473.931）纳溪（6 033.460）古宋（1 181.210）古蔺（31 157.000）	201 434.167
第一行政区	温江（9 441.470）成都（—）华阳（19 384.334）灌县（14 692.982）新津（24 594.400）崇庆（8 693.590）新都（12 916.490）郫县（14 000.887）双流（1 941.590）彭县（64 181.450）新繁（8 541.404）崇宁（11 922.201）	190 901.708
第十三行政区	绵阳（62 950.437）绵竹（10 773.975）广汉（27 772.320）安县（29 059.950）德阳（5 364.137）什邡（10 845.153）金堂（13 820.390）梓潼（16 722.800）罗江（8 491.180）	185 750.340
第十五行政区	达县（24 293.000）巴中（93 353.000）开江（9 458.880）宣汉（26 626.100）万源（—）通江（3 146.000）南江（7 180.100）	164 057.080
第四行政区	眉山（16 361.431）蒲江（8 233.920）邛崃（11 328.950）大邑（24 894.176）彭山（10 301.710）洪雅（28 023.210）夹江（9 288.390）青神（6 090.130）丹棱（6 764.000）名山（5 159.400）	126 445.317
第十四行政区	剑阁（15 000.000）苍溪（19 481.770）广元（4 531.720）江油（7 511.024）阆中（51 980.000）昭化（7 510.520）彰明（9 369.340）北川（—）平武（12 660.330）	118 095.674
第六行政区	宜宾（25 292.336）南溪（7 811.613）庆符（12 176.491）江安（6 913.950）兴文（7 252.790）珙县（10 249.830）高县（10 590.949）筠连（1 147.840）	105 417.079
第八行政区	酉阳（5 287.920）涪陵（9 768.211）丰都（8 698.596）南川（1 502.267）彭水（3 900.000）黔江（15 885.000）秀山（13 307.840）石柱（18 046.610）	76 396.544
第五行政区	乐山（10 031.145）屏山（9 683.965）马边（861.990）峨边（206.430）雷波（1 330.300）犍为（37 235.400）峨眉（1 440.719）	60 789.949
第十六行政区	茂县（—）理番（—）懋功（—）松潘（—）汶川（—）靖化（—）	0
合计	137 县市区	3 498 747.778

资料来源：何南陔编述《四川省仓储概况》四川省政府印 1947 年版，第 2-14 页。"—"表示数据缺失。

抗日战争全面爆发后，四川积谷仓的储谷重心发生了变化，第九行政区从抗日战争前的第四位上升到第一位，第十一行政区从抗日战争前的最后一位上升到第三位，而第一行政区从第一位下降到第八位，第十三行政区从第三位下降到第九位。

这说明抗日战争全面爆发前的四川粮仓主要分布在产粮区，而抗日战争全面爆发后，仓储的重心转移到川东地区及嘉陵江流域。这主要是出于抗日战争的需要，因为川东地区毗邻鄂西战场，一方面要供给前方军粮，另一方面，抗日战争全面爆发后，国民政府西迁，重庆成为战时陪都，政府人员及驻军大量增加，所以当地的军糈民食需要量大增，因此第九行政区、第三行政区及第十一行政区储谷最多，而且兴建的仓厂数也最多，第九行政区共有仓库 1 394 座，第三行政区有 609 座，而第十一行政区有仓库 440 座，其中 409 座为新建①。

第四节　1937—1945 年四川农仓地理分布

一、四川农仓兴起的原因

农仓是一种新式的仓储经营体系，起源于 1929 年，江苏省农民银行鉴于国内各地农村经济日趋凋敝，开始经营农业仓库业务。行政院农村复兴委员会于 1933 年 5 月决议，农民银行须在各县设立农业仓库，实业部在 1933 年拟定农仓法草案，于 1935 年 9 月 5 日公布，1937 年公布施行条例。

抗日战争全面爆发后，前线数省沦为战区，粮食供给量锐减，而需求量激增，供需背道而驰，因此粮食问题最为严重。四川为抗日战争的大后方，面积广大，人口众多，土地肥沃，物产丰富，在经济上、军事上皆居全国各省之冠。然而因为连年天灾人祸，四川早已不能承担后方抗战之重任。故四川农仓制度的推进，实乃最迫切的需要②。

第一，解决四川粮食问题有赖于推进农仓制度。四川粮食产量丰富，然以米粮供给计，全省需米 75 672.520 石，四川产稻量 145 376 石，出米 72 687.910 石，（因稻壳过厚，米量低），与需要比较，尚不足 2 984.610 石，此不足之数，则由麦杂粮补充。粮食以丰年计，仅足自给，荒年则发生粮食恐慌，平时四川农民食米者少，多吃杂粮及甘薯芋头等充饥，今值大旱之后，又当抗日战争全面爆发之时，四川食粮之自足自给尚有赖于推行农仓制度者之努力焉③。

---

① 何南陔编述《四川省仓储概况》，四川省政府印 1947 年版，第 30 页。
② 汤枕琴：《民族抗战与四川农仓制度》，《建设周讯》1938 年第 6 卷第 8 期，第 19 页。
③ 汤枕琴：《民族抗战与四川农仓制度》，《建设周讯》1938 年第 6 卷第 8 期，第 19 页。

第二，四川农副产品之运销有赖于农仓制度。四川农副产品是对外输出的主要产品，据海关贸易册四川部分1928—1932年，5年间摘录农产原料及半成品之平均输出数，总计每年约3400余万两，占全输出额92%。然自1931年以后，农副产品的输出量，即逐渐锐减，农副产品的生产，乃不得不急谋紧缩，于是农产金融枯窘，购买力低弱，一般小佃农遂陷于半失业状态。原因不外两种：内在的原因，盖由农民生产方法陈腐与运销制度之不健全，收获既不经济，复经多次中间商人的剥削与掺假，成本既昂，品质又劣，外国销场，自难长久保存；外在的原因，盖由于各国统制政策的施行，对内力求自给自足，对外力求廉价倾销。四川农副产品的国外市场，或则受其本国提倡生产（如桐油）的影响，或则受他国倾销（如丝）的打击，遂失掉其原有地位，而使输出量锐减，倘不急图补救，非但战费无法筹措，即一般小佃农之生命亦无法维持[1]。而特产之运销，更有关于抗日战争前途，盖以农仓网联合运销特产，不但可以提高品质，减低成本，尤可以实施统制政策，以争回国际市场，则战时财政之充裕，乃复有望[2]。

因此四川对于农仓制度需要之迫切，盖四川全省产量本差堪自给，然以交通之不便利，运销制度之缺乏，生产地则呈充血现象，"谷贱伤农"，消费地则呈贫血现象，"民食维艰"，故须有仓库网的设置以调整供需、平衡市价，四川的民食问题才能解决[3]。

二、四川农仓的空间分布

抗日战争全面爆发以后，农本局随政府西迁，以四川为中心，发展西南各省农仓事业。1938年12月底，农本局在四川已设立农仓22所，容量201530石。至1939年年底，四川农仓有40所，1939年比1938年增加农仓18所，仓房147所，容量1611778.35石[4]。筹设之仓以广元之规模为特大，分仓有十九所，分仓之储藏所有七十所，容量数达七十七万石有余[5]。

四川农仓空间分布特点有以下几个方面：

（1）农仓主要分布在长江及其主要支流流域，皆滨长江、沱江、涪江及嘉陵江各流域之重要农产集散市场。

---

① 汤枕琴：《民族抗战与四川农仓制度》，《建设周讯》1938年第6卷第8期，第19页。
② 汤枕琴：《民族抗战与四川农仓制度》，《建设周讯》1938年第6卷第8期，20—21页。
③ 汤枕琴：《民族抗战与四川农仓制度》，《建设周讯》1938年第6卷第8期，20—21页。
④ 《中华民国二十八年农本局业务报告》，农本局研究室编印1940年版，第59页。
⑤ 业一科：《本局农仓业务述概》，《农本》1940年第35-36期，第2页。

四川僻处西陲，大山环绕，其中除成都附近尚属平坦外，余则峰峦起伏，山岭纵横。四川公路多分布于成都平原，其他广大地域，公路尚未建成，且运费昂贵，多无货运可言。故目前四川之交通路线，主要为水路。因此，四川农仓都设立于水路交通便利之处。四川分三期建设农业仓库网，在完成川西及成渝铁路沿线建设后，第三期完成岷江嘉陵江及川境长江流域农仓网。

从农仓设立的地点来看，"沿长江者为李庄、合江、中白沙、南溪、江安等五处；沿沱江者为三水关、什邡、德阳、罗江、绵竹、赵家渡等六处；沿涪江者为太和镇、遂宁、中江、三台、潼南、花街、新店子、中坝等八处；沿嘉陵江者为南充、合川二处；沿岷江者为新津一处。故由分配地位言之，此二十二仓中，无一及于内陆之县份。"①

1938 年，四川农仓于沿江地带分布情况见表 4-11。

表 4-11　1938 年四川农仓于沿江地带分布情况　　　　单位：石

仓名	仓址	容量	沿江
太和镇农仓	射洪太和镇	8 000	涪江
遂宁农仓	遂宁县	7 000	涪江
中江农仓	中江镇	3 300	涪江
三台农仓	三台县	8 000	涪江
潼南农仓	潼南县	6 562	涪江
中坝农仓	江油中坝	10 000	涪江
花街镇农仓	安县花街镇	6 000	涪江
新店子农仓	绵阳新店子	4 000	涪江
李庄农仓	南溪李庄	12 000	长江
合江农仓	合江县	10 000	长江
中白沙农仓	江津白沙镇	8 000	长江
南溪农仓	南溪县	9 870	长江
江安农仓	江安县	10 070	长江
三水关农仓	广汉三水关	8 240	沱江
什邡农仓	什邡县	6 488	沱江

---

① 叶宗高：《四川农村经济问题》，《经济汇报》1940 年 4 月 1 卷 11 期，第 13-14 页。

表4-11（续）

仓名	仓址	容量	沿江
德阳农仓	德阳县	12 000	沱江
罗江农仓	罗江县	8 000	沱江
绵竹农仓	绵竹县	15 000	沱江
赵家渡农仓	金堂赵家渡	25 000	沱江
南充农仓	南充县	12 000	嘉陵江
合川农仓	合川县	4 000	嘉陵江
新津农仓	新津县	8 000	岷江
合计	22 仓	201 530 石	

资料来源：叶宗高：《四川农村经济问题》，《经济汇报》1940 年 4 月 1 卷 11 期，第 13-14 页。

1939 年，四川农本局农仓分布地点见表4-12。

表4-12　1939 年，四川农本局农仓分布地点

流域	分布地点
嘉陵江	重庆、铜梁、大足、合川、沿口、南充、周口、阆中、昭化、广元
涪江	潼南、遂宁、太和镇、三台、绵阳新店子、中江、安县花街、中坝
沱江	广汉三水关、什邡、德阳、罗江、绵阳、赵家渡、绵竹
岷江	成都、双流彭家堰、温江、乐山、宜宾
长江	李庄、合江、中白沙、南溪、江安、纳溪、泸县、长宁、忠县、万县

资料来源：业一科：《本局农仓业务述概》，《农本》1940 年第 35-36 期。

（2）初级农仓、中级农仓、高级农仓分别设在产地、中间集散地和最后集散地①。

抗日战争时期，四川的主要粮食市场主要分布在成都平原、岷江流域、沱江流域、涪江流域、长江流域和嘉陵江流域。战时四川粮食运输以川江水运和驿运为主，粮食市场体系已经成熟，输出市场、集散市场和消费市场的三级市场体系趋于完善。四川省农仓基本上设置在三级市场所在地。

一是输出市场，实际上就是产地市场，如温江、合江市场。温江位于成都

---

① 《四川省建设厅抄发筹设农仓网办法及稻麦改进所粮食问题讨论会记录》，四川省档案馆，四川省稻麦改进所档案，档案号：150-167。

平原，地势平坦，土壤肥沃，灌溉便利，产米丰富，故为粮食之输出市场。输出之粮食，均系本地所产。江津，土地肥沃，向为产粮区。江津县城、朱沱、白沙三地输往渝、涪、万的米常在二十万石左右①。江安位于川南，幅员广阔，田土膏腴，川南米产重要区域，其米流向重庆，民国二十五年（公元1936 年），江安运往重庆的稻米为 210 000 石②。南溪大米流向重庆，全年100 000 石；长宁也有大米流向重庆③。

二是集散市场，是粮食产地与粮食消费地的中转站，也可称为中转市场。"集散市场，如新津、金堂之赵镇、射洪之太和、宜宾、江津之朱家沱。"④ 太和镇为四川四大名镇之一，且为水道运输必经之地，故亦为粮食之集散市场。其输出之粮食，几乎全部是由外地输入后再输出者，输入之粮食，供本地消费者仅百分之二十左右。金堂之赵家渡，位居沱江之上游，附近各县之粮食，莫不汇集该镇后，再行输出，为四川西北唯一粮食之集散市场。有鉴于此，农本局拟在该镇新建五万石容量之农仓⑤。新津是成都平原区一重要集散市场，"陆路有成雅、成嘉两公路经过县城，水路西河通崇庆、大邑，南河通蒲江、邛崃，金马河、羊马河可通灌县，交通之便，于此可见，邛、蒲、大、灌、崇五县为产米区，米粮输出，均经此转口，故凡运往成都或嘉定之米粮，均必以新津为枢纽"⑥。

三是消费市场，为终点市场，粮食输入此地大部分就地消费，很少输往他处。"消费市场，如成都市、乐山、万县、重庆市、南充"⑦。成都市是平原区中心，也是四川省会城市，人口常在四十万左右⑧，各主要粮食全赖外地供给，每年粮食输入量约一百五十万石以上，方足供应，大米的输入量比较大，成为川西大米消费中心，1935 年大米流入量为 1 017 700 石，1936 年为 1 385 700 石⑨。特别是抗日战争全面爆发以来，战区人民不断西迁成都。1938 年人口增至 528 393人，食量消费，每日约在四千石以上⑩。乐山为川南之粮食消费市场，全境多

---

① 稻麦改进所：《江津县米粮运销概况》，《建设周讯》1939 年第 7 卷第 20 期，第 30 页。

② 稻麦改进所：《江安县米粮运销概况》，《建设周讯》1938 年第 7 卷 15 期，第 24 页。

③ 交通部邮政总局编辑《中国通邮地方物产志》，商务印书馆 1937 年版，第 16 页。

④ 西南经济调查合作委员会：《四川经济考察团考察报告》，独立出版社，1940，第 18 页。

⑤ 《农仓业务近况》，《农本》1939 年第 8 期，第 9 页。

⑥ 四川省粮食管理委员会：《四川粮食市况通讯》，《建设周讯》1938 年第 7 卷第 10 期。

⑦ 西南经济调查合作委员会：《四川经济考察团考察报告》，独立出版社，1940，第 18 页。

⑧ 杨蔚，陈敬先：《成都之米市与米价》，《物件问题丛刊》1941 年第 7 期，第 169 页。

⑨ 哈承恩，崔鼎，陈家瑶：《成都市粮食运销概况调查》，《建设周讯》1939 年第 8 卷第 10 期，第 17 页。

⑩ 李秀义：《重庆市的碾米业》，《建设周讯》1939 年第 8 卷第 7 期，第 1 页。

山，除产杂粮外，产米殊少，故其粮食多赖外地供给。另外，犍乐两盐厂，盐厂工人多，1934年调查，犍乐盐场职工约十余万人，还有丝织机房职工、船只往来，日需米甚巨①。"万县为川省著名重镇，推川省下东一带之枢纽，全县农产不足，历年多仰外地供给，故纯为消费市场。"② 重庆是战时陪都，是四川乃至整个大后方地区最大的粮食消费市场，至于战时重庆每年的粮食消费量，目前缺乏完整统计。在1943年一年间，仅重庆陪都民食供应处就供应食米2 005 874石，面粉866 186袋。南充扼嘉陵江上下游之中枢，为川北重镇，粮食之集中要地。本市场原为集散兼消费，今则连年受旱灾之影响，遂变为消费市场矣。输入之粮食，供当地消费者约有百分之九十，再行输出者，仅百分之十。

三、四川农仓业务的区域特点

（一）保管业务

四川经营保管业务者，1938年为12仓，1939年为24仓，即什邡、赵家渡、遂宁、德阳、罗江、新津、绵竹、潼南、温江、合江、中坝、广元、太和镇、重庆、南溪、三水关、李庄、忠县、彭家渡、江安、中白沙、中江、大足、蔺市③。各仓农产品保管数量见表4-13。

表4-13 各仓农产品保管数量

仓名	保管物	保管物数量	保管物总值/元
重庆农仓	小麦	2 166.9（石）	10 891.72
成都农仓	米	8 811.55（石）	86 996.62
泸县农仓	米、谷	75.25（石）、18 235.31（石）	500.41、65 081.24
万县农仓	谷、小麦	2 724.8（石）、37.75（石）	9 606.77、218.95
绵阳农仓	米、谷	3 450.98（石）、123.65（石）	25 519.22、461.71
李庄农仓	谷、米	2 900.1（石）、453.2（石）	9 624.31、2 719.2
合川农仓	谷	91 374.275（石）	340 550.65
中白沙农仓	米、谷	224.40（石）、1 873.9（石）	1 543.62、7 216.56
忠县农仓	谷	1 583.7（石）	5 067.84
宜宾农仓	谷	692.88（石）	

---

① 《四川之米业》，《四川月报》1934年第4卷第5期，第15页。
② 西南经济调查合作委员会：《四川经济考察团考察报告》，独立出版社，1940，第18页。
③ 《中华民国二十九年农本局业务报告》，农本局研究室编印1940年版，第66页。

表4-13（续）

仓名	保管物	保管物数量	保管物总值/元
太和镇农仓	棉花	38 743.625（旧斤）	40 680.81
遂宁农仓	棉花	97 795.5（旧斤）	89 485.87

资料来源：《中华民国二十七年农本局业务报告》，农本局研究室编印1939年版，第42页。

（二）储押业务

1938年，"本局已成立之二十六处农仓，内除湖南省三仓，贵阳一仓，专营保管业务。其在四川省之南充、合川二仓，甫立，业务方在开始外，其余办理储押业务者共二十仓。"① 1938年，四川省设立的22个农仓，除南充、合川外，其余农仓均办理储押业务。

（1）放款之分析。截至1938年年底，储押放款余额共176 149.44元，其间以赵家渡仓放款为最多，超出2万元；其次为三水关仓，逾2万元；德阳农仓金额最少，仅360元② 。各仓放款余额见表4-14。

表4-14　1938年12月各仓储押放款余额　　　　单位：元

仓名	放款余额	仓名	放款余额
赵家渡	25 500	三水关	24 963
中白沙	18 340	南溪	17 373
江安	13 351	合江	12 234
什邡	11 439	潼南	10 033
李庄	7 867	三台	7 290
新津	6 418	太和镇	5 374
中江	3 810	新店子	3 269
花街镇	2 036	中坝	2 017
罗江	1 881	遂宁	1 959
绵竹	630	德阳	360
合计	176 149		

资料来源：《中华民国二十七年农本局业务报告》，农本局研究室编印1939年版，第38页。

（2）储押物之分析。1938年各仓储押物种类共达二十一种，而以稻为最多，占百分之四十一强；其次为米，占百分之十八；更次为烟叶，占百分之

---

① 《中华民国二十七年农本局业务报告》，农本局研究室编印1939年版，第37页。
② 《中华民国二十七年农本局业务报告》，农本局研究室编印1939年版，第37-38页。

十；再次为小麦，占百分之九强；其余则成分较少①。

（三）粮食购储

1939 年，四川粮食丰收，农本局"奉令购储川省新谷，调剂粮价，并防荒歉，乃于十一月间，由本局与四川省粮食管理委员会合组四川购粮委员会，统筹川省境内粮食之购销与屯储事宜。"②"购销，所以促成川省粮食运销系统之确立，就稻谷产销中心区域及交通便利之集散市场办理。屯储，所以规复常平仓之旧制，就全省各县，按照粮产人口及一般经济情形，区分三等，分别规定数量，从事屯积。"③

农本局办理粮食购销，分湘赣、陕西、四川三区，湘赣以稻为主，陕西以小麦为主，四川则以稻米为主，小麦为辅。本局福生庄为办理川陕两省粮食购销业务，曾就川江流域之巴县、泸县、李庄（南溪）、宜宾、白沙（江津）、忠县、涪陵；嘉陵江流域之合川、渠县、南充；成都平原之成都、绵阳、泸江、新津、赵家渡（金堂）等地设立分支庄，收购米麦④。1938 年四川农仓粮食运储地点、数量见表 4-15⑤。

表 4-15　1938 年四川农仓粮食运储地点、数量

运储地点	类别	数/石	货值/元	经办机关
重庆	小麦	2 166.900	10 891.72	福生庄
万县	小麦	37.750	218.95	福生庄
成都	熟米	8 811.55	88 996.62	福生庄
绵阳	熟米	3 450.98	25 519.22	福生庄
白沙	碛米	224.40	1 543.62	福生庄
泸县	碛米	75.25	500.41	福生庄
李庄	碛米	453.20	2 719.20	福生庄
泸县	谷	18 235.31	65 081.24	福生庄
合川	谷	91 374.275	340 550.65	福生庄
李庄	谷	2 900.10	9 624.31	福生庄

---

① 《中华民国二十七年农本局业务报告》，农本局研究室编印 1939 年版，第 40 页。
② 《中华民国二十八年农本局业务报告》，农本局研究室编印 1940 年版，第 119 页。
③ 《中华民国二十八年农本局业务报告》，农本局研究室编印 1940 年版，第 121 页。
④ 《中华民国二十八年农本局业务报告》，农本局研究室编印 1940 年版，第 118 页。
⑤ 《中华民国二十七年农本局业务报告》，农本局研究室编印 1939 年版，第 81 页。

表4-15（续）

运储地点	类别	数/石	货值/元	经办机关
万县	谷	2 724.80	9 606.77	福生庄
忠县	谷	1 583.70	5 067.84	福生庄
绵阳	谷	123.65	461.71	福生庄
白沙	谷	1 873.90	7 216.56	福生庄
叙府	谷	620.88	2 011.24	福生庄
总计		134 656.65	570 010.06	

资料来源：《中华民国二十七年农本局业务报告》，农本局研究室编印1939年版，第82页。

1939年11月15日，四川购粮委员会改组成立，农本局"福生庄之粮食业务遂告结束，所有该庄购储川省各地之米谷，全部价交四川购粮食管理委员会接收。"① 购销方面，该会"首就本局在川省各重要产粮市场之仓库机构，组织采购处，即加委本局各仓库职员兼任采购处职员。各采购处设置地点如下：宜宾、李庄、南溪、江安、泸县、合江、中白沙、蔺市、成都、新津、温江、赵家渡、太和镇、三水关、绵阳、渠县、周口、南充、潼南、遂宁、合川。"② "该会购销所需之仓库，亦由农本局就上述宜宾等二十一农仓扩充容量一百二十万市石，以应需用。截止本年年底，计已完成者有八十一万七千余市石之容量"，具体情况见表4-16。③

表4-16　1939年四川屯储仓库容量表　　　　单位：石

仓名	规定应扩充容量	1939年12月底完成容量数
蔺市	40 000	40 000
中白沙	50 000	0
合江	40 000	15 500
泸县	80 000	55 000
江安	40 000	30 000
南溪	40 000	40 000
李庄	60 000	30 000

---

① 《中华民国二十七年农本局业务报告》，农本局研究室编印1939年版，第119页。
② 《中华民国二十八年农本局业务报告》，农本局研究室编印1940年版，第121页。
③ 《中华民国二十八年农本局业务报告》，农本局研究室编印1940年版，第122页。

表4-16（续）

仓名	规定应扩充容量	1939 年 12 月底完成容量数
宜宾	60 000	10 000
合川	100 000	84 150
南充	100 000	127 000
渠县	50 000	10 000
赵家渡	100 000	14 000
三水关	50 000	50 000
潼南	40 000	0
遂宁	40 000	30 000
太和镇	40 000	42 000
新津	40 000	40 000
温江	30 000	34 000
成都	40 000	21 600
绵阳	120 000	131 700
周口	40 000	12 000
合计	1 200 000	817 450

第五节　1937—1945 年西康省仓储地理分布

一、西康省仓储建设的背景

西康位于中国西南部，为古代康、藏、卫三区之一。民国二十八年（公元 1939 年），"因中央注意边陲，力谋开发，以巩固国防，增加战力；乃于二十八年元旦成立西康省政府，并将雅属之雅安、芦山、天全、荥经、汉源、宝兴六县及金汤设治局；又宁属之越巂，冕宁、西昌、会理、宁南、昭觉、盐源、盐边巴县及宁南设治局划入西康省。加原有之十九县，共有三十三县二局矣。"[1]西康省就其山川形势，建置沿革，大约可分为康、宁、雅三区：邛崃山

---

① 李亦人：《西康综览》，正中书局，1946，第 3 页。

脉以西十九县为康区，大渡河以南八县为宁区，大渡河以北邛崃山脉以东六县为雅区。

西康省征实在历史方面，康属各县早于宁、雅各县，因康属各县于清末改土归流初报升科时即征实物，故此仓储设备也早举办，但康属仓库虽早有建筑，然以该地出产有限，粮额甚少，故此容量甚少，又因关外地方气候高寒，粮食保存较为容易，且所征实物纯属青稞杂粮，并无黄谷故，此建筑也甚简陋及至现在又以年代久远关系，是项仓库虽有其名，不过旧屋以资堆积而已。1941年，西康省粮政局成立，全省改征实物，奉令修建粮区内验收仓库，宁雅各县始设公仓①。

二、西康省田赋征实仓的空间分布

西康省"各县征实征购应设置之仓库计分收纳、集中和聚点三种，收纳仓库，即系去年本局在各县设置之验收仓库，本年度划出一部移交省田管处接办，聚点仓库，由本局另案办理，集中仓库，系在原有验收仓库中提出一部应用，此项集中仓库，仍由各该县府负责保管及修建之责。"② 此三种仓库的设置情况及分布地点分别如下：

（一）收纳仓

收纳仓为配合各县田赋征实及征购粮食需用之仓库，此种仓库设于经收分处所在地。"查本省经收仓库所设处所，报部预算，宁属凡八县一局，平均每县设仓六所，计五十四处，雅属凡六县一局，平均每县仍设仓六所，及四十二处，康属十九县一局，平均每县设仓三处，计六十处，计康、宁、雅三属共设仓一百五十六处，嗣征实开始后，经斟酌本省各县情形，量为缩减，计只设仓九十四所。"③ 西康省各县局仓库设置地点及类型见表4-17。

① 《粮食部、西康省府通过与修正关于粮政局办事细则、组织规程、粮食征购、拨运、加工、仓储办法，聚点仓设置、职工出差规定、地价申报条例的训令》，四川省档案馆，西康省粮政局档案，档案号：225-5。

② 《西康粮管局、部分县府关于各地筹设修建集中仓库、拨发修仓经费、验收、保管办法的指令、呈文、造具各县局集中仓库设置表经费预算表》，四川省档案馆，西康省粮政局档案，档案号：225-127。

③ 《粮食部关于省局设置仓库注意事项代电，西康粮政局设置仓库计划书、呈文，造具仓库容量地点表及增筹、补筹费用表》，四川省档案馆，西康省粮政局档案，档案号：225-112。

表 4-17　西康省各县局仓库设置地点及类型

县别	设置地点	类型
雅安	城厢、草坝场、孝廉场、严桥区、沙坪区、紫石区、太平场、中里区	庙宇及民房
荥经	城厢、新添站、石泽岗、双江场、荥河场	庙宇
汉源	城厢、宜东乡、汉源街、吴罗乡、富林乡	庙宇
天全	城厢、忠义乡、云关乡、太平乡	庙宇
天全	福远乡	民房
芦山	凤禾乡、昇恒乡	民房
芦山	城厢	庙宇
宝兴	城厢	庙宇
宝兴	五龙镇、陇东镇、跷碛镇	民房
金汤	三村	民房
西昌	城厢、樟木乡、西宁乡、汉州乡、德昌镇、黄水河	庙宇及民房
西昌	沙坝乡、乐跃场、经久坎	民房
西昌	茨达河	庙宇
会理	城厢、迷局	庙宇
会理	鲹鱼区	庙宇及民房
会理	铁匠村、通安区、小关河、九道沟、攀莲街、摩挲云	民房
越巂	城厢、王家屯、安顺场、海棠乡、启明场、火树堡、中所坝	庙宇
冕宁城	城厢、复兴场、河边乡、泸沽镇	庙宇及民房
冕宁城	冕山乡、泸宁营	庙宇
盐源	街城、河西区、罗家场	庙宇
盐源	白盐井	民房
盐边	城厢、大石房、兴隆村	民房
宁南	宁南镇、新村乡、长寿镇	民房
泸定	县城、漠西乡	民房

表4-17(续)

县别	设置地点	类型
康定、丹巴、九龙、甘孜、瞻化、炉霍、道孚、邓柯、德格、白玉、理化、雅江、得荣、定乡、稻城、义敦、泰宁	县城	民房
巴安	县城、中咱区	民房
合计	94	

资料来源:《粮食部、西康省府粮政局关于征购、仓库设置情形、增设各级调查粮情机构计划的训令,造具筹仓应需费用估计表,呈送粮食部粮政会议议事记录》,四川省档案馆藏,西康省粮政局档案,档案号:225-16。

收纳仓有以下几个方面的特点:

第一,收纳仓设于征收分处所在地,广泛散布于乡村中。如雅安县,共有20个乡镇,按"三乡镇一所"设置征收分处,设8处征收分处,收纳仓库78座,具体分布情况见表4-18。

表4-18 雅安县收纳仓分布情况一览表

县别	征收分处	征收分处地点	所辖乡镇	仓库座数/座
雅安	第一分处	城厢	城厢镇、大兴镇、蔡龙镇、孔坪镇	13
	第二分处	孝廉	孝廉乡、多营乡、凤鸣乡	14
	第三分处	草坝	草坝乡、合江乡、水口乡	18
	第四分处	紫石	紫石乡、观化乡	8
	第五分处	中里	上里乡、中里乡	5
	第六分处	太平场	太平乡、下里乡	6
	第七分处	沙坪场	沙坪乡、大河边乡	6
	第八分处	严桥	严桥乡、晏场乡	7
合计	8处		20乡镇	78

资料来源:《粮食部、西康省府通过与修正关于粮政局办事细则、组织规程、粮食征购、拨运、加工、仓储办法,聚点仓设置、职工出差规则、地价申报条例的训令》,四川省档案馆,西康省粮政局档案,档案号:225-5。

第二，收纳仓的类型"以尽先拨用公仓、租借银行公司人民私仓及利用公私房屋修葺使用为原则，但必须接近乡村公所或街村房屋以便保护。"[1] 西康省的收纳仓均为民房和庙宇两种类型，并没有利用公仓或私仓。西康省收纳仓共94处，除3处无记载外，28处类型为庙宇，44处类型为民房，19处类型为庙宇及民房。原因主要是："本省原有仓库，其在康属各县多系旧设，以康属地粮自始迄今皆属征实，故各县咸有仓库设置，备以资积储，但以经始之初，规划不周，建筑方法也不合理，现虽仍可利用，每年征前必须加以修葺方可存储，宁雅两属开征粮银历无仓库设备，故去年改征实物才命设仓。各粮区所需仓库欲利用公仓而结果求租民仓也不可得已，乃租借区内民房祠宇加以修理"[2]。

第三，收纳仓的容量标准，康属各县容纳田赋征收额，而宁雅容纳田赋征收额的半数。"康属各县仍用旧有粮仓，并照旧案办理，有须修葺，此略予培修使用，其容量约能容所征粮数，宁雅属各县份遵部令规定以能容纳征额半数所需容量为标准。"[3] 而实际建成仓的容量与标准要求有一定的出入。康属康定县、泸定县、丹巴县、九龙县、甘孜县、邓柯县、德格县、白玉县、巴安县、雅江县、义敦县11县的收纳仓容量与赋额基本持平，而康属炉霍县、瞻化县、道孚县、理化县、定乡县、得荣县和稻城县的收纳仓容量比赋额或高或低，有的差距还较大；雅属各县，除金汤基本持平外，其他各县（雅安县、荥经县、汉源县、天全县、芦山县、宝兴县）的收纳仓容量大致上为赋额的一半；宁属各县，西昌县、冕宁县、盐源县的收纳仓容量基本上为赋额的一半，其他各县（会理县、越嶲县、盐边县、宁南县）的收纳仓容量比赋额或高或低。西康省各县收纳仓容量与田赋征收额数量对比见表4-19。

---

① 《西康省府会议通过粮食增产征购、仓库量器管理规则及粮政视察，粮政局组织规程、裁减机关人员、公务员战时生活补助法草案的议案通知、签请核议案》，四川省档案馆，西康省粮政局档案，档案号：225-0017。

② 《粮食部、西康省府粮政局关于征购、仓库设置情形、增设各级调查粮情机构计划的训令，造具筹仓应需费用估计表，呈送粮食部粮政会议议事记录》，四川省档案馆，西康省粮政局，档案号：225-1-0016。

③ 《粮食部、西康省府通过与修正关于粮政局办事细则、组织规程、粮食征购、拨运、加工、仓储办法聚点仓设置、职工出差规则、地价社保条例的训令》，四川省档案馆，西康省粮政局，档案号：225-5。

表 4-19　西康省各县收纳仓容量与田赋征收额数量对比

县别	收纳仓数量/处	收纳仓容量/石	赋额/石	县别	收纳仓数量/处	收纳仓容量/石	赋额/石
康定	1	1 900	1 873.60	定乡	1	4 400	2 700
泸定	2	1 400	1 446.80	稻城	1	2 800	2 095.96
丹巴	1	1 500	1 509.45	雅安	8	30 900	62 766.51
九龙	1	800	861.68	荥经	5	10 000	20 469.98
甘孜	1	5 000	4 719.60	汉源	5	12 300	24 047.36
邓柯	1	1 500	1 563.18	天全	5	3 360	5 360.35
德格	1	1 700	1 774.40	芦山	3	8 500	17 938.42
白玉	1	1 300	1 314.28	宝兴	4	1 730	3 842.91
巴安	2	2 000	2 020	金汤	1	430	433.74
雅江	1	740	708.40	西昌	10	42 000	89 770.75
义敦	1	150	151.80	会理	9	11 480	16 453.70
瞻化	1	1 100	2 351.51	越嶲	7	4 000	6 240
鑪霍	1	700	2 576.64	冕宁	6	9 600	16 499.83
道孚	1	1 200	691.32	盐源	4	5 500	10 260.21
理化	1	620	1 318.83	盐边	3	1 500	1 157.10
泰宁	1	54	235.19	宁南	3	2 000	2 927.90
得荣	1	1 500	1 088.1				
合计	收纳仓 94 所、收纳仓容量 173 644 石、赋额 309 169.5 石						

资料来源：《粮食部、西康省府粮政局关于征购、仓库设置情形、增设各级调查粮情机构计划的训令，造具筹仓应需费用估计表，呈送粮食部粮政会议议事记录》①。

------

① 《粮食部、西康省府粮政局关于征购、仓库设置情形、增设各级调查粮情机构计划的训令，造具筹仓应需费用估计表，呈送粮食部粮政会议议事记录》，四川省档案馆，西康省粮政局档案，档案号：225-0016。

（二）集中仓

集中仓即再度集中地点之仓库，此项集中地点，必须为地处要冲，水陆交通便利，能配合军粮之转运交拨，或原为粮食集散市场，或为重要消费地区，能配合调剂民食者①。

西康省粮政局请准粮食部筹设三十三个集中仓、七个聚点仓、十二个集中分仓，后又请增设德昌局集中仓，共有三十四个集中仓。后根据实际情况，粮政局"先筹设雅安等十三个集中仓，草坝等十二个分仓，其他如康属之康定、泸定、道孚、鑪霍、丹巴、德格、白玉、邓柯、瞻化、得荣、九龙、巴安、理化、定乡、稻城、雅江、甘孜、泰宁、义敦及雅属之金汤、宝兴各县局未经设置，又康属之石渠、宁属之昭化、宁东原不产粮，呈部时未计入。"② 1942 年西康省集中仓分布地点、数量、容量见表 4-20。

表 4-20　1942 年西康省集中仓分布地点、数量、容量

县别		修建地点	性质	数量/座	容量/石	备注
雅属	雅安	城厢	集中仓	3	15 200	集中仓 6 个，集中分仓 5 个
		草坝	集中分仓	3	17 500	
	荥经	城厢	集中仓	3	2 000	
	汉源	城厢	集中仓	2	3 200	
		宜东	集中分仓	2	3 600	
		汉源街	集中分仓	2	7 000	
		富林	集中分仓	2	7 000	
	天全	城厢	集中仓	3	2 500	
	芦山	城厢	集中仓	2	4 000	
		凤禾乡	集中分仓	1	4 000	
	宝兴	城厢	集中仓	2	2 500	

---

① 《粮食部关于省局设置仓库注意事项代电，西康粮政局设置仓库计划书、呈文，造具仓库容量地点表及增筹、补筹费用表》，四川省档案馆，西康省粮政局档案，档案号：225-112。

② 《粮食部、西康省府通过与修正关于粮政局办事细则、组织规程、粮食征购、拨运、加工、仓储办法聚点仓设置、职工出差规则、地价社保条例的训令》，四川省档案馆，西康省粮政局档案，档案号：225-5。

表4-20(续)

县别		修建地点	性质	数量/座	容量/石	备注
宁属	西昌	城厢	集中仓	4	18 500	集中仓7个，集中分仓7个
		礼州乡	集中分仓	4	17 000	
		黄水乡	集中分仓	5	21 500	
		西宁乡	集中分仓	4	18 500	
	会理	城厢	集中仓	4	18 400	
		摩挲云	集中分仓	3	10 400	
	越巂	城厢	集中仓	2	5 570	
		安顺场	集中分仓	2	5 700	
	冕宁	城厢	集中仓	2	7 200	
		泸沽镇	集中分仓	2	7 500	
	盐源	河西	集中分仓	2	4 500	
		街城	集中仓	2	5 500	
	盐边	城厢	集中仓	2	2 500	
	宁南	城厢	集中仓	2	2 400	
合计				65	231 670	

资料来源：《西康省粮政局移交三十一年度修建集中仓聚点仓库座数容量清册》，四川省档案馆，西康省粮政局档案，档案号：225-51；《西康粮管局、部分县府关于各地筹设修建集中仓库、拨发修仓经费、验收、保管办法的指令、呈文、造具各县局集中仓库设置表经费预算表》，四川省档案馆，西康省粮政局档案，档案号：225-127。

集中仓库空间分布特点：

第一，集中仓及其分仓主要设置在各县局城厢，设置在城厢的定名为"西康省粮政局某某县（局）集中仓库"（以下简称县（局）仓）。各县局集中仓库除在城厢范围设置外，因交通和面积关系，有须在该县局增设二个以上集中仓库之必要，设置分仓定名为"西康省粮政局某某县（局）集中仓库某某分仓（以下简称分仓）"[①]。西康省共设集中仓13个、分仓12个，均位于宁雅两属，其中雅属有集中仓6个、集中分仓5个，除金汤局外，各县都有集

———————————

① 《全国粮食管理局、军委成都行辕、西康省政府粮食管理局关于非常时期违反粮食管理治罪暂行条例、西康省粮食管理购运计划等的训令、呈》，四川省档案馆，西康省粮食局档案，档案号：224-1-6。

中仓；宁属有集中仓7个、分仓7个，除昭觉、宁东外，各县都有集中仓；而康属则无集中仓建设。

第二，集中仓库即再度集中地点之仓库，此项集中地点必须为地处要冲，水陆交通便利，能配合军粮之转运交拨①。集中仓的职能为，各收纳仓库征购粮食之集中及其邻近县局所运粮食之接收事项，因此必须建于水陆交通要冲之地。西、会、冕三县位于乐西、西祥公路要地，同时可以集中西、盐、宁、越各县之粮，又雅安、天全、康定三县位于康雅公路宝地，同时可以集中芦山、宝兴、泸定及采运四川名、洪之粮，汉源位于雅富公路要地，同时可以集中荣经及一部分雅、越、冕各乡之粮②。因此，这些地方都设有集中仓。集中仓收集各县粮食情况见表4-21。

表4-21　集中仓收集各县粮食情况

地点	收集各县粮食之县名	收集各县粮食之总量/石
雅安	雅安	62 700
天全	天全、芦山、宝兴	27 100
汉源	汉源、荣经	44 500
康定	康定、泸定及四川名、洪采购之民粮	6 370
西昌	西昌、宁南及采购之民粮	94 100
会理	会理、盐边	17 500
冕宁	冕宁、越嶲、盐源	32 800
总计		285 070

资料来源：《粮食部、西康省府粮政局关于征购、仓库设置情形、增设各级调查粮情机构计划的训令，造具筹仓应需用费估计表，呈送粮食部粮政会议议事记录》，四川省档案馆，西康省粮政局档案，档案号：225-1-0016。

第三，"集中仓向为粮食集散市场、或转运市场、或重要消费地区，战后亦能利用者"③。

---

① 《粮食部关于省局设置仓库注意事项代电，西康粮政局设置仓库计划书、呈文，造具仓库容量地点表及增筹、补筹费用表》，四川省档案馆，西康省粮政局档案，档案号：225-112。

② 《粮食部、西康省府粮政局关于征购、仓库设置情形、增设各级调查粮情机构计划的训令，造具筹仓应需费用估计表，呈送粮食部粮政会议议事记录》，四川省档案馆，西康省粮政局档案，档案号：225-1-0016。

③ 《粮食部关于省局设置仓库注意事项代电，西康粮政局设置仓库计划书、呈文，造具仓库容量地点表及增筹、补筹费用表》，四川省档案馆，西康省粮政局档案，档案号：225-112。

（三）聚点仓

四川粮政局为办理本省粮食储运业务便利，粮食集中配拨转运起见，特在本省适中地点及交通便利之雅安、天全、汉源、西昌、会理、冕宁、泸定各县设置聚点仓。"三十一年（公元1942年），拟在各县局各属建聚点仓七座，计雅安6 000石，西昌5 000石，泸定5 000石，汉源3 000石，会理3 000石，天全2 000石，冕宁2 000石，共25 000石。报部核定经费96 000元，又工程管理费160 000元，共计256 000元。嗣因物价上涨，经费不敷，因应事实需要，先建西、雅、天、康四仓（天全移泸定）共容量18 000市石，已全部完成。"① 1942年西康省聚点仓容量及数量见表4-22。

表4-22　1942年西康省聚点仓容量及数量

聚点仓名称	数量/座	容量/石	备注
康定	1	5 000	
雅安	1	6 000	
西昌	1	5 000	
泸定	1	2 000	
合计	4	18 000	

（资料来源：《西康省粮政局移交三十一年度修建集中仓聚点仓库座数容量清册》，西康省粮政局，档案号：225-51。）

三、西康省田赋征实仓空间分布的特点及原因

（一）田赋征实仓空间分布特征

抗日战争时期，西康省田赋征实仓主要分布在西康省的东部和南部地区，即宁、雅两属，而康属的仓储较少。其一，康、宁、雅三属虽然都设有收纳仓，但收纳仓的分布却是不均衡的，大部分分布在宁、雅两属。西康省共设收纳仓94所，容量共计173 664石。康属21所，容量为30 364石；雅属31所，容量为67 220石；宁属42所，容量为76 080石。康属收纳仓数占总数的22%，容量只占17%；而雅属收纳仓数占总数的33%，容量约占39%；宁属收纳仓数约占总数的45%，容量约占44%。宁属设立的收纳仓无论数量还是容

① 《西康省粮政局关于各县局粮政科集中仓、各属储运站结束办法汇缴粮食事业经费结余款训令，造具政绩交代比较表、前粮政局移交总清册》，四川省档案馆，西康省粮政局档案，档案号：225-51。

量都是最高的，其次为雅属，最后为康属。其二，集中仓全部分布在宁、雅两属，而康属不设集中仓。

（二）田赋征实仓地理分布的影响因素

西康省田赋征实仓分布的空间格局反映了抗日战争时期国民政府在粮食储备与运输布局上的考虑，这种空间格局的形成主要受以下几方面因素的影响。

（1）自然环境因素。

西康位于青藏高原西北部，雪山重叠，宜于畜牧，不宜农作。东南各部及宁、雅两属河流峡谷，则可业农，因此宁、雅两属农业较盛。西康全境皆山，高低不一，土壤与气候随地而异。其位于金川、雅龙、金沙、澜沧诸江流域者，土壤肥沃，气候温和，雨量适中，宜于农耕之地亦多，可种稻米、青稞、高粱、小麦等，且能利用山水灌溉。诸江上游地势较高，土质较差，或终年积雪，则非宜农之地。康属各地农业以泸定最发达，河原各地今年开垦亦多，康定则较次之……宁属土壤尚称肥沃，产稻区域甚多。其依河流两岸而种植者，一则利用河流灌溉，一则以土壤多为冲积，土质肥细，产稻之区首推安宁河。是以梯田虽多，土壤仍肥，出产仍丰。雅属各地气候和煦，土壤亦称肥沃，又有渠流灌溉之便，雅安、荥经平畴万顷，出产尤丰，实为西康富庶之区，发展农业之地也[①]。

西康省的产稻区主要在宁、雅两属，而康属气候高寒，稻谷产量甚少。因此西康省田赋征实后，采取了不同的征收标准，"康属各县仍照旧额办理外，雅宁两属，一律遵照行政院颁发各省田赋征收实物暂行通则之规定，依卅年度省县正附税总额每元改征稻谷二市斗为标准"[②]。1941年，照规定标准征收实物，总计宁雅两属可征稻谷278 000余石，康属可征杂粮15 500石[③]。交粮地区主要是宁、雅两属，这也就决定了作为收纳、征收田赋实物的收纳仓大部分设置在宁、雅两属。

（2）人口因素。

1940年西康省人口及粮食产销盈虚比较见表4-23。

---

① 李亦人：《西康综览》，正中书局1946年版，第354页。
② 《西康省三十年度田赋征实业务检讨》，《田赋通讯》1942年第14，15期，第36页。
③ 《西康省三十年度田赋征实业务检讨》，《田赋通讯》1942年第14，15期，第36页。

表 4-23　1940 年西康省人口及粮食产销盈虚比较

属名	县局名	人口数/人	产粮量数/石	消费数/石	产销盈虚比较	
					盈量/石	虚量/石
康属	康定	36 529	50 000	87 669.6		37 669.60
	泸定	24 001	11 000	57 602.4		46 602.40
	丹巴	17 384	35 000	41 721.6		6 721.6
	九龙	13 174	2 500	31 617.6		29 117.6
	道孚	4 330	10 000	10 392		392
	鑪霍	8 387	17 000	20 128.8		3 128.8
	甘孜	12 562	26 000	30 148.8		4 148.8
	瞻化	40 387	84 000	96 928.8		12 928.8
	邓柯	5 018	14 000	12 043.2	1 956.8	
	德格	11 437	25 000	27 448.8		2 448.8
	白玉	22 437	26 000	29 884.8		2 884.8
	石渠	11 254	无	27 009.6		27 009.6
	雅江	5 838	9 000	14 011.2		5 011.2
	理化	10 578	15 000	25 408.8		10 408.8
	定乡	6 963	13 000	16 711.2		3 711.2
	稻城	5 414	11 000	12 993.6		1 993.6
	巴安	14 024	14 500	33 657.6		19 157.6
	得荣	6 047	13 000	14 512.8		1 512.8
	义敦	11 760	18 224	28 224		10 224
	泰宁	1 508	3 500	3 619.2		119.2
小计		259 056	397 500	621 734.4	1 956.8	226 191.2
雅属	雅安	123 869	203 000	297 285.6		94 285.6
	荥经	72 092	104 500	173 020.8		68 520.8
	天全	91 159	170 000	218 781.6		48 781.6
	汉源	122 907	210 000	294 976.8		84 976.8
	芦山	32 615	4 800	78 276		30 276
	宝兴	14 361	39 951.4	344 664	5 485	
	金堂	2 678	5 000	6 427.2		1 427.2
小计		459 681	780 451.4	1 102 234.4	5 485	328 268

表4-23（续）

属名	县局名	人口数/人	产粮量数/石	消费数/石	产销盈虚比较	
					盈量/石	虚量/石
宁属	西昌	220 555	559 332	529 332	30 000	
	会理	218 094	553 425.6	523 425.6	30 000	
	越嶲	8 125	215 676	194 676	21 000	
	冕宁	86 024	236 457	206 457.6	30 000	
	盐源	63 366	173 078	152 078.4	21 000	
	盐边	58 575	165 580	140 580	25 000	
	昭觉	4 102	30 000	9 844.8	20 156	
	宁南	25 957	100 000	62 296.8	37 704	
	宁东	5 001	22 000	12 002.4	9 995	
小计		762 789	2 055 548.8	1 830 672.6	224 857.6	
合计		1 481 526	3 233 500	3 555 662	103 608.8	425 771.2

注：1. 本表人口以个为单位；2. 本表粮食产量消费量、盈虚比较量等数以石为单位，截至升位止；3. 本表所列消费粮食量系按每人平均每年以二石又两斗为标准估计列入；4. 本表系根据各县局所报 1940 年之产粮量及人口数计算之。

由表 4-23 可以看出，从人口、产粮量及消费量来看，宁属人口、产粮量及消费量是最多的，而且粮食有盈余，因此设立的仓储数量和仓容也是最大的，而雅属的人口数、产粮量及消费量居其次，因此仓储数量和仓容量也次于宁属，而人口、产粮及消费量最少的康属，修建的仓储数及容量也最少。

（3）交通因素。

西康地处高原，"山岳重复，道途险峻，车轨难通；河流迅急，不利舟楫"。故无水运，专恃陆运，陆运向无铁路，近年虽有公路建筑，现仅乐西、西祥两路。因车辆缺乏，勉供军运，而鲜商运。川康路则至今不能畅通，其他雅富康青等路，虽在建筑，而通车之日尚无预期。故陆运方面，亦仅恃旧路及人夫兽力之背驮运输而已[①]。1946 年西康省公路调查表见表 4-24。

---

① 李亦人：《西康综览》，正中书局 1946 年版，第 354 页。

表 4-24　1946 年西康省公路调查表

路别	起讫地点	经过本省重要地点	全长/千米	运输情形
乐西路	由四川乐山起至富林西止	经汉源所属之富林农场过冕宁到西昌	5 343	已通车，目前行驶多为公用汽车及板车，民营尚无统计
西祥路	由西昌起至云南祥云	经过会理县	5 000	已通车，目前有西祥公路工程管理处汽车约四辆不定期行驶
川康路	由雅安起至康定止	经天全，越二郎山，经泸定到康定	215	由雅安到天全下南坝一段可通汽车，下南坝至泸定一段可通板车，泸定至康定一段通车尚有待时日
雅富路	由雅安起至富林场止	经荥经、泗萍场至汉源到富林场	1 035	目前仅与旧路配合供人力及兽力之背运而已
康青路	由康定起至青海之玉树止	经道孚、鑪霍、甘孜到青海玉树	700	去年冬季停工现又复工，目前仅与旧路配合可供鸟拉驼途而已

旧道计有雅天康线，雅汉康线、雅富昌线、康理巴县、康德石线。西康省旧道调查表见表 4-25。

表 4-25　西康省旧道调查表

线别	起讫及经过地点	全长/千米	交通工具	运输概况
雅天康线	由雅安起经天全两路口踰马鞍山经泸定至康定止	约 200	由雅安至两路口有汽车板车骡马揹子滑竿数种，中间马鞍山一段峰峦峻峭仅恃人力揹子而已	汽车运输工程材料及石工食米，板车则运茶叶入康之用，回程则多放空，其他则为商贩耳
雅汉康线	由雅安起经荥经越大相岭经汉源飞越山岭至泸定康定止	约 265	代运轻便行李用滑竿揹子，运输大件货物用驼马	在川康公路未建修以前，军政商旅皆取道入康必经之大路，故骡马成群商贩结队
雅富昌线	由雅安起经荥经、汉源、富林、冕宁到西昌止	约 475	多用滑竿骡马揹子挑夫代运商旅行李或货物	在雅富公路未完成以前仍配合旧道以供人力及兽力之挑揹驼运

表4-25（续）

线别	起讫及经过地点	全长/千米	交通工具	运输概况
康理巴县	由康定起经雅江、理化、义敦至巴安止	约550	康南各地交通不便，纯用牦牛骡马载人运货	军政出差支应牛马商旅运货雇用牛马
康德石线	由康定起经道孚、炉霍、甘孜、德格、邓柯至石渠止	约750	康北平原较多较南路易行，载人运货亦用牛马	军政出差支应牛马商旅运货雇用牛马

资料来源：《粮食部、西康省府粮政局关于征购、仓库设置情形、增设各级调查粮情机构计划的训令，造具筹仓应需费用估计表，呈送粮食部粮政会议议事记录》，四川省档案馆，西康省粮政局档案，档案号：225-1-16。

由表4-24和表4-25可知，西康省主要陆路交通线乐西、西祥、川康路、雅汉康线均位于宁、雅两属。因为"自将宁、雅两属划归西康后，对于宁、雅交通尤为重要。雅属为康省之门户，宁属为后防之库藏，本省经济之协调，省外之联络，资源之运输，无不为宁、雅交通是赖。"[1] 西康省所设置13个集中仓，宁属7个集中仓中，西昌、会理、冕宁3个集中仓位于西祥路上，其余4个集中仓，越嶲、盐源、盐边、宁南集中仓分布在西祥路辐射的县级公路上；雅属6个集中仓中，雅安、天全2个集中仓位于川康路，荥经、汉源2个集中仓位于雅汉康线上，芦山、宝兴2个集中仓位于雅天康线上。

（4）军粮配拨的需要。

西康省只在宁雅两属设置集中仓，这也是出于军粮配拨的需要。"西康省会康定及关外各县局，不产稻谷，杂粮产量亦少，一切军公民粮，均赖宁雅两属及四川名洪各县运济。"[2] 因此，西康省交粮地区，只有宁雅两属，"宁雅两属征实数字每年共有二十七万八千余市石，三十年度征购军粮二万大包及康定省会民食每月约需一千石，也在该两属内购买"[3]。而康属"实际各县征粮有限，运输复极困难，尚无在该地征购军粮事实，其征实之粮，除拨当地公教员

---

① 李亦人：《西康综览》，正中书局1946年版，第354页。

② 徐建：《一年来之西康田粮管理》，《康导月刊》1943年第5卷第11、12期。

③ 《粮食部、西康省府粮政局关于征购、仓库设置情形、增设各级调查粮情机构计划的训令，造具筹仓应需费用估计表，呈送粮食部粮政会议议事记录》，四川省档案馆，西康省粮政局档案，档案号：225-1-16。

役公粮而外，必需集中转运者数实甚微，故此项仓库也可暂行缓设。"①

集中仓设立的原因之一便是为了适应军粮转运配拨的需要，因此或设立于交粮地点或同军粮供应站、粮秣库同设一地。1945年西康省军粮配拨数量地点及军粮供应站对应表见表4-26。

表4-26　1945年西康省军粮配拨数量地点及军粮供应站对应表

属别	军粮供应站	县别	配交数量/大包	备考
雅属	第二十四供应站	雅安	10 326	就地交拨
		荥经	4 246	就地交拨
		天全	3 500	就地交拨
		芦山	2 000	就地交拨
	第七十一供应分站	汉源	3 500	城区一千大包富林二千五百大包
	小计		23 572	
宁属	第五十四粮秣供应库	西昌	7 000	就地交拨
		盐源	2 000	城区一千大包河西一千大包
		冕宁	3 000	城区及泸沽各一千五百大包
	第七十一供应分站	越嶲	7 000	城区四千大树堡三千大包
	第五十五粮秣供应库	会理	1 000	就地交拨
	小计		20 000	

资料来源：《西康田粮处、储运处、部分县集中仓关于军粮配额交接、筹拨的训令、指令、呈文、造具军粮交接地点数量表，筹粮会议记录》，四川省档案馆，西康田赋粮食管理处档案，档案号：226-535。

---

① 《粮食部、西康省府粮政局关于征购、仓库设置情形、增设各级调查粮情机构计划的训令，造具筹仓应需费用估计表，呈送粮食部粮政会议议事记录》，四川省档案馆，西康省粮政局档案，档案号：225-1-16。

第五章 1946—1949 年四川社会保障仓储地理分布

第一节 1946—1949 年四川社会保障仓储的类型

抗日战争胜利后，国民政府仍控制相当数量之粮食，以供军粮及调节民食之需要。国民政府还积极增加民间积谷，暨实施仓库技术管理，改进仓库储藏方法，普及全国仓库网，建立完善之仓库制度，以求粮食之充裕储备①。1946—1949 年，四川地区社会保障仓储可分为三类：一为田赋征实仓，农民缴纳赋谷，政府设仓储藏之，以备作供应公粮、调节民食之用者；二为积谷仓，凡人民缴纳积谷，政府设仓收贮，以备作赈济、贷放及平粜等之用者；三为农仓，粮食之押款贮藏，其贮藏仓库由办理农仓业者或金融机关等设置，农仓多分设于各农村②。

一、田赋征实仓

抗日战争胜利后，为了与民休息，政府明令前后方各省市，一律免赋一年，分期实行，并有逐渐缩小征实范围，停办征借之意，但因内战爆发，为适应军事需要，不得不继续办理征实征借。1947 年行政院召集各省主席、议长及田粮处长，举行粮食会议，通过三十六年度田赋征实暨征借实施办法，并就各省实际情形，商定征借配额，计全国共计征实额 41 364 152 石，征借额 20 292 189 石，合计 61 656 341 石③。为此，粮食部在既有粮食仓库基础上继

---

① 徐堪：《四年来之我国粮政》，《粮政季刊》1945 年第 2、3 期合刊，第 6 页。
② 楼作舟：《粮食贮藏问题概论》，《粮政季刊》1947 年第 5、6 期合刊，第 87 页。
③ 俞飞鹏：《一年来之粮政》，《中农月刊》1948 年第 9 卷第 4 期，第 11 页。

续修建仓库。从 1940 年全国开始田赋征实时起，至 1945 年年底，六年间共建新仓容量 5 949 378 石，改修仓库容量 25 705 840 石，连同各省原有仓库及租仓容量，合计已有仓库容量 66 011 197 石。1947 年，除南昌正在筹建 5 万石之新仓外，并按各省需要情形，分别拨款利用公屋、庙宇改修仓库容量 50 万石，及修葺旧有仓库容量 2 115 万石。1947 年修仓容量表见表 5-1①。

表 5-1　1947 年修仓容量表　　　　单位：石

省份	利用公屋改修仓库	修葺旧有仓库	省份	利用公屋改修仓库	修葺旧有仓库
江苏	130 000	1 700 000	山西		300 000
安徽	100 000	1 800 000	河南		700 000
浙江		1 600 000	陕西		1 000 000
江西		1 400 000	甘肃		400 000
湖北		1 400 000	宁夏		120 000
湖南		2 500 000	青海		40 000
四川		4 600 000	热河	70 000	
福建		700 000	绥远		90 000
广东		1 600 000	山东	110 000	150 000
广西		850 000	西康		100 000
云南		500 000	贵州		300 000
河北		100 000	察哈尔	90 000	
总计	500 000	21 150 000			

　　由表 5-1 可知，四川省修葺旧有仓库容量 460 万石，在表中所列省份中位居第一，修葺容量占全国总量的 1/5。田赋征实仓是为存储征实征购粮食而建，从 1946 年四川修葺仓库容量之巨，可以说明四川在此时期仍然承担了全国粮食征实之重任。1946 年全国田赋征实征借实收数为 18 679 615 石，而四川实收数就高达 4 711 040 石，位居全国之首，占全国田赋征实征借总数的 1/4②。

---

①　俞飞鹏：《一年来之粮政》，《中农月刊》1948 年第 9 卷第 4 期，第 18 页。
②　俞飞鹏：《一年来之粮政》，《中农月刊》1948 年第 9 卷第 4 期，第 11 页。

二、积谷仓

抗日战争胜利后，"因东北九省，收复伊始，鲁热冀察各省大部分为共产党管理，台湾情形特殊，其他各省则或以收复未久，或以战时人民出粮已多，乃决定暂从缓办。1947年，以情形较好，又决定办理。"[①] 1947年粮食部为了进一步推进各省积谷建设，颁布了《田粮业务检讨会议本部提示事项关于加强推进积谷部分决议案》[②]，此决议案中对于清理仓储积谷、积谷派募方法、设置仓廒、积谷使用、健全组织机构等重要方面做出了规定。

第一，清理积谷。粮食部为了确定各省市积谷仓廒分布情形及民国三十四年（公元1945年）以前积谷实存数量，特制定各省清理仓储积谷注意事项。尚未据查报齐全，应于民国三十四年（公元1945年）八月底以前，查竣列表局报。关于积谷仓廒部分应详细填明仓址来源（新建、利用公屋修建、租用、借用）及容量（以石为计算单位）。

第二，派募积谷。派募积谷的方法仍照往年成例以十分之七就土地收益多寡酌情派募，十分之三按营业税、房捐及其他产业之孳息，按累进率收取并应斟酌实际情形规定起点，小户一律免募。其详细办法应由省市田粮机关分别秉承省市政府于民国三十四年（公元1945年）八月底以前拟订报部查核。

第三，设置仓廒。推进积谷设置仓廒最为重要，必须做到有谷有仓，力祛浮收虚报、亏挪盗卖诸习弊。民国三十六年（公元1947年）积谷对于仓廒之配置修建，须事先准备妥帖，建修仓廒经费如各县市预算内无法列支，可呈准变卖积谷或酌拨谷款，但以不超过积谷及谷款总额百分之三十为度，所有建修仓廒计划应由省市田粮机关分别秉承省市政府于民国三十六年（公元1947年）七月底以前拟具送部查核。

第四，积谷使用。积谷之使用范围依下列规定办理，非经各级主管机关之核准及颁发拨谷命令不得擅自动用，违者按盗卖论罪。①贷放由县市积谷保管委员会呈请县市政府转呈省政府核准办理；②平粜由县市积谷保管委员会呈请县市政府转呈省政府核准办理，俟新谷登场时购谷归仓；③散发由县市政府会同有关机关报由省政府电请本部核准后办理；④优待征属由县市政府查明征属人数及需谷数量呈请省政府核准办理；⑤提拨建修仓廒由县市政府拟具计划呈

---

① 曲直生：《中国粮仓制度之演进》，《中农月刊》1947年8卷11期，第18页。

② 《粮食部、四川省府、田粮处关于各省积谷收数、优待、清查的训令、指令，造具各县积谷收数旬报表、收支数量表、征募数目表、已交、欠交数量表》，四川省档案馆，四川田赋粮食管理处，档案号：93-2-992。

请省政府核转本部核定；⑥提拨命令统一由县市政府颁发；⑦各县市使用积谷除应照前列各款办理外，还应将动用数量随时呈报省政府转报本部查核。

第五，健全组织机构。过去各省市县积谷之有名无实类，为县市政府未能切实监督管理所致。今后各省之县市乡镇积谷保管委员会务须尽快组织成立，并应切实健全组织①。

三、农仓

（一）农仓的分类

农仓，指经营农产品的保管、加工、包装、运销及储押贷款等业务，调节粮食流通，改良农业生产，繁荣农村、造福农民的机构。农业仓库的经营主体主要有合作社或合作联社，以发展农业经济为目的的金融机关，经营农业生产事业或与农业生产有直接关系的 12 人以上的团体。

1945 年以后，四川省农业仓库主要有以下两种：一是中国农业银行农业仓库；二是合作农仓，即简易农仓，其设立于广大的农村。本书以金堂县简易农仓为例说明。

金堂县简易农仓为合作性质农仓，联合淮镇、同兴、白菓、清明、高板、赵家、三河等乡镇的蔗农加入，仓员共有 450 人，设有仓房 2 处共 24 间，淮镇广东馆内一座，同兴乡杜万兴宅内一座。两处存容量共 420 万市斤（1 市斤＝0.5 千克），储存白糖 31 500 市斤、红糖 424 000 市斤，以当时最低市价计算，白糖每百市斤 100 万元，红糖每百市斤 50 万元，合计可值 24 亿 3 500 万元，按六成抵押共需资金 14 亿 6 100 万元。仓员可将产品运入本仓申请押款，其他未加入之蔗农产品拒绝收押。储押贷款期限最长不得超过 6 个月，贷款标准概照市价六成储押计算。此项储押资金由本仓向中国农民银行成都分行借款②。

（二）农仓等级及其系统问题

农仓不仅在调节农业金融，尤在存进农产运销，此在设仓之际宜为兼顾，但各仓亦不妨各有偏重，以适其环境，故农仓可划分等级，联系成系统，计划一农业仓库网，使农仓技能尽量发挥，农仓等级可分四种：一是甲级农仓

---

① 《粮食部、四川省府、田粮处关于各省积谷收数、优待、清查的训令、指令，造具各县积谷收数旬报表、收支数量表、征募数目表、已交、欠交数量表》，四川省档案馆，四川田赋粮食管理处，档案号：93-2-992。

② 《金堂县淮镇蔗糖联合简易农仓储押借款申请书、职员、印签表、会议录与万县、成都县农会会员名册、概况表》，四川省档案馆，四川省合作金库档案，档案号：88-2-398。

（终点农仓），调节一省或一农产区及区际之农产供需，平衡农产价格，并谋集中对外输出，以应国际市场需要为目的，设于水陆交通便利、农产集散之终点市场；二是乙级农仓（转运农仓），以便利农产之集中转运及调剂农产金融为目的，设于交通要枢及农产集散之转运市场；三是丙级农仓（产区中心农仓），以调剂农产金融，辅助农产运销为目的，设于农产品生产丰富区域之重要城镇；四是丁级农仓（生产地区农仓），以调节农业金融，辅植农家经济为目的，设于农产品原产地之农村。

上述各级农仓之上，设一全国管理机构之中央联合农仓为其首领，联系各级农仓而成农业仓库网，此一农仓网址机构上部，偏重农产运销，与消费者接近，下部偏重金融调剂，与农民直接发生联系。丁级农仓为农仓网之基层组织，农民于产品收获后，移存于农仓，即可取得贷款，并可随时委托出卖，其上为丙级农仓，在其营业区域内，负农产储押及调节供需之责，并谋丁级农仓剩余农产之输出，丁丙农仓之上，则有乙级农仓为之调度，并谋该区域内农产之调节，甲级农仓为一省区或一农区之领袖农仓，其作用在谋区域内农产供需之均衡，并集中剩余而供应区际市场之需要，再进则通过中央联合农仓而作国际市场之运销，如此农产品从生产者之手，经过农仓之作用，逐渐移动而达消费者，其反面即为资金从国外及国内大小都市渐次回转，经过各级农仓而流入农村，促成农村经济之繁荣，如此周而复始，使农业产品与农业资金因而联系，则农业资金之周转与农产品之出路即可由此而得合理之解决①。

（三）农仓业务

农仓业务繁多，主要以农产保管业务、放款业务、农产加工调剂业务及农产运销业务四项为中心。农产保管业务，系谋农产品质之持久不变，农产须有防热、防湿、防鼠、防虫、换气熏蒸等设备，方能使保管品不易损坏，并须有检验设备，乃可使农产品由个别保管进而实行混合保管；放款业务，可分为以直接调剂农民金融为目的的农产储押放款、农具抵押放款，及以发展农仓事业为目的的储押资金放款、运销放款、建仓放款；农产加工调剂业务，目的在改良农产之品质，使农产品标准化；农产运销业务，在调剂各地区间之农产盈余，以平抑物价并进而谋改良出口农产之品质，以强化国外贸易及减低运销费用为宗旨②。

---

① 中国农民银行农业金融设计委员会：《农业仓库问题》，《中农月刊》1947 年第 8 卷第 10 期，第 2 页。

② 中国农民银行农业金融设计委员会：《农业仓库问题》，《中农月刊》1947 年第 8 卷第 10 期，第 2 页。

第二节 1946—1949 年四川田赋征实仓的地理分布

抗日战争胜利后，随着四川省内驻军的增加及粮食东运业务的需要，致使"征收粮额加钜，加之重庆总仓库、各聚点仓库及各县田粮处储运部门之原有仓房或因年久失修一部分已臻朽坏，或则建仓地点不尽便利起卸适合储粮需要，以致均感仓容不敷，亟须增设，且三十七年度粮额加钜，尤应宽筹仓容以应急需。"① 因此，抗日战争胜利后，由于对四川粮食需要的增加，需要进一步加大仓储建设。

一、田赋征实仓的发展扩充情况

（一）集中仓扩充情况

"各县田粮处对于征收、储运两部门仓房每多不分性质，共通使用，因之中央与地方之粮往往合储一仓，甚或因仓容不敷，征起粮食仍然假手于乡镇保甲及大户寄存，流弊所及不可胜言。"②

以峨眉县为例，该县公仓有限，除绥山、青龙、双福、桑园四乡共有集中仓容量 24 000 石可资借用外，其余各乡镇全系利用民仓庙宇戏台存储，而各乡之民仓亦极有限且散布四处，所用应行征借之谷，除尽量使用外，其余无仓可归之谷多沿用旧例，借用民仓民房存储或交由粮民及该保甲长自行保管，候令交拨。……经查明双福乡民国三十四年（公元 1945 年）征借谷实收 11 100 余石，除已拨积谷及储处共 2 300 余石，仓存 2 210 余石，其余 7 000 余石则借民仓存储。太和实收 12 500 余石，交积谷 980 余石，拨储处 2 844 石，仓存 3 000余石，其余之数借民仓存储。燕岗实收 16 770 余石，拨储运处 3 000 石，仓存 660 余石，余数借民仓存储。冠峨实收数 8 000 石，拨储处 3 000 石，仓存 380 余石，余数借民仓存储。查借民仓存储所储数量多属零星，有少至四、五

---

① 《粮食部、四川田粮储运处关于仓储各库、设置、合并、员工名额、制定组织规程、办事细则、扩充仓容计划的指令、代电、表册》，四川省档案馆，四川省田赋粮食管理处档案，档案号：93-1225。

② 《粮食部、四川田粮储运处关于仓储各库、设置、合并、员工名额、制定组织规程、办事细则、扩充仓容计划的指令、代电、表册》，四川省档案馆，四川省田赋粮食管理处档案，档案号：93-1225。

石者，最多亦不过200余石，且散布四处，不易稽查①。

因此，为使粮食保管得宜且能确分性质，免除朦混亏挪之积弊起见，各县田粮处（并包括县仓库运输站）所需仓容应即增加，尤须于各县集中出口点宽筹仓容以备配合业务需要。各县田粮处拟增仓容总计为一百零五万八千四百石，以有东运业务者为限②。各县集中仓扩充情况见表5-2。

表5-2　各县田粮处三十七年度扩充仓容计划表　　　　单位：石

县名	原有仓容	拟增仓容	县名	原有仓容	拟增仓容
广汉	255 000	23 000	长寿	62 442	9 000
巴县	35 000	20 000	忠县	13 000	11 000
三台	39 152	33 000	达县	67 330	21 000
威远	22 350	13 000	通江	2 650	5 000
蓬溪	24 760	20 000	仪陇	15 000	8 000
合江		19 000	垫江	38 000	12 000
江津	10 000	23 000	安县		17 000
开江		10 000	罗江	26 000	11 000
荣县	165 870	26 000	乐至	19 000	12 000
眉山	26 300	33 000	叙永	30 000	6 000
铜梁	17 000	19 000	南部	25 800	12 000
南溪	50 500	13 000	营山	9 850	11 000
自贡	13 000	2 100	古蔺		5 000
安岳		35 000	永川	32 784	11 000
中江	25 310	27 000	长宁	42 500	7 000
荣昌	24 819	11 000	犍为	42 530	19 000
江北		12 000	南川	6 000	9 000
岳池	73 362	27 000	阆中		6 000

---

①　《四川省第五区各县田粮处关于县粮谷集中、交拨、仓储、折耗的指令、代电、呈文及造具皆仓存谷清册》，四川省档案馆，四川省田赋粮食管理处档案，档案号：93-1-2022。

②　《粮食部、四川田粮储运处关于仓储各库、设置、合并、员工名额、制定组织规程、办事细则、扩充仓容计划的指令、代电、表册》，四川省档案馆，四川省田赋粮食管理处档案，档案号：93-1225。

表5-2（续）

县名	原有仓容	拟增仓容	县名	原有仓容	拟增仓容
富顺	184 360	39 000	彭山	13 200	11 000
邻水	35 000	16 000	武胜		13 000
江安	36 000	13 000	蓬安		10 000
简阳		32 000	什邡	78 000	22 000
大足	7 500	16 000	开县	12 000	11 000
仁寿		35 000	渠县	33 000	19 000
潼南		19 000	丰都		8 000
绵竹	189 900	25 000	隆昌		17 000
广安		26 000	夹江	19 300	8 000
大竹	61 000	25 000	井研	17 070	7 000
资中	91 200	23 000	庆符	35 600	4 000
梁山	58 000	22 000	彰明	30 400	9 000
涪陵		17 000	射洪	77 810	6 000
云阳	24 655	6 000	古宋	5 600	2 000
高县	4 000	2 000	纳溪	5 200	3 300
江油		8 000	珙县	4 400	2 100
洪雅	36 000	15 000	盐亭	9 000	4 000
武隆	16 300	1 800	平昌		1 000
石柱	5 700	2 100	合计	2 305 504	1 058 400

资料来源：《粮食部、四川田粮储运处关于仓储各库、设置、合并、员工名额、制定组织规程、办事细则、扩充仓容计划的指令、代电、表册》，四川省档案馆，四川省田赋粮食管理处档案，档案号：93-1225。

（二）聚点仓扩充情况

四川各聚点仓库根据查报资料统计共有仓容 674 188 石，但建修工程良好、位置适当者仅占少数，其余大都不能储粮，如乐山之马鞍山、遂宁之段家堤、新津之石场垮等或因仓房朽坏或因地势不宜皆已失去效用，且本处调配粮运计划时有变更，各聚点仓储转粮食之多寡亦不固定，故为办到粮必归仓，控制业务起见，宜预为宽筹仓容以免临渴掘井影响储运大计①。

　　重庆总仓库查该库所属各分仓共计十四单位，现有仓容 435 400 石（部建仓 367 600 石，租仓 67 800 石），以数量估计勉可供应到渝粮食储转之用，但以部建仓房系在抗日战争时期修建，当时选择地址一因避免空袭危险，一则无东运业务需要是以，如马桑溪、落中子等处仓房至今已难充分加以利用，九龙坡仓房且售与成渝铁路局，而弹子石、黄桷渡等业务较繁之分仓又均无自建仓房，故重庆总仓库所属各分仓亟应配合业务需要，估计三十七年度运粮数量增，增租民仓以利储备②。

　　综上所述情由，策划各仓处必须增加的仓容共计：重庆总仓库为 185 000 石，各聚仓 195 000 石③，1948 年四川省聚点仓仓容扩充情况见表5-3。

表5-3　1948 年各聚点仓库扩充仓容计划表　　　　单位：石

仓名	原有仓容	拟增仓容（租用）	备考
重庆总仓 　马桑溪分仓	27 600		
石马河分仓	64 000	20 000	
黄沙溪分仓	1 700	15 000	
弹子石分仓	50 000	25 000	
落中子分仓	108 500		该仓业务稀少
江北分仓	6 000	35 000	
董家溪分仓	30 000		该仓无业务
化龙桥分仓	56 000	15 000	
磁器口分仓	15 000		该地无仓可租用
黄桷渡分仓	4 500	20 000	

　　① 《粮食部、四川田粮储运处关于仓储各库、设置、合并、员工名额、制定组织规程、办事细则、扩充仓容计划的指令、代电、表册》，四川省档案馆，四川省田赋粮食管理处档案，档案号：93-1225。

　　② 《粮食部、四川田粮储运处关于仓储各库、设置、合并、员工名额、制定组织规程、办事细则、扩充仓容计划的指令、代电、表册》，四川省档案馆，四川省田赋粮食管理处档案，档案号：93-1225。

　　③ 《粮食部、四川田粮储运处关于仓储各库、设置、合并、员工名额、制定组织规程、办事细则、扩充仓容计划的指令、代电、表册》，四川省档案馆，四川省田赋粮食管理处档案，档案号：93-1225。

表5-3(续)

仓名	原有仓容	拟增仓容（租用）	备考
双溪沟分仓	3 000	25 000	
菜园坝分仓	38 000	25 000	
红砂碛分仓	30 000	5 000	
沙堡分仓	1 000		该仓无业务
太和镇聚仓	21 000	10 000	
遂宁聚仓	40 000	15 000	
南充聚仓	96 344	15 000	
赵镇聚仓	33 000		该仓业务稀少原有仓容可供使用
广元聚仓	9 000	10 000	
内江聚仓	66 000	15 000	
绵阳聚仓	12 200	10 000	
乐山聚仓	64 000	15 000	
三汇聚仓	54 000	10 000	
成都聚仓	126 600	20 000	
万县聚仓	62 000	20 000	
新津聚仓	31 200		该仓业务稀少原有仓容可供使用
宜宾聚仓	80 942	15 000	
泸县聚仓	51 000	20 000	
合川聚仓	130 000	20 000	
合计	1 312 586	380 000	

资料来源：《粮食部、四川田粮储运处关于仓储各库、设置、合并、员工名额、制定组织规程、办事细则、扩充仓容计划的指令、代电、表册》，四川省档案馆，四川省田赋粮食管理处档案，档案号：93-1225。

由表5-3看出，在上述16所聚点仓中，重庆聚仓不仅原有仓容最大，为435 300石，且拟增仓容也最多，拟增185 000石。这说明此时期，重庆聚仓承载了更多的转运及配拨业务，不仅配拨川东军粮，而且还负责东运粮食及运鄂粮食业务。

二、田赋征实仓的空间分布

(一)集中仓层级设置及粮食配运的空间格局

1947 年,粮食部批准四川田赋粮食管理处"就业务繁重各县择要的设集中仓库,每县以一所为限","设置集中仓意旨在求确实控制粮源,期能迅速外运两原则下,配合业务需要,参酌粮源多少。"① 集中仓分为甲、乙两级。

甲级集中仓:甲级集中仓直属于储运处,其人员由储运处委派;甲级集中仓的任务是办理集中及运输所在县田粮处及邻近县份田粮处的粮食;甲级集中仓对田粮处所交粮食及款账的处理按成例办理;甲级集中仓设置员工为主任 1人、会计员 1 人、会务员 2 人、办事员 2 人、雇员 1 人、押运员 2 人、仓丁公役 4 人。甲级集中仓设有 10 所,具体设置情况见表 5-4。

表 5-4　1947 年四川田赋粮食管理处储运处设置甲级集中仓名称地点一览表

名称	设置地点	接转县份	仓容/石	仓廒来源	备考
新政集中仓	仪陇新政坝	南部、仪陇	2 580	部建	
安居集中仓	铜梁安居镇	铜梁、大足	16 200		
自贡市集中仓	贡井	威远、荣县	16 200		
苍溪集中仓	苍溪河口	阆中、苍溪	16 200		
怡乐集中仓	江安二龙口	江安、南溪、长宁	7 000	租用	
坝溪集中仓	宜宾坝溪	犍为、宜宾	20 000	部建米仓	
邓关集中仓	富顺邓关	富顺、威远、荣县	6 274	部建	
东溪集中仓	綦江东溪	綦江、贵州、习水	6 000	部建	
先市集中仓	合江先市镇	合江、贵州、赤水			仓房及来源正调查中
江口集中仓	巴中江口	通江、巴中			仓房及来源正调查中

资料来源:《粮食部、四川田粮储运处关于仓储各库、设置、合并、员工名额、制定组织规程、办事细则、扩充仓容计划的指令、代电、表册》,四川省档案馆,四川省田赋粮食管理处档案,档案号:93-1225。

———————————

① 《粮食部、四川田粮储运处关于仓储各库、设置、合并、员工名额、制定组织规程、办事细则、扩充仓容计划的指令、代电、表册》,四川省档案馆,四川省田赋粮食管理处档案,档案号:93-1225。

乙级集中仓：乙级集中仓隶属于聚点仓库，其人员由储运处委派；乙级集中仓的任务是办理集中及运输所在县田粮处的粮食，乙级集中仓对田粮处所交粮食及款账的处理按聚点仓库所属分仓成例办理；乙级集中仓照部令设主任1人、会计员1人、仓务员1人、办事员1人、仓丁公役3人。

乙级集中仓设有108处，乙级集中仓粮食配运军粮，配运数量及运济地点见表5-5。①

表5-5　1947年四川田赋粮食管理处储运处乙级集中仓外运粮食一览表

单位：石

运济地点	集中仓名称及年度外运配额	总计
重庆	资阳（33 000）荣县（40 000）井研（10 000）永川（19 000）江津（23 000）荣昌（15 000）大足（15 000）铜梁（36 000）屏山（3 000）犍为（25 000）南溪（35 000）庆符（6 000）江安（23 000）珙县（4 000）高县（3 000）隆昌（10 000）富顺（65 000）古宋（3 000）古蔺（7 000）大竹（35 000）渠县（40 000）宣汉（12 000）岳池（59 000）营山（15 000）南部（18 000）武胜（29 000）西充（10 000）绵竹（40 000）安县（25 000）罗江（18 000）中江（45 000）三台（48 000）蓬溪（30 000）乐至（20 000）盐亭（5 000）仁寿（3 000）巴县（41 000）江北（19 000）合江（35 000）广安（56 000）开江（15 000）蓬安（23 000）什邡（30 000）潼南（37 000）射洪（20 000）江油（8 000）彰明（15 000）达县（10 000）通江（3 000）	1 139 000
成都	灌县（8 557）崇庆（48 452）新都（23 345）郫县（28 342）新繁（15 545）大邑（30 000）彭山（15 000）德阳（35 000）温江（15 513）成都（22 395）华阳（42 952）彭县（23 075）崇宁（11 229）广汉（20 000）	339 405
蓉渝	简阳（50 000）金堂（30 000）	80 000
万县	石柱（5 000）武隆（3 000）开县（16 000）云阳（11 000）梁山（30 000）垫江（15 000）	80 000
乐山	眉山（45 000）夹江（10 000）	55 000
泸县	资中（38 000）叙永（12 000）	50 000

----

① 《粮食部、四川田粮储运处关于仓储各库、设置、合并、员工名额、制定组织规程、办事细则、扩充仓容计划的指令、代电、表册》，四川省档案馆，四川省田赋粮食管理处档案，档案号：93-1225；《关于检送1947年各县配运军粮分月明细表的代电》，重庆市档案馆，四川田赋粮食管理处储运处档案，档案号：55-5-265。

表5-5（续）

运济地点	集中仓名称及年度外运配额		总计
遂宁	安岳（50 000）		50 000
广元	苍溪（5 000）阆中（8 000）昭化（4 000）旺苍（2 000）		19 000
綦江	南川（17 000）		17 000
峨边	峨眉（10 000）		10 000
剑阁	梓潼（6 000）		6 000
巫溪	巫山（4 800）		4 800

资料来源：《粮食部、四川田粮储运处关于仓储各库、设置、合并、员工名额、制定组织规程、办事细则、扩充仓容计划的指令、代电、表册》，四川省档案馆，四川省田赋粮食管理处档案，档案号：93-1225。

（二）集中仓的空间分布

1947年，四川田粮处对各县应设集中仓之地点、数量及仓房状况进行了调查并上报粮食部，此次调查共统计了四川112个县集中仓，但有34个县集中仓的容量、来源和地址因当时还在查报中，因此仅有78个县有详细的记载，具体分布情况见表5-6。

表5-6　1947年四川各县集中仓基本情况一览表　　单位：石

区别	县别	容量	来源	分布地点
第一行政区	崇庆	14 000	部建	九通乡
	灌县	21 000	部建12 000，改修9 000	崇义镇
	温江	—		文家乡
	华阳	—		得胜乡
	成都	—		三河
	双流	—		彭家场
	新都	14 000	部建	城区
	新繁	15 500	部建10 000，借用5 500	城区
	崇宁	—		城区
	郫县	21 050	部建	三元场
	彭县	—		濛阳
	合计	85 550		

表5-6(续)

区别	县别	容量	来源	分布地点
第二行政区	简阳	12 000	部建	石桥
	资中	12 000	部建	银山镇
	资阳	112 000	租用 74 000，部建 11 000，改修 7 000，借用 20 000	保和乡
	仁寿	—		文公场
	荣县	10 000	部建	城区
	井研	16 070	部建 10 000，公仓 6 070	千佛乡
	威远	22 350		新盛乡
	合计	184 420		
第三行政区	永川	13 980	部建	松溉乡
	巴县	35 000		鱼洞溪
	江津	10 000	部建 7 500，租用 2 500	朱沱
	江北	—		悦来场
	綦江	6 000	部建	东溪
	璧山	—		丁家坳
	荣昌	10 000	部建	城区
	大足	6 500	改修	城区
	铜梁	16 200	部建 4 200，租用 12 000	虎峰
	合计	97 680		

表5-6(续)

区别	县别	容量	来源	分布地点
第四行政区	大邑	10 400	部建	城区
	眉山	26 300	改建 17 400，租用 1 900，农本局建 7 000	张家坎
	蒲江	—		寿安镇
	洪雅	36 000		三石乡
	彭山	13 200	改建	青龙镇
	青神	—		汉阳坝
	丹棱	—		高桥乡
	夹江	19 300	租用 2 800，公仓 16 500	城区
	邛崃	—		固驿
	名山	—		百丈
	合计	105 200		
第五行政区	犍为	42 500	部建 30 000，改建 12 500	竹根滩
	峨眉	6 900	部建	青龙乡
	屏山	5 000	部建	城区
	合计	54 400		
第六行政区	江安	36 000	庙宇改建 24 000，租用 12 000	大渡口
	庆符	29 600	改建 7 400，租用 22 200	南岸坝
	高县	3 000	部建	城区
	珙县	4 500	部建	李光镇
	长宁	42 500		—
	南溪	50 500	农本局改建 20 800，租用改建 29 700	李庄
	筠连	—		城区
	合计	166 100		

表5-6(续)

区别	县别	容量	来源	分布地点
第七行政区	纳溪	5 200		安富镇
	叙永	30 000	部建 10 000，改建 20 000	江门
	古宋	5 600	部建	城区
	古蔺	9 500	部建	天池乡
	隆昌	90 200	部建	城区
	合江	—		上白沙
	富顺	6 020	部建	赵化镇
	合计	146 520		
第八行政区	酉阳	—		城区
	秀山	—		城区
	南川	6 000	部建	城区
	黔江	—		城区
	彭水	—		城区
	武隆	16 300	借用	白马
	石柱	7 000	部建	城区
	合计	29 300		
第九行政区	忠县	13 000		—
	云阳	24 600	部建	小江
	开县	13 000	部建	城区
	奉节	—		城区
	巫溪	—		城区
	巫山	—		城区
	城口	—		城区
	合计	50 600		

表5-6（续）

区别	县别	容量	来源	分布地点
第十行政区	渠县	33 000	部建 25 000，租用 8 000	少愚
	大竹	46 000	部建 15 000，租用 31 000	庞家嘴
	广安	—		温江溪
	垫江	38 000	庙宇改建	城区
	梁山	59 000	部建	葫芦乡
	长寿	62 442		—
	邻水	35 000		
	合计	273 442		
第十一行政区	蓬安	—		金溪
	西充	8 000	部建	城区
	营山	98 000	部建	老林乡
	岳池	73 000	部建 45 000，租用 28 000	罗渡溪
	南部	25 800	部建	城区
	武胜	22 700	部建	沿口
	仪陇	25 800	部建	新政坝
	合计	253 300		
第十二行政区	蓬溪	21 000	部建 13 600，租用 7 400	城区
	苍溪	12 000	庙宇改建	东溪
	三台	10 100	部建	葫芦溪
	安岳	12 000	部建	城区
	乐至	19 000	部建 13 000，租用 6 000	童家乡
	潼南	—		泰来
	中江	6 700	部建	城区
	盐亭	5 500	部建	城区
	射洪	77 810		城区
	合计	164 110		

表5-6(续)

区别	县别	容量	来源	分布地点
第十三行政区	绵竹	186 000	部建 61 000，庙宇改建 135 000	城区
	德阳	163 000	庙宇改建	黄浒镇
	罗江	6 400	部建	金山乡
	金堂	—		淮州
	安县	12 000	部建	城区
	梓潼	5 500	部建	城区
	广汉	255 000		大汉镇
	什邡	78 000	庙宇改建、租用	徐家场
	合计	705 900		
第十四行政区	剑阁	—		武连驿
	阆中	9 000	部建	河口
	昭化	8 800	部建 7 900，租用 900	城区
	彰明	30 400		城区
	江油	—		中坝
	合计	48 200		
第十五行政区	万源	—		罗文坝
	开江			城区
	达县	67 330		申家滩
	巴中	—		江口
	宣汉	20 000	庙宇改建	南坝
	通江	2 650		毛洛
	南江	—		城区
	合计	89 980		
	自贡	13 000		贡井
总计		2 467 702		

注：本表根据四川省田赋粮食管理处档案统计而成①；"—"表示仓容、来源、地点因当时在查报中，所以没有记载。

———————————

① 《粮食部、四川田粮储运处关于仓储各库、设置、合并、员工名额、制定组织规程、办事细则、扩充仓容计划的指令、代电、表册》，四川省档案馆，四川省田赋粮食管理处档案，档案号：93-1225。

由表5-6对四川各县集中仓的统计来看，1945年后四川集中仓的空间变迁主要有以下几点：

第一，1945年后四川集中仓呈现出萎缩之势，这主要表现在集中仓分布地点、数量及容量的减少。抗日战争时期，四川114县，设置集中仓总容量为4 323 500石，而1947年，四川112县，设置集中仓总容量减少为2 467 702石，减少了将近一半，这其中有34个县没有记载，因此总量会出现减少。但从集中仓分布的地点，可以反映出集中仓的减少，抗日战争时期四川设有集中仓的地点有662处，平均每县有6处左右，但是从1947年的调查可以看出，每县都只有一个地点设置集中仓。以简阳为例，有集中仓总容量为215 817石，分布在县城、石桥镇、养马乡、施家乡、贾家乡、龙泉驿、石钟乡、平泉镇、临江寺等26处，1947年简阳集中仓容量为12 000石，仅有石桥一处。

第二，从仓储建设来看，集中仓的建设水平与抗日战争时期相比有所提高。抗日战争时期，四川集中仓设备简陋，以利用寺庙、公屋改修为主，新建仓库极少。而1947年集中仓的仓房来源，主要是以粮食部新建为主，此外利用寺庙改修及租用的仓房只占少部分。据统计，51个县的集中仓来源是部建，15个县是利用寺庙改修，17个县租用仓房。

以上两点说明，抗日战争胜利后，虽然四川仓储出现了减少的情况，但是四川仓储的建设却并没有因此而停滞不前，政府依然重视和加强四川仓储的建设。

第三节　1946—1949年四川积谷仓的地理分布

一、四川积谷仓的空间分布

1946—1949年，四川省积谷仍采取派募的方法，历年奉派数为320万石。"1947年度积谷，係沿历年奉派三百二十万石成例，按各县市田赋、人口及地方实际情形摊配为三百三十万零四千零二十石。除有少数县份情形特殊，由各该县参议会自动决议减免外，计实际派募二百九十三万二千三百一十八石。1948年度积谷，拟照历年配额三百二十万石报部定案，实际则仍照成例以三百三十万零四千零二十石派出，以备受灾县份请求时，酌予减免后仍能保持三百二十万石原配额"①。1948年四川省各区市县积谷派额表见表5-7。

表5-7　1948年四川省各区市县积谷派额表　　　单位：石

地域	各县市积谷数量	总计
	成都市（45 000）	45 000
	自贡市（20 000）	20 000
第三行政区	永川（30 000）巴县（52 000）江津（55 000）江北（41 000）合川（55 000）荣昌（24 000）綦江（25 000）大足（30 000）璧山（20 000）铜梁（40 000）三峡区（2 150）	374 150
第十二行政区	遂宁（50 000）安岳（55 000）中江（50 000）三台（51 000）潼南（25 000）蓬溪（40 000）乐至（30 000）射洪（18 000）盐亭（12 000）	331 000
第二行政区	资中（47 000）资阳（40 000）内江（46 500）荣县（40 000）仁寿（62 500）简阳（57 500）威远（28 000）井研（8 000）	329 500
第一行政区	温江（18 000）成都（20 000）华阳（35 000）灌县（29 000）新津（10 000）崇庆（36 000）新都（15 000）郫县（20 000）双流（12 000）彭县（35 000）新繁（11 000）崇宁（10 000）	251 000
第七行政区	泸县（80 000）隆昌（27 000）富顺（59 000）叙永（22 000）合江（30 000）纳溪（7 000）古宋（9 000）古蔺（14 000）	248 000
第十一行政区	南充（55 000）岳池（45 000）蓬安（26 000）营山（25 000）南部（26 000）武胜（27 000）西充（17 000）仪陇（20 000）	241 000
第十行政区	大竹（40 000）渠县（46 000）广安（54 000）梁山（32 000）邻水（22 000）垫江（22 000）长寿（22 000）	236 000
第十三行政区	绵阳（40 000）绵竹（35 000）广汉（30 000）安县（20 000）德阳（20 000）什邡（25 000）金堂（32 000）梓潼（10 000）罗江（15 000）	227 000
第四行政区	眉山（38 000）蒲江（11 000）邛崃（34 000）大邑（22 000）彭山（14 000）洪雅（17 000）夹江（14 000）青神（10 000）丹棱（10 000）名山（15 000）	185 000

---

① 《四川省、各县田粮处关于核定积谷派额拨交、接收欠交积谷、清理各县积谷、修仓、办理平粜的训令、代电、公函，造具积谷派额表》，四川省档案馆，四川省田赋粮食管理处档案，档案号：93-2-1248。

表5-7(续)

地域	各县市积谷数量	总计
第九行政区	万县（40 000）奉节（20 000）开县（30 000）忠县（25 000）巫山（9 000）巫溪（5 600）云阳（22 000）城口（1 300）	152 900
第十五行政区	达县（56 850）巴中（18 000）开江（13 000）宣汉（30 000）万源（8 000）通江（1 000）南江（9 500）平昌（13 300）	149 650
第六行政区	宜宾（55 000）南溪（24 000）庆符（10 000）江安（20 000）兴文（3 000）珙县（7 000）高县（5 000）筠连（3 000）长宁（15 000）沐爱设治局（5 000）	147 000
第八行政区	酉阳（5 500）涪陵（40 000）丰都（25 000）南川（20 000）彭水（12 000）黔江（6 000）秀山（5 400）石柱（8 900）	127 800
第五行政区	乐山（42 000）屏山（7 900）马边（1 900）峨边（1 800）雷波（340）犍为（40 000）峨眉（14 000）沐川（8 500）	116 440
第十四行政区	剑阁（14 000）苍溪（15 000）广元（9 000）江油（16 000）阆中（23 000）昭化（8 000）彰明（11 000）北川（1 200）平武（5 400）青川（5 000）旺苍（5 700）	113 300
第十六行政区	茂县（3 500）理番（1 100）懋功（1 000）松潘（2 460）汶川（760）靖化（460）	9 280
合计	138 县市区	3 304 020

注：本表根据档案《四川省、各县田粮处关于核定积谷派额拨交、接收欠交积谷、清理各县积谷、修仓、办理平粜的训令、代电、公函，造具积谷派额表》①整理。

从 1948 年各县积谷派募情况来看，积谷在 30 万石以上的地区为数量最高的区域，计有第二行政区、第三行政区、第十二行政区；积谷在 20 万至 30 万石间的地区为数量较高区域，计有第一行政区、第七行政区、第十行政区、第十一行政区、第十三行政区；积谷在 10 万至 20 万石间的地区为数量一般区域，计有第四行政区、第五行政区、第六行政区、第八行政区、第九行政区、第十四行政区、第十五行政区；积谷在 1 万石以下的地区为数量最少区域，仅有第十六行政区。

① 《四川省、各县田粮处关于核定积谷派额拨交、接收欠交积谷、清理各县积谷、修仓、办理平粜的训令、代电、公函，造具积谷派额表》，四川省档案馆，四川省田赋粮食管理处档案，档案号：93-2-1248。

二、四川积谷仓的空间分布特点及原因

第一，1945 年以后，四川各县积谷都出现大幅增长，积谷数量整体呈增加之势。抗日战争期间，1938 年四川募集积谷数量为 150 余万石，1939 年募集积谷数量增长至 190 余万石，而抗日战争胜利后，四川募集积谷数量增长至 320 万石，且每年都以此为标准募集。由于总量的增加，各县积谷数量也就相应地出现了大幅增长，各县 1948 年募集的积谷数与 1938 年、1939 年募集的积谷数量大致持平。积谷数量的增加，说明了抗日战争胜利后，四川省内由于粮食需求量下降，政府可以募集更多的粮食用于地方社会保障之需要。

第二，积谷仓的空间分布仍存在着区域差异，农业经济的区域差异仍然是影响仓储分布的重要因素。由表 5-7 可以看出，积谷的重心地区仍主要集中于产粮区，位于川西平原区的第一行政区、第十三行政区、川南盆地的第二行政区、第七行政区，川东丘陵区的第三行政区、第十行政区。而川北及川西北高原区，因气候高寒，产粮较少，所以第十四行政区、第十六行政区积谷数量也最少。

第三，积谷仓的空间分布变迁也受到政治因素的影响。通过对比表 4-11和表 5-7 发现，第三行政区在 1938—1939 年积谷 434 280 石，1948 年积谷374 150 石，积谷数量一直保持在较高水平。而第九行政区的积谷数量，1938—1939 年达到 509 190 石，是最高的，但是 1948 年第九行政区的积谷仅为 152 900 石，数量较少。第三行政区为重庆地区，抗日战争时期作为国民政府的陪都，成为大后方的政治经济中心，也是粮食储存、转运的中心，1945年后重庆又成为国民政府部署西南的重点地区，且仍有大量驻军，因此成为加强仓储建设的重点地区。而第九行政区的川东地区，因在抗日战争时期毗邻第六战区，不仅直接供应第六战区军粮，且有大量驻军于万县，因此抗日战争时期要加强粮食储备，1945 年后随着战争的结束，第九战区的军事战略地位不复存在，且第九战区各县基本位于盆周山区，产粮较少，因此募集积谷数量也就减少。

第四节　1946—1949 年四川农仓的地理分布

农仓，指经营农产品之保管、加工、包装、运销及储押贷款等业务，调节粮食流通，改良农业生产，繁荣农村、造福农民的机构。农业仓库的经营主体

主要有：合作社或合作联社；以发展农业经济为目的的金融机关；经营农业生产事业或与农业生产有直接关系的 12 人以上的团体。1945 年以后，四川省农业仓库主要有以下两种：一是中国农业银行农业仓库，二是合作农仓，即合作金库农仓。

一、中国农民银行农业仓库设立背景

抗日战争全面爆发后，四川省政府"为谋本省农仓之迅速推进，及其事业之健全发展，以维持粮食价格之平稳，解决丰收余额之运销，培养粮税征收之源泉，充实人民生活之经济，期间经第二二五次省务会议决议，将全川农仓事业委托中央农本局办理，利用该局丰厚之资金，促进本省农村之繁荣。"[①]"1939 年年底，农本局已成立 77 仓，1940 年又增设 21 仓，合计其容量约达 350 万石，此外还协助合作指导机构，指导各地合作社设立简易农仓及协办农仓，1939 年年底已达 656 处，容量增至 1 082 000 余石。1941 年，农本局改组，其辅设之合作仓库全部移交，所举办之农仓事业亦大受影响。加之管理未臻完善，其自办之农仓，因物价高涨，业务逐渐倾向于营利，致多为粮商大户所利用。后经粮食管理机构加以调整，原以储押业务为主之农仓，遂首先停顿。再为禁止囤积与征购余粮，规模稍大之农仓，均移为管理粮食之用，已非依农仓业法设立之农业仓库矣。"[②]"1942 年 5 月，鉴于农仓如经营得法，实俾益农民，爰经四连总处理事会决议明定农仓事业为中国农民银行主要业务之一，责由该行计划积极推进。"[③]

"金融机构正式举办农仓，以江苏省农民银行为最早，1929 年江苏省农民银行首先试办农仓业务，以救济农村经济。1932 年实业部亦有中央模范仓储之筹设，继之中国、上海两银行相继在苏浙附设农仓。"[④] 1933 年，中国农民银行之前身——豫鄂皖赣四省农民银行设立，国民政府鉴于粮食事业应在各地提倡发展，曾特由行政院农村复兴委员会第一次大会首先议决：农民银行须在各县设立农业仓库，而农民银行，彼时亦以负责调剂四省农村金融扶助农民恢复生业，同时倡导合作事业以期复兴农村经济为宗旨。同年 11 月，该行总行规定农民银行附设农业仓库章程，对于保管方法、保管期限、寄存手续以及仓

---

① 《关于各县协助筹备农仓事业建设给四川省第三区行政督察专员公署的训令》，重庆市档案馆，四川省政府档案，档案号：55-5-68。

② 杨颖光：《目前农仓事业推进办法》，《中农月刊》1946 年第 7 卷第 3 期。

③ 叶德盛：《吾国金融界投资农仓事业之回顾与前瞻》，《中农月刊》1946 年第 7 卷第 3 期。

④ 叶德盛：《吾国金融界投资农仓事业之回顾与前瞻》，《中农月刊》1946 年第 7 卷第 3 期。

租与仓单等均有详细规定。

"中国农民银行农仓主要经营储押贷款、加工整理、运销等业务，其中以储押贷款为主。储押办法：储押之粮食，以中等以下农民自产自有者为限，每户储押数额，以稻谷二十担为最高额。贷款利息按当地国行挂牌利率计算，期限最长三个月，并于贷款时约定贷款行受合法委托有优先收购之权，收购价格按当地时价。"①"受押农产品，以米、麦、谷物及当地之主要农产品为限，抵押价格以当地市价七折为最高标准，但遇有特殊情形经本行同意得提高至八折。"②

二、中国农民银行农业仓库的地理分布

"中国农民银行原计划拟筹设农仓148所，后决定就粮源充裕、运输便利之省区先行设立66所，俟有成效再予扩展。"③ 自1945年，中国农民银行在四川设立农仓10处，重庆分行附设农仓有南充农仓、遂宁农仓、罗江农仓、渠县农仓、万县农仓、涪陵农仓，成都分行附设农仓有乐山农仓、绵阳农仓、三台农仓、太和镇农仓。中国农民银行农业仓库具体分布情况见表5-8。

表5-8　中国农民银行附设农业仓库概况

管辖行处	农仓名称	核定贷额/元	开业日期	仓房	
				地点	间数
重庆分行南充处	南充	30 000	1945/6/1	栖凤街	2
重庆分行遂宁处	遂宁	20 000	1946/11/1	大西街	9
重庆分行罗江处	罗江	20 000		罗江口周氏祠	8
重庆分行渠县处	渠县	10 000			
重庆分行万县处	万县	10 000			

---

① 《农仓储粮贷款计划审计意见》，重庆市档案馆，中国农民银行档案，档案号：0284-1-106。

② 《关于抄发中国农民银行经营农仓放款办法的训令》，重庆市档案馆，四川省政府档案，档案号：55-5-41。

③ 《农仓储粮贷款计划审计意见》，重庆市档案馆，中国农民银行档案，档案号：0284-1-106。

表5-8(续)

管辖行处	农仓名称	核定贷额/元	开业日期	仓房	
				地点	间数
重庆分行涪陵处	涪陵	30 000	1947/5/1	北门外大安堆栈	37
成都分行乐山处	乐山	4 000	1945/7/4	上河街29号	10
成都分行绵阳处	绵阳	500	1946/6/4	北门智仁里	8
	三台				
	太和镇	15 000			3

资料来源：《中国农民银行附设农业仓库概况》，重庆市档案馆藏，中国农民银行档案，档案号：0284-1-87。

由表5-8可以看出，中国农民银行附设农仓的地理分布有如下特征：

第一，中国农民银行附设农仓均分布于长江及其主要支流流域。万县农仓、涪陵农仓分布于长江流域，南充农仓位于嘉陵江流域，渠县农仓位于渠江流域，乐山农仓位于岷江流域，绵阳农仓、三台农仓、太和镇农仓、遂宁农仓分布于涪江流域，罗江农仓位于沱江流域。

第二，中国农民银行附设农仓主要位于四川省内重要的粮食产地、集散市场或消费市场。罗江、渠县是四川重要的产米地。渠县是渠江流域著名产米县，向外输出谷米至合川、重庆，渠县每年运往合川白米211 082石[1]；1944年，渠县有稻米230 000石销往重庆、合川[2]。绵阳为涪江流域著名产米县，据地税局曾经的估计，全县年产米当有17万~18万石，除民食外，几可输出50 000石[3]；涪陵、太和镇、三台、绵阳、遂宁为四川主要的粮食集散地，如太和镇输出粮食，几乎全部是由外地输入后再输出者，输入粮食，供本地消费者，仅20%左右，太和镇白米由绵阳、彭明、江油、安县运来，运往遂宁、潼南等地[4]；乐山、万县、南充为四川粮食消费市场。乐山、万县、南充等地产米较少，粮食消费较大仰给于外地，故为粮食消费市场。

---

[1] 潘鸿声编《四川省主要粮食之运销》，中农印刷所，1941年版，第26页。

[2] 胥兴中：《三十三年渠县经济动态》，《四川经济季刊》1945年第2卷第2期。

[3] 鸿炘：《川陕路沿线经济概况》，《四川经济月刊》1937年第7卷第4期。

[4] 潘鸿声编《四川省主要粮食之运销》，中农印刷所，1941年版，第10-11、20页。

第六章 近代川康地区仓储分布变迁的影响因素

第一节 人口因素与川康地区仓储分布变迁

仓储作为中国传统社会的重要社会保障制度，发展至清代已经非常完善，各地方仓储的数量、规模形成了制度性的规定。不论是清代，还是民国时期，人口数量都是政府确定仓储规模的主要标准，因此仓储的空间分布与人口有着密切的关系。

一、清代后期四川人口与仓储分布的关联特征

清政府为了更好地发挥仓储的社会保障功能，各地常平仓规模经历了一个不断完善的过程。康熙以前，常平仓粮食储额尚未形成系统的制度规定，常平仓储量由地方政府根据财政状况而定。早在顺治十二年（公元1655年），顺治皇帝题准"各州县自理赎缓，春夏积银，秋冬积谷，悉入常平仓备赈"①。但到了康熙年间，清政府对常平仓的储量开始有了确切的规定。康熙三十年（公元1691年），清政府对各县常平仓储谷量作出规定："大县存五千石，中县四千石，小县三千石"②；康熙四十三年（公元1704年），清政府又对于各州县储谷作出规定："大州县存万石，中州县八千石，小州县六千石"③，并且对于某些省份进行了具体规定，其中规定四川大州县贮谷六千石，中州县四千石，小州县二千石。所谓的大县、中县、小县，其划分主要以区域大小及人口

---

① 嘉庆《大清会典事例》卷一八九，《积储》，文海出版社，1992。
② 嘉庆《大清会典事例》卷一九〇，《积储》，文海出版社，1992。
③ 嘉庆《大清会典事例》卷一九〇，《积储》，文海出版社，1992。

多少为标准。因此人口数量是影响清代常平仓储量的重要因素之一。

此后，随着对地域差异的认识不断深入，清政府对于各地常平仓粮食储额也不断进行修改，从最初采取整齐划一的方式，到后来根据具体情况对各地常平仓储额作出不同的规定。乾隆十三年（公元 1748 年），乾隆皇帝谕令"各该督抚视所属府州县之大小，均匀存储"①，这主要是以省为单位对各地方常平仓的粮食储额进行具体规定，具体到了省内各府州。此后，各地常平仓的储额基本上都在此次定额基础上而进行增减，变动不是太大。本书以同治《钦定户部则例》中所记载的同治十三年（公元 1874 年）四川各府州县的常平仓储额作为比较数据。

关于近代四川人口的数据，本书选取嘉庆十七年（公元 1812 年）的人口数作为清后期四川人口数据，其原因有三：①嘉庆《四川通志》中所记载的嘉庆十七年（公元 1812 年）的人口统计数是经过认真收集和整理得到的，在当时具有相对可靠性。"清代出现的相对可靠的人口统计资料，至少必须具备三个条件：其一，新的户口编审制度确立不久，其弊端（即虚报浮夸）仅仅初露端倪尚不严重之时；其二，最高统治者皇帝特别重视户口编审，并严令地方有司认真操办；其三，各级地方官僚对户口虚报浮夸之风尚未习以为常，对皇帝的圣谕尚能认真执行。我们的研究表明：较其他时期更能取得相对可靠的人口统计数据的时期应在嘉庆年间。"② 因而，载于嘉庆《四川通志》卷六五《户口》中嘉庆十七年（公元 1812 年）的四川省所属 154 州县厅的户口编审数据，可以作为研究清代后期四川人口的基本数据③。②嘉庆十七年（公元 1812 年）的四川户口统计是清代最详细、最全面的户口资料。"嘉庆十七年的四川人口统计数，不但详细开列了各厅州县的人口数（主要是指汉区即汉族为主体的人口数），而且还详细列出了四川边远地区如石柱厅、雷波厅、越西厅、打箭炉厅、峨边厅、茂州厅、松潘厅、理番厅、懋功厅、太平厅等少数民族地区的所属屯、镇、营和土司所辖的各少数民族（即所谓'番民'）的口数或户数。"④ ③嘉庆中期至宣统末年，四川人口增长缓慢，因此也可以将嘉庆十七年的人口数据作为研究清代后期四川人口的依据。"因为这时的四川是个单一的、落后的、近乎封闭的农业社会，医疗卫生条件差，造成人口死亡率

---

① 昆冈等纂光绪《大清会典事例》卷一九〇，《户部·积储》，光绪二十五年八月石印本，第 2 页。

② 李世平、程贤敏主编《近代四川人口》，成都出版社，1993，第 38 页。

③ 李世平、程贤敏主编《近代四川人口》，成都出版社，1993，第 39 页。

④ 李世平、程贤敏主编《近代四川人口》，成都出版社，1993，第 51 页。

（主要是婴儿死亡率）极高。历史人口学的经验研究表明，在一般情况下，在纯粹的农业社会里，每年人口增长率是难以超过1%的。"① 此外，更为严峻的是"从1840年鸦片战争，特别是1851年太平天国农民起义开始，清政府的政治经济状况急剧恶化，四川亦不能不受全国这种大气候的影响。清政府为支付战争赔款、偿还外债而加重了在全国各省征收的田赋。四川还被清政府定为'协济省'，即以接济钱粮协助清政府镇压太平天国革命运动，四川调往广西的军粮和拨往各省的饷银数额巨大，使四川库藏为之一空。庚款、借款的摊派，田赋正粮之外的津贴捐输，使民众的经济状况日益恶化。在经济负担日益沉重，人均耕地逐渐减少的情况下，人口的增长自然受到抑制。"② 清朝后期四川人口数量与常监仓储谷数量比较见表6-1。

表6-1 清朝后期四川人口数量与常监仓储谷数量比较表

府州	人口数/人	户数/户	储谷数/石	府州	人口数/人	户数/户	储谷数/石
成都府	3 843 534	1 167 343	657 993	夔州府	662 179	186 304	132 570
重庆府	2 365 734	690 163	452 771	龙安府	579 214	91 757	41 776
顺庆府	1 539 427	243 878	130 905	眉州	551 154	106 499	108 310
嘉定府	1 522 766	306 756	282 208	邛州	469 386	88 209	41 000
叙州府	1 417 107	399 195	228 396	泸州	446 055	198 470	166 116
潼川府	1 349 670	311 370	126 600	忠州	409 499	130 661	78 480
宁远府	835 558	147 197	103 610	酉阳州	368 272	117 544	36 650
保宁府	804 198	212 037	87 057	茂州	264 883	39 565	10 837
绵州	772 451	156 707	72 480	理番厅	193 892	48 042	10 743
雅州府	769 221	114 709	62 245	叙永厅	163 837	52 176	33 750
绥定府	753 965	211 768	58 910	松潘厅	130 603	10 554	13 052
资州	694 229	141 167	110 070	石柱厅	93 569	23 016	6 000

注：人口数根据《近代四川人口》③ 统计，常监仓储谷数量根据同治《钦定户部则例》④ 卷一八《仓庚》统计。

---

① 李世平、程贤敏主编《近代四川人口》，成都出版社，1993，第63页。
② 李世平、程贤敏主编《近代四川人口》，成都出版社，1993，第63-64页。
③ 李世平、程贤敏主编《近代四川人口》，成都出版社，1993，第73-74页。
④ 惠祥等纂同治《钦定户部则例》卷一八《仓庚》，清同治十三年校刊，第24-25页。

由表 6-1 可以看出，清后期四川仓储的空间分布与人口数量成正相关性。

（1）从府州看，人口数量较大的府州，储谷量也较大；相反，人口数量较小的府州，储谷量也相应较少。具体而言，人口数量在 200 万~400 万的府州，只有成都府和重庆府，人口最多，储谷量最多，都在 40 万石以上；人口数量在 100 万~200 万的府州有嘉定府、叙州府、顺庆府、潼川府，其中嘉定府、叙州府的储谷量较大，在 20 万石以上，而潼川府、顺庆府的储谷量分别为 12 万~14 万石，这可能因为这两个府的户口数相对较少；人口数量在 10 万~100 万的府州，储谷数量均低于 20 万石；人口数量在 10 万以下的石柱厅，储谷数量也最低，不足 1 万石。

（2）从地理单元区域看，人口稠密地区，仓储分布多，反之亦然。川西平原、川南地区还有川东丘陵区的重庆府，这些地区经济文化发达、人口稠密，是常平仓储额的重心地区。川西北高原区、川西南高山峡谷区、川北丘陵区大部，人口稀少，仓储分布相对较少。这里需要说明的是，位于川北地区的顺庆府、潼川府，虽然人口数量多，但是这些地区为川北丘陵地带，土壤较为贫瘠，地势高寒，水稻产量较低，因此也就决定了粮食仓储量并不多。

二、民国时期四川人口与仓储分布的关联特征

1936 年四川开始大力募集积谷，并规定以一户积一石为定额标准办理，将人口数量作为募集积谷数量的标准，这就决定了仓储的空间分布与人口有着密切的关系。本书根据 1947 年四川省民政厅发布的《四川省仓储概况》[1] 中所记载的抗日战争期间各行政区的积谷数量，及《近代四川人口》[2] 中四川 16 个行政区的人口数量及户数，来比较分析人口与仓储之间的关系，具体情况见表 6-2。

表 6-2　1936—1939 年四川省各行政区积谷总数与人口密度比较

行政区	总户数/户	总人口/人	积谷总数/石	行政区	总户数/户	总人口/人	积谷总数/石
第三行政区	991 319	5 611 245	556 115.46	第一行政区	503 379	2 573 569	364 194.4
第十二行政区	880 264	5 786 517	377 140.1	第十三行政区	493 038	2 423 871	281 757

---

① 何南陔编述《四川省仓储概况》，四川省政府印 1947 年版。

② 李世平、程贤敏主编《近代四川人口》，成都出版社，1993，第 88-93 页。

表6-2(续)

行政区	总户数/户	总人口/人	积谷总数/石	行政区	总户数/户	总人口/人	积谷总数/石
第二行政区	842 667	5 094 674	356 983.9	第六行政区	376 381	2 059 162	142 149.7
第七行政区	685 739	3 431 513	265 362	第十五行政区	375 308	2 371 918	176 287.4
第十一行政区	667 959	4 021 337	375 601.5	第四行政区	355 926	1 945 871	144 972.95
第九行政区	618 574	3 170 719	587 127.6	第五行政区	303 643	1 417 201	72 143.05
第八行政区	605 785	3 040 631	94 041.75	第十四行政区	280 432	1 612 762	133 095
第十行政区	597 309	3 298 066	306 151.1	第十六行政区	33 300	132 164	564.652

　　本书按照四川省各行政区的人口总户数,将各个行政区划分为四个等级。第一等级为总户数在90万户以上的地区,列为人口数量最多的地区。第二等级为总户数在80万~90万户的地区,列为人口数量较多的地区。第三级为总户数在40万~70万户的地区,列为人口数量中等的地区。第四级为总户数为40万户以下的地区,列为人口数量最少的地区。

　　由表6-2可以看出人口数量与仓储的空间分布具有很高的相关性,人口数量多,则积谷数量就多,反之人口数量少,则积谷数量也就少。具体而言,人口数量最多的地区,即第三行政区,募集积谷数量为56万余石积谷,位居全省第二位。人口数量较多的地区,有第二行政区、第十二行政区,募集积谷数量也较高,均在30余万石。人口数量中等的地区,有第七行政区、十三行政区,募集积谷数量为20余万石,第一行政区、第十行政区、第十一行政区,募集积谷在30余万石,而第八行政区、第九行政区较特殊。人口数量最少的地区,有第四行政区、第五行政区、第六行政区、第十三行政区、第十四行政区、第十五行政区、第十六行政区,积谷数量均在20万石以下。

　　在对比人口数量与仓储的空间分布关联性中,第八行政区和第九行政区的情况比较特殊,人口数量在各行政区中居于中等地位,但是第八行政区募集积谷较少,不足10万石,而第九行政区募集积谷却最多,达58万余石。第八行政区积谷较少,这主要是因为第八行政的秀山、酉阳、黔江、石柱等地区位于四川东南部,境内多山,农产品以杂粮为主,稻米产量较少。第九行政区位于川东地区,毗邻湖北前线,负责接济第六战区的军粮供应。而在抗日战争特殊时期，积谷仓的功能虽然仍以赈粜备荒为主，但也兼具了军需功能，积谷仓中的大部分粮食用以拨充军人家属的优待谷，或转售军粮。因此，特殊的军事需要，也就决定了第九行政区仓储数量成为全省最多。

第二节 交通因素与川康地区仓储分布变迁

一、近代四川交通的发展变迁

清末四川省内道路，以驿站为基础，形成了以成都为中心面向四方呈放射状的四条干路：川东大路、川中大路、川西大路、川北大路。①川东大路，成都连接重庆的干线公路。②川中大路，由成都向东，从龙泉山脉出盆地，经观音桥（三台南路大场）、太和镇（射洪下流大场）、蓬溪、南充、渠县、大竹、梁山，止于万县，全长 680 千米。③川西大路，四川连接康藏的唯一道路，也是国民政府经略川藏的军用大路。川西大路由成都经双流、新津至邛崃，自邛崃登山，沿山边西南行，经名山而抵雅安。④川北大路，由成都斜向东北，经德阳、绵阳、梓潼、昭化、广元，到达陕西沔县，全长 591.5 千米，是连接川陕的唯一大路，俗称大川北路。

四川建筑公路计划，始于 1922—1923 年，川军第二军军长杨森在重庆时，即在江北着手修建，旋因战事而停，"后杨氏在蓉任军务督理时，又积极建设成都市区马路。民国十六年驻防万县时，亦促造万县市区马路。同时，川省各军均感交通之重要。亦各就防区中分段建筑，迄至最近止，已成者，约有华里五千余里。"① 自 1935 年国民政府实现川政统一至 1937 年抗日战争全面爆发，四川完成川黔、川陕、川湘、川鄂四大干线。"川黔公路，由成都直达贵阳，全长九百七十九公里；川陕公路，由成都至甯羌，全长四百二十公里；川湘公路，由川滇路之綦江站迄川湘分界之茶洞镇，全长七百零四公里；川鄂公路，由成渝路之简阳站迄鄂之利川县，全长八百零九公里。"②

抗日战争全面爆发后，"民国 27 年 10 月，国民政府各主要部门迁入四川，重庆成为陪都。从此，四川作为战时大后方主要基地的作用，至为突出。四川地处西南边陲，交通不便。当时没有铁路，长江水运只有川江一段可以通航。公路交通成为唯一可以依靠的近代化交通工具。既要使西南和西北联络，又要

---

① 易先：《近年之四川交通概况》，《四川月报》1933 年第 3 卷第 1 期，第 2 页。

② 四川省政府：《四川省概况》，四川省政府秘书处 1939 年版，第 101 页。

沟通国际运输路线，以适应繁重的运输需要；既要开辟新的公路线，又要花大力气改善已成公路、桥、渡的设施，以发挥公路交通的枢纽作用。"①抗日战争时期，国民政府新建了川康公路雅安康定段新线、川中公路（内乐路）、康青公路康营段。此外，在连通国际方面，在四川境内新建的公路有以下四条。

川滇东路，"由重庆经隆昌、泸州、叙永、赤水河、毕节、威宁以达昆明……由此与滇越铁路和滇缅公路相接，成为西南联通国际运输的一条大动脉。"② 汉渝公路，"起自汉中，止于重庆，故称汉渝公路……为川东通向陕西的重要干线，有川陕东路之称。"③ 乐西公路，"自四川乐山起，经峨眉及西康省之富林、冕宁而达西昌，全长 520 公里，是川、康两省重要干线。"西祥公路，"自西昌起，至滇境祥云之下庄街，与滇缅公路相衔接，是战时国际运输的捷径。"④

再看一下四川水路交通变迁。四川省的水路交通，主要以长江及其支流木船航运为主。抗日战争全面爆发前，长江流域"民船所通之航路，合计二万一千里。"⑤"长江在川水道可分宜渝、渝宾二段，宜渝段自宜昌至重庆水道长 1 825 里，渝宾段由重庆至宜宾水道长 926 里，可通大船，而长江支流嘉陵江、岷江、沱江、乌江只通小船。"⑥

抗日战争全面爆发后，国民政府加快内河航运建设，以重庆为中心开辟了嘉陵江航线、金沙江航线和川湘、川陕水陆联运线。重庆地处长江、嘉陵江交汇处，历来就是四川乃至西南的水路交通枢纽。由于川江（长江宜昌至宜宾段）运量大、运价低、安全可靠，在公路、航空尚不发达的抗日战争初期，沿海地区西迁的人员、物资，进出四川的军粮、兵员，以及后方各地物资调剂，都以川江水运为主。而重庆则成为大后方水运枢纽。"为加强西南与西北、华中的交通联系，1940 年交通部还组织了川湘、川陕水陆联运线。"⑦

抗日战争期间，交通部最成功的施政就是完成了以重庆为中心的联运网。此项联运网，已配备完成者计有七条线。渝曲线：自重庆至曲江，分两线，甲线为驿路与铁路联运，乙线为公路与铁路联运。渝衡线：自重庆至衡阳，由川湘联运处与粤汉铁路联运。渝昆线：自重庆至昆明，由公路与航空联运。渝泸

①　王立显：《四川公路交通史》，四川人民出版社，1989，第 129–130 页。
②　王立显：《四川公路交通史》，四川人民出版社，1989，第 144 页。
③　王立显：《四川公路交通史》，四川人民出版社，1989，第 146 页。
④　王立显：《四川公路交通史》，四川人民出版社，1989，第 152 页。
⑤　张肖梅：《四川经济参考资料》，中国国民经济研究所 1939 年版，第 H4 页。
⑥　张肖梅：《四川经济参考资料》，中国国民经济研究所 1939 年版，第 H1 页。
⑦　张弓、牟之先主编《国民政府重庆陪都史》，西南师范大学出版社，1993，第 206 页。

昆线：自重庆经泸县至昆明，由水路与公路联运。渝洛线：自重庆至洛阳，由铁路、公路、水路与驿路联运。渝兰线：自重庆至兰州，由公路、水路与驿路联运。丁宜渝线：自重庆经宜宾至印度，由水路、公路与航空联运①。

二、近代四川交通与仓储分布的关联特征

四川交通与仓储分布的关联特征之一是仓储沿主要交通线分布且呈线状或带状分布。长江及其主要支流流经地区和横贯四川的东西交通干线，是仓储额较高地区。长江所流经的宁远府、叙州府、泸州、重庆府和夔州府，岷江所流经的眉州、嘉定府，沱江所流经的资州、泸州，涪江所流经的绵州、潼川府，嘉陵江所流经的顺庆府，渠江所流经的绥定府都是储谷额较高的地区；此外，仓储额较高的邛州、雅州府虽没有重要河流流经，但却是赴川边和西藏的唯一陆上通道——西部大路必经之地②。上述虽为嘉庆年间的情况，但基本符合清后期的大致走势。清代四川仓储重心分布于水陆交通线上，其主要原因是在水陆要冲之地增加粮食储备，在灾害发生时便于及时把粮食调往需粮之地，"设遇征调需用，易于就近裹带以利遄行"③。

抗日战争时期四川储运局依照"川省水陆运输交通情形及运输工具之效能，酌按河流或公路线划分区域设置水陆运输段。又根据各县仓库之所在地择其交通便利之地点，分别设置运输站，以其靠近地域接近河流者则兼负水陆之运输任务。"④"运输站则视运输业务繁简分设一等站、二等站、三等站，以与各县仓库或分仓合体办公为原则。"⑤

其中甲等段（水运）分渝叙（长江上游）、渝夔（长江下游）、嘉陵江、涪江、渠江、岷江、沱江七段。渝叙段（长江上游），自叙府（包括宜宾附近临江各县）起至重庆止，段址设在泸县。渝夔段（长江下游），自重庆起至夔府止，段址设在万县。嘉陵江段（包括涪江流域各县），自广元起至重庆止，段址设在合川。涪江段自绵阳起至合川止，段址设在太和镇。渠江段（包括巴河及渠江流域各县）自万源起至合川止，段址设在渠县三汇。岷江段（包括岷江流域各县）自新津起至叙府止，段址设在犍为县竹根滩。沱江段（包

① 金龙灵：《三十二年四川之交通》，《四川经济季刊》1944 年第 1 卷第 2 期，第 274 页。

② 杨芳灿等撰嘉庆《四川通志》卷七二《食货·仓储》，清嘉庆二十一年重修本，台湾华文书局印行。

③ 刘锦藻：《清朝续文献通考》卷六〇《市籴考 5》，商务印书馆，1955，第 8156 页。

④ 赵鳌，郭良夫：《四川粮食储运局仓储运输机构》，《督导通讯》1942 年创刊号，第 7 页。

⑤ 许廷星：《四川粮食管理机构合理化问题》，《四川经济季刊》1944 年第 1 卷第 2 期，第 153 页。

括沱江流域各县）自金堂起至泸县止，段址设在内江。

乙等段（陆运）分川东、川西、川南、川北四段。川东段包括川东全部陆运及一部分陆运之各县，段址设在大竹。川西段包括川西全部陆运及一部分陆运之各县，段址设在成都。川南段包括川南全部陆运及一部分陆运之各县，段址设在彭水。川北段包括川北陆运之各县，段址设在剑阁。

1942 年 9 月，粮政局为加强储运机构，计划将"原有储运段站一律裁撤并入仓库兼理，施行仓站合一，仍由各县县长兼任仓库主任，使机构统一，事权一致，以利粮务之推行。"① 所谓"仓站合一"，即粮食储运合一，抗日战争时期四川建立的田赋征实仓兼为粮食的储备点与交通运输点的作用，田赋征实仓主要沿长江、嘉陵江、涪江、渠江、岷江、沱江水运线设立，不通水运的地方则沿驿运线设立，这也就形成了沿水陆交通线分布的特征。从交通网构建的角度来看，仓储网络系统中田赋征实仓属于交通站点和储备点，而驿运、水运、陆运则为粮食运输交通线，二者共同构成战时粮食运输系统。

四川交通与仓储分布的关联特征之二是仓储分布随交通变化而发生相应的变迁。随着四川交通网络中心由清代的成都变为抗日战争时期的成都、重庆，尤其是重庆水运中心和抗日战争地位超越成都，其仓储分布也呈现相应变化，重庆战时仓储建设远甚于成都。

从清后期至抗日战争全面爆发前，四川仓储空间分布都是以成都平原区为中心，清后期成都府的常平仓、社仓的仓储额为 921 565 石，抗日战争全面爆发前以成都为中心的第一行政区积谷仓积谷 178 292.94 石，均为四川积谷最高的地区。抗日战争全面爆发后，以重庆为中心的第九行政区、第三行政区积谷仓积谷分别为509 190.420石、434 280.301 石，成为四川积谷最高的地区。

抗日战争时期，聚点仓的设立也呈现出以重庆为中心的特征。聚点仓是为适应粮食物流需要而设，因此仓储与交通运输有着密切的关系。为实现大后方粮食的转运与调拨，四川设立了 16 个聚点仓，总容量为 1 029 026 石，其中重庆聚仓容量为 450 300 石，下设 14 个分仓，是容量最大的聚点仓，约占全省总仓容的一半。

抗日战争时期重庆为四川大后方水陆交通网的枢纽之地，因此也就成为粮食储存和转运的中心。

---

① 许廷星：《四川粮食管理机构合理化问题》，《四川经济季刊》1944 年第 1 卷第 2 期，第 154 页。

第三节　区域经济与川康地区仓储分布变迁

这里的区域经济，主要是指四川农业经济。因为仓储是建立在封建的小农经济基础之上，在封建社会，国家粮食储备是以农业生产的发展为基础，随着农业生产力水平的提高，农村余粮增多，国家才能建立仓储，即"家有余粮，仓庾充牣"。因此"一个地区的仓储规模，既在一定程度上反映出当地的民食水平，更标志着农业生产力水平与商品粮流通的规模。"[1] 本书以清代后期和抗日战争时期的情况加以总结。

一、清代后期四川农业经济发展水平与仓储分布关联特征

为了有一个共同的参照标准以利比较，本书以嘉庆十七年（公元 1812年）四川各府州厅的农业垦殖指数来进行比较。其原因有二：①垦殖指数是指"一个国家或地区的耕地面积占土地总面积的比例，以百分数表示。它可以表明某一个国家或地区农业的发达程度。"[2] ②清代四川耕地的分布情况，目前较系统的资料只有嘉庆《四川通志》所载的嘉庆十七年四川各州县的耕地数，"在嘉庆以后，新增加田土基本上未再行登记，也不缴纳田赋。从嘉庆（甚至远溯至雍正七年）到清末，川省田赋银几乎没有大的变动，即是明证。川省田赋银嘉庆时期为 667 228 两，光绪时期为 669 131 两。"[3] 清代后期四川各府州厅农业垦殖指数与常监仓储谷数量比较见表6-3。

表6-3　清代后期四川各府州厅农业垦殖指数与常监仓储谷数量比较表

府州厅	面积 /平方千米	耕地数 /顷	垦殖指数 /%	水田比重 /%	常监仓储 谷数/石
成都府	11 877	68 220	41.05	69	657 993
绵州	6 116	28 922	33.80	46	72 480
邛州	3 291	14 632	31.78	65	41 000
眉州	2 837	10 344	26.06	60	108 310

---

① 鲁子健：《清代四川的仓政与民食问题》，《四川历史研究文集》1987 年版，第 139 页。
② 佟哲晖：《社会经济统计辞典》，吉林人民出版社，1987，第 175 页。
③ 王笛：《清代四川人口、耕地及粮食问题（下）》，《四川大学学报》1989 年第 4 期，第 77 页。

表6-3（续）

府州厅	面积 /平方千米	耕地数 /顷	垦殖指数 /%	水田比重 /%	常监仓储 谷数/石
重庆府	30 516	108 289	25. 36	60	452 771
资州	9 026	31 346	24. 82	53	110 070
泸州	6 282	15 352	17. 47	81	166 116
忠州	6 880	16 126	16. 75	74	78 480
绥定府	11 263	21 764	13. 81	70	58 910
顺庆府	12 793	24 528	13. 70	72	130 905
潼川府	15 841	26 078	11. 77	47	126 600
叙州府	22 378	28 100	8. 97	80	228 396
嘉定府	12 046	15 100	8. 96	69	282 208
保宁府	32 000	25 429	5. 68	10	87 057
龙安府	12 047	6 314	3. 75		41 776
夔州府	25 397	8 410	3. 02	52	132 570
叙永厅	6 825	2 578	2. 70		33 750
酉阳州	14 042	4 929	2. 51	67	36 650
雅州府	12 586	3 729	2. 12	77	62 245
太平厅	7 502	528	0. 50		
石柱厅	4 091	1 880	0. 33		6 000
茂州	10 042	3 522	0. 25		10 837
理番厅	3 830	30	0. 06		10 743
松潘厅	8 731	61	0. 05		13 052
合计					

资料来源：根据郭声波《元明清时代四川盆地的农田垦殖》① 整理。

由表6-3可以看出，垦殖指数的高低与水田比重基本上是一致的。嘉庆十

---

① 郭声波：《元明清时代四川盆地的农田垦殖》，《中国历史地理论丛》1988 年第 4 期，第 104 页。

七年（公元1812年），盆地水田在纳赋耕地中的比重已达到60%①。"水田比重比较大的地区是川江—嘉陵江"Y"形区（重、顺、叙、绥、泸、忠等府州）和盆西传统水田区（成、嘉、眉、邛等府州），尤以盆南叙、泸两地为最。这说明"乾嘉续垦"的重大成果之一是水田区从盆西扩展到盆南、盆东，奠定了现代盆地西—南—东肥厚弧形重点水田区的基本布局。由此带来的利益是四川稻米产量大幅增长"②。

四川仓储的空间分布重心正好和重点水田区的布局基本吻合。位于川西平原地区的成都府、嘉定府、眉州，及川江—嘉陵江Y形区的重庆府、顺庆府、叙州府、泸州都是储谷较高的地区。其主要原因有以下两点：

第一，四川仓储粮食主要以稻谷为主，因此水田比重较大的地区粮食存储的数量相应也就较多。清代四川仓储粮食主要有稻谷、荞麦、小麦、青稞四种，其中存储稻谷的地区最多，四川盆地内部所有地区仓储存储的粮食均为稻谷，仅有盆地西南边缘及西北边区的府州仓储存小麦、青稞、荞等杂粮。存储杂粮的府州有位于盆地西北边区的茂州、松潘厅、理番厅、懋功厅、龙安府，盆地西南边缘的宁远府、雅州府。清初，由于常平仓处于恢复建设时期，政府只重视常平仓储粮数量的多寡，并未限制粮食的种类，"康熙三十年覆准，常平积储，米谷随宜"③。后来发现"南省地方潮湿，米在仓一二年，便致红朽。改贮稻谷，似可长久"雍正三年（公元1725年），专此议定"各省存仓米麦易谷之制"，其中规定"江西、湖北、湖南、四川存贮米皆五万石内外，令于一年内改易稻谷。覆准四川富顺等县仓米改易稻谷，茂州素不产米，向贮米二百石，令易荞麦六百石。"④

第二，水田比重较大的地区是四川向外输出谷米的重要地区，为了保证粮食的供应及平抑物价，就需要增加粮食贮备，因此也就决定了仓储重心的基本格局。从雍正年间，浙江官员赴川"采买米石，以备浙、闽缓急"之后，四川的商品粮便一直远销江南地区，乾隆十八年（公元1754年）上谕："川省产米素称饶裕，向由湖广一带贩运而下，东南各省均赖其利。"⑤ 根据《清朝

① 郭声波：《元明清时代四川盆地的农田垦殖》，《中国历史地理论丛》1988年第4期，第100页。

② 郭声波：《四川历史农业地理》，四川人民出版社，1993，第112页。

③ 昆冈等纂光绪《大清会典事例》卷一八九《户部·积储》，光绪二十五年八月石印本。

④ 杨芳灿等撰嘉庆《四川通志》卷七二《食货·仓储》，华文书局印行，清嘉庆二十一年重修本，第2393页。

⑤ 林超民等编《西南稀见方志文献·四川通志》卷二七《食货·仓储》，兰州大学出版社，2003，第230页。

续文献通考·市籴考》① 中的记载，当时四川籴米之所主要就是在盆西—盆南—盆东肥厚弧形水田区内，尤其是盆南的泸州，号称"产米最饶之区"。为了缓和对市场的冲击，皇帝特谕不断扩大四川沿江各州县的仓储规模，称为"加贮"，专门用以保证接济东南各省民食。由此，也就影响了四川仓储的空间分布。

二、抗日战争时期农业经济发展水平与仓储分布关联特征

关于抗日战争时期农业垦殖指数，本书主要根据 1939 年版《四川省概况》所载《四川各县耕地面积统计表》②，《四川经济参考资料》所载《四川省各县土地面积及人口密度统计表》③ 及《西康概况》的耕地资料进行测算。抗日战争时期四川各行政区耕地数量与积谷仓积谷数量比较见表 6-4。

表 6-4　抗日战争时期四川各行政区耕地数量与积谷仓积谷数量比较

区名	耕地/顷	面积/顷	垦殖指数/%	水田比重/%	积谷数/石
第二行政区	123 544	204 428.55	60.43	32.2	356 983.9
第十行政区	84 422	162 264.00	52.03	54.0	306 151.1
第十二行政区	93 721	259 378.65	36.13	31.8	377 140.1
第一行政区	40 917	118 981.20	34.39	70.9	364 194.4
第十一行政区	73 845	217 338.00	33.98	35.3	375 601.5
第三行政区	95 711	292 622.10	32.71	55.2	556 115.46
第四行政区	37 348	114 319.05	32.67	60.1	144 972.95
第六行政区	48 050	172 438.25	27.87	42.2	142 149.7
第九行政区	96 260	449 622.00	21.41	26.6	587 127.6
第十五行政区	79 834	411 732.00	19.39	51.0	176 287.4
第十三行政区	42 148	236 983.50	17.79	42.9	281 757
第七行政区	46 882	266 858.55	17.57	60.1	265 362
第五行政区	43 183	272 387.10	15.85	56.4	72 143.05

---

① 刘锦藻：《清朝续文献通考》卷六○《市籴考5》，商务印书馆，1955，第 8155–8158 页。

② 四川省政府编辑《四川省概况》《经济概况》，四川省政府秘书处发行 1939 年版，第 1 页。

③ 张肖梅编《四川经济参考资料》，中国国民经济研究所 1939 年版，第 A1–A7 页。

表6-4(续)

区名	耕地/顷	面积/顷	垦殖指数/%	水田比重/%	积谷数/石
第十四行政区	76 619	598 682.25	12.80	33.3	133 095
第八行政区	92 121	844 828.95	10.90	38.6	94 041.75
第十八行政区	35 119	646 408.20	5.43	24.0	—
第十七行政区	15 621	173 787.15	8.99	30.0	—
第十六行政区	8 445	789 692.10	1.07	0.1	564.652
合计	1 138 790	6 232 751.6			4 240 994.54

资料来源:郭声波:《四川历史农业地理》,四川人民出版社1993年版,第135页。"—"表示数据缺失。

由表6-4可以看出,抗日战争时期四川各行政区的垦殖指数与积谷仓募集的积谷数额有较高的相关性。垦殖指数较高的行政区中,即垦殖指数在30%以上的行政区有第一行政区、第二行政区、第三行政区、第十行政区、第十一行政区和第十二行政区,这些行政区也是积谷数较高的地区,抗日战争时期募集积谷均在30万石以上。垦殖指数在30%以下的行政区,募集积谷的数量均在30万石以下。其中只有第九行政区比较特殊,垦殖指数只有21.41%,而募集积谷数量达587 127.6石,位居第一位。出现这种情况的原因是由第九行政区在战时的特殊性决定的,抗日战争时期第九行政区毗邻鄂西战区,负责提供前线军队粮食的供给,为了保证军糈民食必须有足够的粮食储备。

由此可以说明仓储水平的高低与区域农业经济的发展密切相关。积谷数量较多的第一行政区、第二行政区、第三行政区、第十行政区、第十一行政区以及第十二行政区分别位于川西平原,川南地区,川东丘陵区,渠江、嘉陵江和涪江流域,这些地区都是四川重要的粮产区,因此募集积谷数量较大。第一行政区为成都平原区,为全省农业条件最好的地区,"成都平原6 000平方千米,都江堰灌溉面积达3 500平方千米(五百余万亩),灌县、郫县、彭县、崇宁、新繁、广汉、金堂、新都、成都、华阳、温江、崇庆、双流等十四县,皆直接受益。"[1]"成都平原为境内标准冲积平原,地平土肥,湖区交错,灌溉事业至为完善,水田面积之广,单位产量之多,均为他省所不及,故产稻总量亦为全省最多。"[2]作为水稻中心的成都平原,每平方千米土地面积的平均产量在750

[1] 蒋君章:《西南经济地理》,商务印书馆1945年版,第25页。
[2] 周立三、侯学焘、陈泗桥:《四川经济地图集说明》,中国地理研究所1946年版,第13页。

第六章 近代川康地区仓储分布变迁的影响因素 153

石以上，最高的地方达 2 000 石。① 第二行政区位于川南地区，其中的内江、资中、资阳、仁寿各县"皆为有名的产米区域，亦是渝万商埠及富、荣、犍、乐大盐场之米供应地。"② 第三行政区和第九行政区位于川东地区，其中巫溪、奉节、云阳、开县、万县、忠县、丰都、城口等地为盆周山地水稻产区。盆周东部春雨充沛，光热配合良好，有利于水稻种植。川东地区产米之县，"如江津、綦江、忠县各县除能自给外，尚可供给渝万"③。第十行政区、第十一行政区、第十二行政区位于渠江、嘉陵江和涪江流域，沿江流域各县也能够产米，"如遂宁、广安、岳池之米，亦有运渝销售者。"④ 第十一行政区、第十二行政区也是四川省三大产米区之一，川西北以遂宁、潼南等县为产米中心区⑤。

而四川省"边缘山地，地势高寒，水稻不宜，尤以西北之平武、北川及松潘、懋功等县，其他杂粮显见主要，稻米产量遂微不足道。"⑥ 川西北高原，稻田最少，几乎等于零。第十四行政区、十六行政区位于川西北地区，都是产粮较少、农业经济落后的地区。北川县"地居山陬，非产米区域，所有食米完全仰给于附近邻县运入，且交通不便，运输艰难，无法筹集储存，其余所产粮食以包谷为大宗，地多荒芜，私人方面，每年收入，尚不敷一家之食，无大量之存储。"⑦ 平武县"地广人稀，食粮产量甚少，仅足供县人食用，并无 15 石以上之存量"⑧。第十六行政区的松潘、茂县情况也是如此。"四川西北角的松潘一带，因地势较高，温度过低，非特不能种植水稻。即小麦亦多植春麦"⑨。茂县"因地处边僻，仓库无存"，而且"向不产米，所有食米，均系由安县绵竹等地运入，……其他粮食，主要者为玉麦，每交秋季，即有被蠹蛀之

---

① 周立三、侯学焘、陈泗桥：《四川经济地图集说明》，中国地理研究所 1946 年版，第 13 页。

② 吕登平编著《四川农村经济》，上海商务印书馆，1936，第 261 页。

③ 吕登平编著《四川农村经济》，上海商务印书馆，1936，第 261 页。

④ 吕登平编著《四川农村经济》，上海商务印书馆，1936，第 261 页。

⑤ 西南经济调查合作委员会编著《四川经济考察团考察报告》第二编，《农林》，独立出版社印行 1940 年版，第 11 页。

⑥ 周立三、侯学焘、陈泗桥：《四川经济地图集说明》，中国地理研究所 1946 年版，第 13 页。

⑦ 四川省动员委员会：《各县征募积谷调查表》，四川省档案馆，四川省动员委员会档案，档案号：50-923，第 167 页。

⑧ 四川省动员委员会：《各县征募积谷调查表》，四川省档案馆，四川省动员委员会档案，档案号：50-923，第 211 页。

⑨ 胡焕庸编《四川地理》，正中书局，1938，第 12 页。

虞，故县人建仓者极少，亦无法囤积"①。汶川县"向不产米，人民均以芋麦及其他杂粮为生，历系自给自足"②。

总而言之，仓储作为一种公共的实物积累，与社会经济发展存在着互动的关系，一方面，"积累与生产的比例适度，不仅使仓谷的输纳奠立了自愿基础，而且仓谷因灾赈耗，也易于补足，保持了仓储的稳定性和对市粮吞吐功能的正常循环。"③ 另一方面，各类仓储对市粮蓄泄的容量及正常敛散机制，反过来又维持了小农经济的简单再生产，并在此基础上促进了农村商品经济的发展。

---

① 四川省动员委员会：《各县征募积谷调查表》，四川省档案馆，四川省动员委员会档案，档案号：50-923，第 207 页。

② 四川省动员委员会：《各县征募积谷调查表》，四川省档案馆，四川省动员委员会档案，档案号：50-923，第 225 页。

③ 鲁子健：《清代四川的仓政与民食问题》，《四川历史研究文集》1987 年版，第 139 页。

第七章 近代川康地区仓储粮食物流 空间格局

粮食物流的定义有多种，一般常见的定义为"粮食物流作为全社会物流的一个重要组成部分，是指粮食从生产、收购、储存、运输、加工到销售服务的整个过程中的实体运动以及在流通环节的一切增值活动。它是涵盖了粮食运输、仓储、装卸、包装、配送、加工和信息应用的一条完整的环节链"。[①] 而学者王遐见认为："粮食物流就是根据不同需求，选择最佳运输路线和运输工具进行粮食实体移动，以达到最佳的经济效益和社会效益的活动。"[②] 尽管定义不同，但各方意见都肯定了仓储在粮食物流过程中扮演的重要角色，从物流学的角度上看，"仓廪作为粮食物流的基点，充当着储备仓、转运仓和周转仓的角色，在运输系统的连接下，通过上行、平行和下行运行系统，将粮食运往目的地"。[③]

第一节 四川省常平仓粮食物流空间格局

一、常平仓粮食物流空间格局

清代四川常平仓不仅实现了粮食的收储功能，还在粮食物流系统中调配各地仓储粮食，以满足不同地区的粮食需要。"清代仓储系统的规制，虽有中央与地方二种不同的层次，并且各自独立运作，但是彼此之间，仍然存在着相当

[①] 侯立军：《我国粮食物流科学化运作研究》，《财贸经济》2002 年第 11 期，第 37 页。

[②] 王遐见：《粮食流通业的现代化路径选择——江苏粮食物流现代化能力建设研探》，《税务与经济》2006 年第 1 期，第 90 页。

[③] 杨海民：《唐代粮食物流活动中的仓廪系统研究》，《贵州民族学院学报》2005 年第 5 期，第 131 页。

程度的流通互补关系……二者之间的界限，可以通过彼此仓储系统动态功能的发挥，产生互动的关系"①。从常平仓粮食的调运来看，其可分为上行调配和平行调配两种。

（一）上行调配

上行调配，主要是指由中央政府调用地方仓储粮食，以补充中央政府在特殊时期的军需不足或粮食缺乏。作为地方仓储的常平仓，"在协助及提供中央仓储所需，给予相当程度的助益，尤其是在有军事需求、社会政治混乱或社会动荡，中央政权呈现不稳定状态时发挥很大的效果"②。调配地方粮食支援中央有以下两种情况，一种是在战争时期，中央政府调配地方粮食满足军需；另一种是在京畿地区粮食供应紧张，米价昂贵，且京仓粮食储备紧张的情况下，调拨地方仓储粮食以充实京仓。

调拨四川常平仓谷供应军需。道光七年（公元1827年），清军平定张格尔之乱，动碾四川常平仓谷六十四万四千余石③。其中涪州县常平仓，"道光七年奉文耀谷五千八百五十七石零，筹济兵米。"④ 乐至县常平仓，"道光七年，碾耀甘肃西口外军米一千石"。⑤ 资阳县常平仓，"道光七年，奉文筹拨越嶲兵米，动耀谷八千石。"⑥

调拨四川常平仓谷平抑京师粮价。清朝末年，由于南粮北调运输系统的全面崩溃，京畿仓储长期供给不足，动用地方仓储碾谷变价运送京师，补充中央仓储的不足，成为解决问题的办法。道光二十九年（公元1849年）十月，清政府下令碾送四川存谷，以所余送运京师；咸丰六年（公元1856年），户部奏请碾运四川米以充实京仓，"本年江浙两省雨泽愆期，来岁海运漕粮恐难足额，该部所请碾运四川成都等属仓谷聚于重庆，由嘉陵江运至陕西凤县之南登陆，再由渭水运至潼关厅入黄河，沿河东下之河南孟县之东北入溴河，又北入济河、入丹河，即由河南山东运道以达通州藉济仓储。"⑦ 咸丰七年（公元1857年）三月，"京师米价昂贵，仓储短绌，兵民粒食维艰"⑧，四川前总督

① 李汾阳：《清代仓储研究》，《近代中国史料丛刊三编》，第96辑，2006年版，第237页。
② 李汾阳：《清代仓储研究》，《近代中国史料丛刊三编》，第96辑，2006年版，第242页。
③ 鲁子健：《清代四川财政史料》，四川省社会科学院出版社1984年版，第82页。
④ 吕绍衣等修，王应元等纂同治重修《涪州志》卷三《建置志·仓储》，同治八年刻本，第14页。
⑤ 裴显忠修，刘硕辅纂道光《乐至县志》卷一一《仓储》，清道光二十年刻本，第10页。
⑥ 何华元编辑咸丰《资阳县志》卷六《赋役考·徭役》，咸丰十年新镌，本邑文昌宫藏板，第11页。
⑦ 《清实录·文宗显皇帝实录（四）》卷二〇五，第43册，中华书局，1987，第236页。
⑧ 《清实录·文宗显皇帝实录（四）》卷二二二，第43册，中华书局，1987，第471页。

乐斌在四川任内，查明各厅州县常平仓谷共有一百二十余万石，"若按照例价每石糶银五钱五分，计可得银六十余万两，所糶价银解部，设局收买米石。"①因此，咸丰下令"迅速查明，赶紧设法筹糶，倘为数不敷，并著于济社二仓内存谷糶卖，凑足五六十万两之数，派员解赴京师，以资收买。"② 其中，1857 年，万县常平仓"奉文拨糶一万二千九十石供给京饷邑民两次，缴价存谷仍贮官仓。"③ 资阳县常平仓"奉文接济京仓，动糶谷六千石"④。定远县常平仓"奉文解京接济，出糶仓斗谷九千陆百石"。⑤

（二）平行调配

平行调配亦可称之为"区域协济"，协即协助，济即接济。平行调配是在地方省份发生灾荒、爆发战争等情况时，由中央政府将粮食从他省调配运往灾区或战区，以平抑物价、救灾赈灾，或者满足军需。据史书记载，"在康熙朝国家完成统一以后，就已采行'区域协济'的办法，利用'以有济无，以贱补贵'的原则，依照地理上的相近性，用不同来源的经费及资源，逐步建构区域常平仓的基础工作，并且在雍正朝加以强化。"⑥

1851 年，太平天国起义爆发，清政府定四川为"协济省"，要四川向战区各省源源不断地接济银、粮与各种军用物资和人力。咸丰年间，四川"三次奉文碾运广西军米，并糶借军饷，共动用谷一百六十三万一千余石"⑦。其中涪州县常平仓，"咸丰三年糶谷二万一千石零，筹拨军饷。咸丰七年（公元1857 年），奉文糶谷一万二千六百八十五石零，筹拨军饷"⑧。万县常平仓，"咸丰元年（公元 1851 年），奉交碾运广西谷四千石，实存谷二万四千一百五十石。咸丰三年奉文拨糶常监谷九千石接济江南军饷"⑨。清末四川省州县常平仓谷物流情况见表 7-1。

① 《清实录·文宗显皇帝实录（四）》卷二二二，第 43 册，中华书局，1987，第 470-471 页。

② 《清实录·文宗显皇帝实录（四）》卷二二二，第 43 册，中华书局，1987，第 471 页。

③ 张琴修、范泰衡纂同治《万县志》卷九，《地理志·仓储》，《中国方志丛书·华中地方》，成文出版社，1976，第 300 页。

④ 何华元编辑咸丰《资阳县志》卷六《赋役考·徭役》，咸丰十年新镌，本邑文昌宫藏板，第 11 页。

⑤ 王镛等修光绪《续修定远县志》卷二《仓庚志》，光绪元年修，第 4 页。

⑥ 李汾阳：《清代仓储研究》，《近代中国史料丛刊三编》，第 96 辑，2006 年版，第 179 页。

⑦ 刘秉璋撰《刘文庄公奏议》卷八民国 1912-1949 年，铅印本，第 2-3 页。

⑧ 吕绍衣等修，王应元等纂同治重修《涪州志》卷三《建置志·仓储》，同治八年刻本，第 14 页。

⑨ 张琴修、范泰衡纂同治《万县志》卷九《地理志·仓储》《中国方志丛书·华中地方》，成文出版社，1976，第 300 页。

表 7-1　清末四川省州县常平仓谷物流情况一览表

仓谷调运情况	州县
道光七年（公元 1827 年），支援军饷	金堂县、彭县、绵州、德阳、安县、名山、峨眉县、夹江县、威远县、眉州、大邑、泸州、南溪县、资州、资阳县、仁寿县、井研县、阆中县、广安州、蓬州、射洪县、遂宁县、蓬溪县、安岳县、乐至县、江津县、永川县、綦江县、铜梁县、合州、涪州、大足县、璧山县、定远县、大宁县、云阳县、万县、开县、丰都县、东乡县、新宁县
咸丰元年（公元 1851 年），解济广西军米	云阳县、万县、
咸丰三年（公元 1853 年），解济兵饷	金堂县、彭县、绵州、德阳、安县、彰明、名山、天全州、冕宁县、盐源县、会理州、越嶲县、峨眉县、夹江县、威远县、眉州、邛州、大邑、泸州、南溪县、资州、资阳县、仁寿县、井研县、西充县、营山县、仪陇县、蓬州、射洪县、遂宁县、江津县、永川县、荣昌县（时间不详）、南川县、铜梁县、合州、涪州、大足县、璧山县、定远县、大宁县、云阳县、万县、开县、丰都县、东乡县、新宁县、大竹县（不详）、太平县、酉阳州、彭水县
咸丰七年（公元 1857 年），筹拨军饷及接济京仓	彭县、绵州、安县、彰明、名山、天全州、冕宁县、盐源县、会理州、夹江县、威远县、眉州、邛州、大邑、泸州、丹棱县、南溪县、高县、资州、资阳县、仁寿县、井研县、西充县、营山县、仪陇县、广安州、蓬州、射洪县、遂宁县、江津县、永川县、荣昌县（时间不详）、铜梁县、合州、涪州、大足县、璧山县、定远县、大宁县、万县、丰都县、东乡县、新宁县、大竹（不详）、太平县、酉阳州、彭水县

资料来源：《中国地方志集成·四川府县志辑》①，《中国方志丛书》②

二、常平仓粮食物流成因分析

常平仓不仅是一项重要的社会保障制度，而且在我国封建财政经济体制中也占有重要的地位。利用仓谷的存储与释出功能，以稳定市场粮价及赈济救灾，这是常平仓的普遍功能。清朝末年，清政府大规模、频繁地调拨四川常平仓谷协济他省甚至远调京畿，其原因有以下两点：

---

① 《中国地方志集成·四川府县志辑》，巴蜀书社，1992。
② 《中国方志丛书》，成文出版社，1976。

第一，从常平仓的建立、仓谷的采买及存储来看，四川在交通便利地方增加了常平仓谷的存储量。早在乾隆时期，由于仓储充实，四川作为全国"粮仓"的地位日益显著，不仅保证了民食，且促进了区域协济的功能。据嘉庆《巴县志》记载："巴之积谷，又有不仅为巴计者。蜀乃产米之乡，地踞上游，邻封有歉，多拨运协济""巴为换船总运之所，所拨谷石数倍他邑"①。常平仓发挥区域协济功能时，政府不得不考虑粮食外运的方便，因此有针对性地在交通便利的地区采买、加贮粮食。且在沿江各州县加贮的专济外运的仓谷，其规模远远大于常平仓储定额。如乾隆十三年（公元 1748 年），清政府在言及省内府州县常平仓储额时，特别提到"转运难，出产少，地方冲要，以及提镇驻扎各省犬牙交错之处，彼此可以协济，均应分别加储"。② 乾隆五十一年（公元 1786 年）和乾隆五十五年（公元 1790 年），各水次州县为"接济邻封之用"的加贮谷，曾先后采籴仓谷 80 万石。以"一繁字简缺"的秀山县，为接济湖广民食，竟加贮仓谷 12 万石，超过该县常监额贮的 4 倍③。可见，在四川常平仓谷采买、加贮的政策中，协济他省是其考虑的重要因素。

第二，从四川地区的内部优势作用来看，两个原因导致了常平仓谷的存储量：①清代四川由于产米较多，成为全国重要的粮仓，外援东南各省已成惯例，连俗称"湖广熟，天下足"的湖北省，也仰给于川米。而作为官办仓储的常平仓就成为政府调拨粮食的主要来源。②四川境内水路交通发达，以长江为主干的水路交通网，方便调运省内粮产地的粮食外运出川。自古以来，川江便是四川境内的主要交通动脉。长江为主干河流，全域众水归流，汇集于长江，形成一个天然而完整的水路交通网。长江位于四川境内计长 897 千米，即从宜宾至巫山楠木园段，此段横贯川南、川东，上接云南、下连湖北、右通黔湘、左达陕甘④。雍正年间，川江的水运已相当繁忙。外运出川的以川粮为第一大宗，据估计四川每年沿江东下的商品米粮约有 150 万石。重庆为四川运粮船"换船总运之所"，城区上下的津渡大都为转运粮食的"米口"，嘉陵江沿岸的炭坝渡等 16 处津渡成为"米口"的就有 9 处，长江的 9 处津渡则全为"米口"。外运川米主要来自嘉陵江流域的保宁、顺庆、潼川、绵州、绥定等

---

① 刘锦藻：《清朝续文献通考》卷六〇《市籴》5，商务印书馆，1955，第 8155-8158 页。

② 昆冈等纂光绪《大清会典事例》卷一九〇《户部·积储》，光绪二十五年八月石印本，第 2 页。

③ 刘锦藻：《清朝续文献通考》卷六〇《市籴》，商务印书馆，1955，第 8155-8158 页。

④ 王笛：《跨出封闭的世界——长江上游区域社会研究 1644—1911》，中华书局，2001，第 33-35 页。

府及川南的嘉定、叙州、泸州等府，顺江而下集中于重庆再外运出川。重庆是川米外运的集散地和转输港①。

三、常平仓粮食物流的影响

四川常平仓储谷的释出，不仅弥补了地方政府财政不足，而且缓解了中央军需支出的压力，并且支援了中央仓储系统。但是清朝末年，随着封建制度的衰败，政府财政日益困难，对于调拨的仓储粮食已无力填补还仓，因此对于四川粮食存储产生了较大的负面影响，由于调拨的常平仓谷得不到买补，致使仓储数量大量减少，并导致仓储功能发生重大变化。

（1）常平仓粮食大幅减少。

嘉庆中期是四川常平仓和社仓储额最高的时期，其中常平仓储谷达到300万石。但人均计算则以雍正末期最高，为0.41石。乾隆时期维持在人均0.39石左右。嘉庆以后，常平仓储量就开始大幅减少；咸丰七年（公元1857年）降到1 297 622石，人均仅0.04石，为雍正末期的10%，为乾隆时期的11%左右，光绪三十一年（公元1905年）常平仓、社仓储量则剧降到436 690石，仅及嘉庆中期的9.7%，人均仅有0.01石②。四川省常平仓、社仓各时期储谷数与人口比较见表7-2。

表7-2　四川省常平仓、社仓各时期储谷数与人口比较

时期	常监社仓储谷数/石	其中社仓储谷数/石	总人口数/万人	人均仓粮数/石·人⁻¹
雍正初	420 000	—	204.7	0.21
雍正十一年（公元1733年）	1 029 800	—	252.7	0.41
乾隆三年（公元1738年）	1 231 582	49 570	326.7	0.38
乾隆三十一年（公元1766年）	2 756 955	900 518	715.1	0.39
嘉庆十七年（公元1812年）	4 488 590	1 559 928	2 070.9	0.22

① 周勇主编《重庆通史》，第1册，重庆出版社，2014，第168页。
② 王笛：《跨出封闭的世界——长江上游区域社会研究1644—1911》，中华书局，2001，第515页。

表7-2(续)

时期	常监社 仓储谷数 /石	其中社仓 储谷数 /石	总人口数 /万人	人均仓粮数 /石·人⁻¹
咸丰七年（公元1857年）	1 297 662	—	2 931.4	0.04
光绪三十一年（公元1905年）	436 690	—	4 246.8	0.01

资料来源：王笛：《跨出封闭的世界-长江上游区域社会研究 1644—1911》，中华书局 2001 年版，第 515 页。"—"表示数据缺失。

清朝末年，四川常平仓仓谷多次外调出省，而此时的清政府由于财政日渐空虚，无力筹款买补，因此四川常平仓谷大幅减少，常平仓发展日渐衰落。清政府于道光七年（公元 1827 年）、咸丰元年（公元 1851 年）、咸丰三年（公元 1853 年）、咸丰七年（公元 1857 年）多次下令粜卖四川仓谷接济军饷及京仓。太平天国起义爆发后，又多次碾运广西军米，并粜借军饷三次共动用谷 1 631 000 余石。1857 年，由于京师米价昂贵，咸丰下令粜卖四川常平仓仓谷 120 万石粜济京仓。清政府在大批外调四川常平仓仓谷后，未能买补还仓，光绪十八年（公元 1892 年）十二月，四川总督刘秉章奏折中写道："从前通省一百数十厅州县，积储常平与监仓谷二百九十数万石，川民恃以备荒。军兴以后，不特他省不能协川，且京协各饷皆须取给于川。"[1]"昔年常平监仓，原皆出于民捐。乃因军需提用，至今未能筹款买补，猝有荒歉，无术补苴，环顾穷黎，隐忧时切。"[2]因此刘秉章奏请"饬下户部，如该司道等所议，土税所收一款全数截留，悉以买还常平监仓原额"[3]。

通过统计清末重庆府各县常平仓粮食储额，可以看出各县仓储粮食皆大幅度减少，减少幅度一般在 85% 以上，最严重的巴县由原额的 84 109 石降至 1 140 石，减少了 98.6%。常平仓实存额比例较高的綦江县，实存储额也仅为原额的 29.5%。到 20 世纪初，各仓更是"十九空竭"，以致遇灾赈济也不得不靠外省和各处募捐。随着社会动乱的加剧，政府财政的日益崩溃，地方仓政也逐渐衰落[4]。

---

① 刘秉璋：《刘文庄公奏议》卷八，清末铅印本，第 2 页。
② 刘秉璋：《刘文庄公奏议》卷八，清末铅印本，第 4 页。
③ 刘秉璋：《刘文庄公奏议》卷八，清末铅印本，第 4 页。
④ 王笛：《跨出封闭的世界——长江上游区域社会研究 1644—1911》，中华书局，2001，第 519 页。

重庆府各县常平仓储额减少数量见表7-3。

表7-3　重庆府各县常平仓储额减少数量表

地名	嘉庆时期储额/石	咸丰至光绪实存/石	减少数额/石	实存占额存比例/%
巴县	84 109	1 140	82 929	1.4
江津	58 000	9 600	48 400	16.6
长寿	44 000	6 000	38 000	13.6
永川	6 590	876	5 714	13.3
荣昌	6 020	848	5 172	14.1
綦江	22 000	6 500	15 500	29.5
南川	5 270	277	4 993	5.3
合州	52 000	6 373	45 627	12.3
铜梁	46 000	6 469	39 531	14.1
定远	44 000	6 400	37 600	14.5
江北	26 000	3 600	22 400	13.8
涪州	48 000	8 458	39 542	17.6

资料来源：王笛：《跨出封闭的世界–长江上游区域社会研究1644—1911》，中华书局2001年版，第118页。

（2）常平仓作用发生重大变化。

道光、咸丰以后，四川常平仓的作用发生了重大变化，即以"备荒"为主转向军事和地方开支为主。清政府于道光和咸丰年间多次下令粜卖四川仓谷接济军饷及京仓。如丰都县常平仓"道光七年奉文筹济兵米，粜谷三千七百五十石。咸丰三年奉文粜谷一万二千石，解济江南军饷，六年奉文粜谷七千五百十二石，解济京饷"[1]；涪州常平仓，"道光七年奉文粜谷五千八百五十七石零，筹济兵米。咸丰三年粜谷二万一千石零，筹拨军饷。咸丰七年，奉文粜谷一万二千六百八十五石零，筹拨军饷"[2]

根据四川地方志中的记载，清末四川省共有73个州县常平仓仓谷被动用调拨，主要用于筹济兵米、接济京仓、赈济灾害等。

清末四川常平仓仓谷用途分类见表7-4。

---

[1]　徐昌绪编纂光绪《丰都县志》卷二《赋役志·仓储》，光绪十九年续纂，第32页。

[2]　谭孝达，周元龙修纂同治《涪州志》卷三《建置志·仓储》，同治八年修，第14页。

表7-4　清末四川常平仓仓谷用途分类

分类	用途	次数/次	所占比例/%
用于军事	兵米或军饷	130	79.3
上方调拨	接济京仓	8	4.8
地方使用	团勇口粮	5	3.0
社会救济	灾害赈济	6	3.7
损失	焚毁、 社首挪用、 水灾 计	11 3 1 15	6.7 1.8 0.6 9.2
	总计	164	100

本表根据《中国地方志集成·四川府县志辑》①，《中国方志丛书》② 绘制。

　　表7-4所列164次用途统计中，军事目的为130次，占79.3%；上方调拨8次，占4.8%；这两项占动用的80%以上。除去损失的15次，占9.2%；用于地方的已经不多，用于灾害救济共6次，仅占3.7%，用于地方治安的团勇口粮为5次，占3.0%。从仓储用途来看，清末四川常平仓起着补充中央与地方财政的作用，"其主要功能是应备于中央和地方政府的不时之需，起着地方财力物力储备的作用，特别是在用兵之时，各地仓储担负着提供粮饷的责任。"③

第二节　民国时期川康地区田赋征实仓粮食物流空间格局

　　抗日战争全面爆发以来，军公民粮之供应，已成急切问题，此在四川省尤为严重，其原因为："一、川省为战时首都所在地，中央党政军各级机关，均集中重庆，其直接与间接增加之人口，较任何他省为多。二、川省为后方重要根据地，境内陆空驻军，与新兵训练，较任何他省为多。三、川省东抚鄂西战区，而鄂西产量素少，所有该区前方军粮，端赖川省运济。四、连年以来，沦陷区工厂学校，先后内迁川省者，为数日多。五、川省铁路既缺，公路运能又

　　① 《中国地方志集成·四川府县志辑》，上海书店、巴蜀书社，1992。
　　② 《中国方志丛书》，成文出版社有限公司印行，中华民国六十五年版。
　　③ 王笛：《跨出封闭的世界——长江上游区域社会研究1644—1911》，中华书局，2001，第518页。

低，粮食接应，无法尽量利用新式运输工具，致难得运济上之迅速。六、川省粮运，大都利用木船，而川江滩多水急，粮船失吉时闻，致难得运济上之安全。故川省粮食供应，在配拨与运济上，较任何他省，为重要而艰难也。"[1]

一、四川省粮食运输系统的建立

1941 年四川征收粮食为 1 200 万石，1942 年定为 1 700 余万石，征收征购之粮食"除一部分就地分配消费外，大部分均须外运。外运总额约谷一千万石，合五十万吨，如平均分十二个月运出，则每月外运量近四万吨。数量之钜，在后方，殆无其匹。且此一千万石之谷，遍布全川一百三十五县，三千余征收处，而需要消费之地区，则集中于数个城市。在四川交通如此困难地区，如何自散布数千地点之粮食，集运至数个城市，其困难可想而知。"[2]

1941 年 10 月 1 日，粮食部将四川粮食购运处改为"四川粮食储运局"。"四川粮食储运局之主要业务，可分五种：一曰配粮，即配定各县应拨之粮额。二曰接粮，即接收各县配拨之粮食。三曰储粮，即储存接收之粮食。四曰运粮，即各县储存粮食之集中与外运。五曰交粮，即将储存或运出粮食，拨交领粮机关。"[3]

四川储运局下设"配运处"，专门负责粮食配运工作，其下设五科，职掌如下："第一科主办本处总务，粮船失吉，及粮船保险事项。第二科主办全省军公民粮之配定及调拨事项。第三科主办各县粮食集中、外运及运价事项。第四科主办粮运车船之配备及监理事项。第五科主办全省粮食'配''运'拨'之报告及统计事项'。"[4]

粮食运输是四川粮食储运局的主要业务之一，为完成粮食运输任务，其分设运输段站展开运输工作，共设置运输段 11 段，运输站 130 站。

第一，将运输路线分为若干运输段进行分段管理。四川粮食储运局就各地水陆交通情形将运输段分为甲乙两等级。

甲等段："即水陆运输段，凡属长江、嘉陵江、涪江、渠江、岷江、沱江等流域船运便利之各县，其米粮集中数量较大，由该局自运者为甲等段。"[5]

---

① 洪瑞涛：《三年余来四川粮食配运业务》，《粮政季刊》1945 年第 1 期，第 62 页。
② 洪瑞涛：《本年度四川征实征购粮食之配运计划》，《粮政月刊》1943 年第 1 卷第 1 期，第 39 页。
③ 洪瑞涛：《三年余来四川粮食配运业务》，《粮政季刊》1945 年第 1 期，第 63 页。
④ 洪瑞涛：《三年余来四川粮食配运业务》，《粮政季刊》1945 年第 1 期，第 63 页。
⑤ 丁星铎：《粮食运输概论》，中国第二历史档案馆，档案号：96-2053，第 20 页。

甲等段共 7 段，计设渝叙段于泸县，渝夔段于万县，嘉陵江段于合川，涪江段于太和镇，渠江段于三汇，岷江段于竹根滩，沱江段于内江。甲等段各段名称及设置地点暨所辖站名见表 7-5。

表 7-5　四川粮食储运所辖甲等运输段表设置

段别	地点	所辖站名
渝叙段	泸县	泸县、宜宾、江津、永川、江安、纳溪、合江、南溪、璧山、叙永、庆符、高县、古宋、古蔺、屏山、筠连、珙县、长宁、兴文、马边、雷波
渝夔段	万县	万县、垫江、邻水、云阳、石柱、涪陵、丰都、忠县、奉节、巫山、长寿、开县
嘉陵江段	合川	合川、南充、蓬安、营山、仪陇、南部、西充、武胜、广元、苍溪、剑阁、昭化、阆中、大足、铜梁
涪江段	太和镇	太和镇、绵阳、江油、彰明、安县、罗江、梓潼、北川、平武、射洪、三台、盐亭、中江、安岳、潼南、遂宁、蓬溪
渠江段	三汇	三江、渠县、通江、南江、巴中、达县、开江、宣汉、万源、广安、岳池、江口
岷江段	竹根滩	竹根滩、成都、新津、犍为、邛崃、大邑、蒲江、彭山、洪雅、丹棱、夹江、青神、乐山、峨眉、眉山、峨边、井研
沱江段	内江	内江、自贡、赵家渡、资阳、荣昌、资中、简阳、隆昌、富顺、荣县、威远、乐至、德阳、什邡、绵竹、广汉、金堂

资料来源：丁星铎：《粮食运输概论》，中国第二历史档案馆，档案号：96-2053。

乙等段："即陆路运输段，凡不通河流或通河流而船运不便之各县，其米粮运输托由驿运机关或其他运输机构代办者为乙等段。"[1] 乙种段共 4 段，计设川东段于大竹，川西段于成都，川南段于彭水，川北段于剑阁。各段名称及设置地点暨所辖站名见表 7-6。

表 7-6　四川粮食储运局所辖乙等运输段

段别	设置地点	所辖站名
川东段	大竹	大竹、梁山、岳池、南充、通江、南江、巴中、达县、开江、宣汉、渠县、营山、万源、万县
川南段	彭水	酉阳、彭水、黔江、秀山、綦江、石柱、南川、古宋、古蔺、叙永、长宁、珙县、筠连、兴文

---

[1]　丁星铎：《粮食运输概论》，中国第二历史档案馆，档案号：96-2053，第 20 页。

表7-6(续)

段别	设置地点	所辖站名
川西段	成都	成都、新津、新都、华阳、崇庆、郫县、双流、彭县、新繁、温江、灌县
川北段	剑阁	广元、苍溪、昭化、剑阁、梓潼、阆中、绵阳、罗江、德阳、什邡广汉、绵竹、仪陇、北川、平武、江油、彰明

资料来源:丁星铎《粮食运输概论》,第20页,中国第二历史档案馆:档案号:96-2053。

第二,在各运输段设立运输站,按照各地输入输出粮食之多寡分等设置运输站:"一等站:运输米粮在50万石以上者计10站。二等站:运输米粮在50万石以下30万石以上者计5站。三等站:运输米粮在30万石以下10万石以上者计14站。四等站:(临时站)运输米粮不足10万石者计101站(应运米粮运竣即行撤销)。"[1] 其中一等站、二等站、三等站设置情况见表7-7。

表7-7 四川粮食储运局所辖运输站　　　　　　　　单位:石

站名	站等	外县输入数量	本站输出数量	输入输出总量
宜宾站	一等	259 860	248 920	508 780
泸县站	一等	943 720	899 820	1 843 550
合川站	一等	723 610	683 290	1 415 900
太和镇站	一等	409 920	179 920	589 540
三江站	一等	285 850	235 850	521 700
竹根滩站	一等	88 570	158 570	547 140
新津站	一等	272 300	270 170	542 470
成都站	一等	943 600	—	943 600
内江站	一等	801 340	838 010	1 639 350
赵镇站	一等	425 160	385 160	810 320
万县站	二等	82 200	—	82 200
南充站	二等	170 860	141 830	312 690

① 《四川粮食储运局运输机构设置纲要》,中国第二历史档案馆,四川粮食储运局档案,档案号:96-2043。

表7-7（续）

站名	站等	外县输入数量	本站输出数量	输入输出总量
绵阳站	二等	180 530	202 750	383 280
遂宁站	二等	98 170	204 240	302 410
大竹站	二等	—	116 940	116 940
江安站	三等	37 740	74 220	111 960
剑阁站	三等	3 460	—	3 460
铜梁站	三等	44 020	80 500	124 520
潼南站	三等	90 400	138 220	228 620
安岳站	三等	—	158 970	158 970
三台站	三等	—	111 370	111 370
中江站	三等	—	101 850	101 850
邛崃站	三等	—	130 810	130 810
眉山站	三等	—	101 470	101 470
资阳站	三等	625 550	149 730	212 280
自贡站	三等	240 000	—	240 000
富顺站	三等	—	104 330	104 330
彭水站	三等	—	77 530	77 530
仁寿站	三等	—	126 940	126 940

资料来源：《四川粮食储运局运输机构设置纲要》，四川粮食储运局，中国第二历史档案馆，档案号：96-2043。"—"表示数据缺失。

二、1937—1945 年田赋征实仓军粮调拨

1941 年国民政府开始实施粮食征购征实政策。1941 年，"四川供给前后方军粮，依照粮食部与军政部军粮总局决定数量为军米二百二十五万大包，约折碛米三百万石，合稻谷六百万石，其分配数量如下：①四川各县驻军及军事机关学校年需军米一百四十万大包，约合碛米一百八十六万七千石；②第六战区军粮年需军米七十五万大包，约合碛米一百万石；③陕南屯粮年需军米一万大包，约合碛米四万石；④西康屯粮年需军米四万大包，约合碛米五万三千石；

⑤大巴山屯粮年需军米三万大包，约合碛米四万市石。"① 而供应前方军粮为四川粮食储运局最重要之业务，"各县储运处就接收各该县全年征实征借粮额于奉令饬拨各项粮额时，分配程序首应照额拨足前方军粮，次为后方军粮"②。

从军粮物流空间来看，抗日战争时期川康地区的粮食调运可分为区内调运和区外调运。区内调运是为了满足后方军粮之需，主要是调运各县粮食运济重庆军粮、成都军粮、大巴山屯粮、西康军粮。区外调运是为了供应前方军粮，即交拨第五战区、第六战区军粮。

关于区内仓储粮食调拨情况，按运济四个重要地区进行梳理。

第一，运济重庆军粮主要出自以下仓储：巴县仓库、江北仓库、永川仓库、江津仓库、合川仓库、荣昌仓库、大足仓库、铜梁仓库、眉山仓库、乐山仓库、犍为仓库、峨眉仓库、宜宾仓库、南溪仓库、江安仓库、泸县仓库、隆昌仓库、合江仓库、纳溪仓库、古宋仓库、古蔺仓库、南川仓库、大竹仓库、渠县仓库、广安仓库、梁山仓库、南充仓库、岳池仓库、武胜仓库、蓬安仓库、营山仓库、遂宁仓库、安岳仓库、三台仓库、潼南仓库、蓬溪仓库、射洪仓库、乐至仓库、德阳仓库③。

第二，运济成都地区的军粮主要出自成都平原的 16 个县市。1944 年成都区储运分局各县配拨军粮总额为 435 722.544 石，其中分别调拨数为成都310 865.307 石，新津 27 125 石，华阳 4 375 石，新都 9 399.582 石，新繁 875石，郫县 10 000 石，崇宁 1 000 石，灌县 4 250 石，彭县 5 000 石，温江 15 000石，双流 20 432.655 石，崇庆 5 000 石，邛崃 12 500 石，大邑 2 500 石，蒲江2 000 石，新津聚仓 5 400 石④。

第三，大巴山屯粮。运济大巴山屯粮有万源仓库、通江仓库、南江仓库、巴中仓库⑤。

第四，运济西康军粮。"自川康军接防西康，感军粮之重要，特在康定设军粮总处……复于川康道上定顺场，汉源场，坭头驿、化林坪，瓦斯沟，雅安

① 赵釐，郭良夫：《三十年四川粮食储运局粮食分配计划》，《督导通讯》1942 年创刊号，第 8 页。

② 中国社会科学院近代史研究所编《民国文献类编续编》经济卷 489，国家图书出版社，2018，第 18 页。

③ 《关于检送粮食部四川粮食储运局裁撤及继续设置各仓库一览表》，重庆市档案馆，粮食部四川粮食储运局档案，档案号：55-5263。

④ 《四川粮食储运局成都区储运分局三十三年度各县配拨军粮总额表》，四川省档案馆，档案号：42-2446。

⑤ 《关于检送粮食部四川粮食储运局裁撤及继续设置各仓库一览表》，重庆市档案馆，粮食部四川粮食储运局档案，档案号：55-5263。

县，泸定县各处设置仓库，俾资按站运输，源源接济"①。然而，由于"西康全省境内，向不产米，土人蛮家所食，十分之二为玉麦，十分之八为青菜，旅居境内之汉人及戍边军队、政务机关等，所需食米，概系由四川内地运去"②。因此，川康军所需粮食主要还是由四川省仓储提供。1937年1月1日起，即已成立机关，实行办公，并派员在名、雅、西昌等地专办购运事宜。四川名山县、洪雅县为运济西康军粮县份，"依照向例系由四川省名山、洪雅等处采粮接济，今后调剂民食仍应按此原则，遵照全国粮食会议通过制定四川名山洪雅为采购区之成案继续办理"③。1940年，西康省征购军粮，"由名、洪拨50大包。"④ 1942年，四川省名、洪运济4万大包⑤，1945年11月，西康省须军粮5937大包，"由川省拨济833大包"⑥。

关于区外仓储粮食调拨，主要是指调运四川省粮食至第五、第六战区，供应前方军粮之需。1942年，"川省应拨济五、六两战区军粮，经先后核定共为八十五万大包"⑦，"其配由重庆拨交者，全年共计六十二万大包，川东各县拨交者，全年共计二十三万大包"⑧。"酉、秀、黔、彭四县及沿婺接运站为沅陵军粮接运处，及所属仓库，转运站暨兵站。长、涪、丰、忠、石、万、奉、云、巫等县为川江军粮接运处，所属转运站及六战区兵站总监部所属仓库及兵站。梁、开两县运万交邻，垫两县分运长、涪拨交。"⑨ 重庆及川东各县交拨五战区粮食数量及交接地点见表7-8。

<hr/>

① 《川康军设军粮处》，《四川月报》1937年第10卷第1期，第274页。

② 《川康军设军粮处》，《四川月报》1937年第10卷第1期，第273页。

③ 《粮食部、西康省府粮政局关于征购、仓库设置情形、增设各级调查粮情机构计划的训令，造具筹仓应需费用估计表，呈送粮食部粮政会议议事记录》，四川省档案馆，西康省粮政局档案，档案号：225-1-16。

④ 《西康省粮政局关于各县局粮政科集中仓、各属储运站结束办法汇缴粮食事业经费结余款训令，造具政绩交代比较表、前粮政局移交总清册》，四川省档案馆，西康省粮政局档案，档案号：225-51。

⑤ 徐建：《一年来之西康田粮管理》，《康导月刊》1943年第5卷第11、12期，第22页。

⑥ 《西康田粮处、储运处、部分县集中仓关于军粮配额、交接、筹拨的训令、指令、呈文，造具军粮交接地点数量表，筹粮会议记录》，四川省档案馆，西康田赋粮食管理处档案，档案号：226-535。

⑦ 《据储运局代电本年应拨五、六两战区军粮由重庆等十六县拨济请转饬一案电仰遵办由》，《四川省政府公报》1943年第147期，第34页。

⑧ 《据四川粮食储运局呈复办理第六战区军粮情形一案电仰遵照由》，《四川省政府公报》1943年第161期，第41页。

⑨ 中国社会科学院近代史研究所编《民国文献类续编》经济卷489，国家图书出版社，2018，第18-19页。

表 7-8　1942 年四川拨济第五战区军粮分配数量及交拨地点

区别	县份	交接地点	指拨总数/石
渝万区	重庆	重庆	620 000
	万县	万县	7 500
	长寿	万县	7 500
	涪陵	万县	22 500
	丰都	万县	22 500
	忠县	万县	28 125
	邻水	万县	37 500
	垫江	万县	37 500
	石柱	万县	3 750
	梁山	万县	5 000
万巫区	云阳	云阳	16 875
	奉节	奉节	15 000
	巫山	巫山	7 500
酉秀黔彭区	秀山	秀山	1 875
	黔江	黔江	3 750
	彭水	彭水	13 125
总计			850 000

资料来源：《据四川粮食储运局呈复办理第六战区军粮情形一案电仰遵照由》，《四川省政府公报》1943 年第 161 期，第 42 页。

三、1946—1948 年田赋征实仓粮食物流

1946 年 10 月至 1947 年 9 月，全国军粮配拨总额为 16 701 400 石，四川省军粮配额为 2 810 933 石，西康省军粮配额为 138 667 石[①]。1947 年 10 月至 1948 年 9 月，全国军粮配拨 22 929 419 石，其中四川省军粮配额为 4 191 333 石，西康省军粮配额为 258 245 石[②]。就各省配拨军粮数量而言，四川省军粮配拨数量较大。

川康地区粮食配拨主要有以下几项："1. 拨出济鄂军粮——长垫涪丰忠石万云梁开及渝等县属之。2. 拨交济康军粮——名山洪雅之。3. 拨交川黔湘鄂军粮——酉秀黔彭四县属之。4. 拨交专案粮——如鄂省之主食代金。5. 拨交川东军粮——川东供应局所辖各县属之。6. 拨交川西军粮——川西供

---

① 《粮食配拨：军粮（民国三十六年一月）》，《经济动向统计》1947 年 1 月，第 10 页。
② 《粮食配拨：军粮（民国三十六年十月）》，《经济动向统计》1947 年 10 月，第 11 页。

应局所辖各县属之。7. 东运粮食——凡直运京沪汉粮者属之。"①

本书首先从川西军粮、川东军粮和济康军粮的调拨论述川康本地驻军所需军粮的调配情况。川西、川东两地区军粮需求情况迫切。"全国共有海陆空军四百二十万人，而驻川人数即达一百余万人，占全国四分之一。"② 川西、川东两区的驻军每月共需米 1 603 240 石，"因驻军地区与存粮地点不相配合，尚须办理再度集中。"③ 川西、川东两区军粮调配在解放战争时期成为川康地区最主要的粮食物流。

为了配合粮食调运业务需要，四川田赋粮食管理处储运处在四川设立甲级集中仓 10 所，乙级集中仓 108 所，其任务为办理集中及运输设置所在县田粮处之粮食。1947 年四川田赋粮食管理处储运处乙级集中仓配运军粮一览表见表 7-9。

表 7-9　1947 年四川田赋粮食管理处储运处乙级集中仓配运军粮一览表

区别	运济地点	接收机关	乙级集中仓名称及年度外运配额（碛米）/石	合计/石
川西军粮区	成都	第三十粮秣库	温江（15 513）成都（23 375）华阳（42 952）灌县（8 557）崇庆（48 452）新都（13 543）郫县（28 342）彭县（23 275）新繁（15 545）崇宁（11 229）简阳（10 000）大邑（30 000）眉山（15 000）广汉（20 000）德阳（35 000）金堂（30 000）	370 783
	乐山	第六十八供应分站	彭山（45 000）夹江（10 000）眉山（45 000）	100 000
	泸县	第二十三供应站	资中（38 000）叙永（3 000）	41 000
	剑阁	第三十九粮秣库	梓潼（6 000）	6 000
	遂宁	第三十八粮秣库	安岳（50 000）	50 000
	峨边	第六十八供应分站	峨眉（10 000）	10 000
	绵阳	第三十九粮秣库	绵阳（32 000）	32 000

① 《各县田赋粮食管理处（县市）级经营中央部分三十五年度田赋征实及征借粮食账务处理及编报办法》，重庆市档案馆，四川田赋粮食管理处储运处档案，档案号：0081-0004-06135。

② 《四川部分县府、田粮处呈报屯粮加工、交拨、集运、调济，造具屯粮数量地点表、经费预算书及省府、田粮处代电》，四川省档案馆，四川省田赋粮食管理处档案，档案号：93-1-1514。

③ 《四川部分县府、田粮处呈报屯粮加工、交拨、集运、调济，造具屯粮数量地点表、经费预算书及省府、田粮处代电》，四川省档案馆，四川省田赋粮食管理处档案，档案号：93-1-1514。

表7-9(续)

区别	运济地点	接收机关	乙级集中仓名称及年度外运配额（碛米）/石	合计/石
川东军粮区	重庆	第二十八、二十九粮库	资阳（33 000）内江（30 000）荣县（40 000）仁寿（3 000）简阳（40 000）井研（10 000）巴县（41 000）永川（19 000）江津（23 000）江北（21 000）合川（43 000）荣昌（15 000）大足（15 000）铜梁（36 000）乐山（30 000）屏山（3 000）犍为（25 000）宜宾（33 000）南溪（35 000）庆符（6 000）江安（23 000）珙县（4 000）高县（3 000）长宁（15 000）泸县（40 000）隆昌（10 000）富顺（65 000）合江（35 000）古宋（3 000）古蔺（7 000）大竹（35 000）渠县（40 000）广安（36 000）南充（25 000）岳池（59 000）蓬安（22 000）营山（15 000）南部（18 000）武胜（29 000）西充（10 000）绵竹（40 000）安县（25 000）金堂（25 000）什邡（30 000）罗江（18 000）遂宁（42 000）中江（45 000）三台（48 000）潼南（37 000）蓬溪（30 000）乐至（20 000）射洪（10 000）盐亭（5 000）江油（8 000）彰明（15 000）开江（15 000）达县（10 000）通江（30 000）宣汉（12 000）	1 460 000
	万县	第三一粮库	涪陵（32 000）丰都（16 000）石柱（5 000）武隆（3 000）开县（16 000）忠县（20 000）云阳（11 000）梁山（30 000）邻水（26 000）垫江（15 000）	174 000
	綦江	第二十供应站	南川（17 000）	17 000
	广元	第三四粮库	苍溪（5 000）阆中（8 000）昭化（4 000）旺苍（2 000）	19 000
	万源		宣汉（12 000）	12 000
	巫溪		巫山（4 800）	4 800
	总计		2 229 883	222 983

资料来源：《关于检送1947年各县配运军粮分月明细表的代电》，四川田赋粮食管理处储运处，四川省第三行政区督察专员公署档案，档案号：0055-0005-00265；《粮食部、四川田粮储运处关于仓储各库设置、合并、员工名额、制定组织规程、办事细则、扩充仓容计划的指令、代电、表册》，四川省档案馆，四川省田赋粮食管理处档案，档案号：93-1225；《关于检发一九四五年七月至九月份川东区实需军粮数量给马桑溪仓库的训令》，重庆市档案馆，四川田粮粮食管理处储运处档案，档案号：352-2-30；《粮食部、四川省政府、田粮处关于军粮交拨、调拨外的代电》，

四川省档案馆，四川田赋粮食管理处档案，档案号：93-947；《粮食部四川田粮处储运处关于军粮配额调拨、保管、交收、抢运及军队驻地、番号、人数调查统计的训令、代电》，四川省档案馆，四川省田赋粮食管理处档案，档案号：93-7593-390；《四川田粮、储运处、部分县田粮处关于筹拨军粮集中的代电、呈文、造具屯粮地点数量计划表、增配军粮收存表》，四川省档案馆，四川省田赋粮食管理处，档案号：93-391。

再看川康军队所需军粮的情况。抗日战争胜利后，西康省所需军粮仍需由四川补给。1946 年前半年西康省军粮配额核定为 35 625 大包，由西康省征粮项下配拨 30 625 大包，由四川省征粮项下运拨 5 000 大包①。1946 年 10 月联合勤务总司令部川西供应局拟配西康军粮配额细数表见表 7-10。

表 7-10　1946 年 10 月联合勤务总司令部川西供应局拟配西康军粮配额细数表

站（库）别	驻地	折合大包数量/包
第五十三粮秣供应库	名山	500
	洪雅	200
合计		700

资料来源：《四川省府、田粮处、部分县府关于调整军粮配额，办理军粮借拨、接办、豁免欠交军粮的训令、代电、呈文、及军粮会议记录》，四川省档案馆，四川省田赋粮食管理处档案，档案号：93-1-760。

其次，对川康地区仓储粮食东运和东南运的情况分别梳理。

东运粮食是指以四川省重庆、泸县、万县、涪陵四地作为起点，沿长江主航道运至北京、上海、武汉等地的粮食。各县集中仓、聚点仓库负责东运粮食业务，集中仓将各县的粮食经过初次集中后，运至位于川江及其支流上的各大聚点仓再次集中，再次集中的粮食经聚点仓转至重庆总仓、泸县聚仓、万县聚仓、涪陵，最后集中转运出川。东运粮食物流在空间上可分为岷江流域、川江流域、沱江流域、涪江流域、嘉陵江流域、渠江流域及川东地区，具体物流空间分布如下。

岷江流域：乐山聚仓为岷江流域各县粮食的转运中心。集中运至乐山聚仓的县份有：夹江县粮食 9 411 石、眉山县粮食 10 357 石、乐山县粮食 17 414 石、井研县粮食 8 872 石。以上县份粮食集中于乐山聚仓后，再经宜宾聚仓中转，最后运到重庆总仓。犍为县粮食 16 587 石直接运到宜宾聚仓，再运往重

---

① 《西康田粮处、储运处、部分县集中仓关于军粮配额交接、筹拨的训令、指令、呈文、造具军粮交接地点数量表，筹粮会议记录》，四川省档案馆，西康田赋粮食管理处档案，档案号：226-535。

庆总仓。

川江流域：宜宾聚仓、重庆总仓为川江流域各县粮食转运中心。集中运至宜宾聚仓的县份有：珙县粮食3 842石、屏山县粮食3 511石、庆符县粮食5 272石、沐川县粮食4 156石、高县粮食3 023石、宜宾县粮食38 758石。以上各县粮食再由宜宾聚仓运往重庆总仓。

集中运至重庆聚仓的县份有：江安县粮食8 095石、长宁县粮食12 972石、古蔺县粮食6 380石、潼南县粮食19 998石、武胜县粮食15 090石、巴县粮食21 358石、永川县粮食23 282石、江津县粮食7 325石、蓬溪县粮食25 532石、南溪县粮食20 010石、江北县粮食1 470石、璧山县粮食7 145石、北碚县粮食1 481石。

沱江流域：赵镇聚仓、内江聚仓、富顺为沱江流域各县粮食转运中心，最后集中于泸县聚仓。集中运至赵镇聚仓的县份有：绵竹县粮食35 838石、什邡县粮食25 865石。以上两县粮食集中于赵镇聚仓后，再运至内江聚仓，最后转运至泸县聚仓。集中于内江聚仓的县份有：简阳县粮食1 726石、资阳县粮食15 581石、金堂县粮食23 781石、乐至县粮食15 068石、内江县粮食17 877石。集中于内江聚仓的粮食再运到泸县聚仓。集中于富顺的县份有：隆昌县21 578石、荣县31 838石、富顺县24 069石、自贡县2 951石。以上各县的粮食集中于富顺后再转运至泸县聚仓。直接运到泸县聚仓的县份有：叙永县粮食74石、荣昌县12 321石、资中县21 480石，古宋县粮食3 224石、沐川县粮食3 506石、纳溪县粮食5 627石。

涪江流域：绵阳聚仓、遂宁聚仓、太镇聚仓为涪江流域各县粮食转运中心，最后集中运至重庆。集中于绵阳聚仓的县份有：安县25 065石、罗江15 696石、江油8 039石、彭明11 873石，共60 673石。再经太镇聚仓中转，最后运至重庆总仓。集中于遂宁聚仓的县份有：安岳县粮食34 105石、遂宁县粮食21 621石，以上两县粮食集中于遂宁聚仓后再运至重庆聚仓。集中于太镇聚仓的县份有：射洪县粮食8 120石、盐亭县粮食6 659石、三台县粮食30 515石，中江县粮食28 613石。以上县份的粮食由太镇聚仓转运至重庆聚仓。

嘉陵江流域：南充聚仓为嘉陵江流域各县粮食转运中心，经南充聚仓集中后运至重庆。集中于南充聚仓的县份有：南充15 646石、南部14 894石、营山14 357石、蓬安16 611石、西充6 976石，再由南充聚仓运至重庆总仓。

渠江流域：三汇聚仓、合川聚仓为渠江流域各县粮食转运中心，最后集中运至重庆。集中于三汇聚仓的县份有：达县粮食19 356石、通江县粮食5 861石、平昌县粮食 6 996 石、巴中县粮食 3 707 石，再经合川聚仓中转，最后运至重庆总仓。集中于合川聚仓的县份有：岳池县粮食 48 739 石、渠县粮食 34 368 石、铜梁县粮食 21 693 石、大竹县粮食 30 438 石、广安县粮食 46 431 石、合川县粮食 8 838 石，六县的粮食集中后再由合川聚仓转运至重庆。

川东地区：川东地区各县粮食直接运至涪陵、万县后，东运出川。集中于涪陵的县份有：涪陵县粮食 18 907 石、长寿县粮食 11 086 石、垫江县粮食 13 346 石、邻水县粮食 25 105 石、南川县粮食 15 809 石。集中于万县的县份有：开江县粮食 15 324 石、梁山县粮食 20 433 石、忠县粮食 15 131 石、石柱县粮食 5 515 石、丰都县粮食 9 989 石、开县粮食 13 702 石。云阳县粮食 7 381 石，自运东下。

东运粮食在四川省内的最终集中地点是位于长江上的重庆聚仓、泸县聚仓、涪陵、万县，因"渝、泸、万、涪四处以便轮船接转交配运"①。而重庆聚仓集中的粮食最多，汇集了来自岷江流域、川江流域、涪江流域、嘉陵江流域和渠江流域各县的粮食。重庆位于长江与嘉陵江交汇处，以其独特的地理优势，成为川米外运的集散地和运输港。

东南运指仓储粮食从川康地区往湘鄂地区调配。1946 年粮食部给四川省政府训令中称"以湘鄂等省，久受敌伪搜刮，去年又遭水旱祲灾，收成歉薄，民食军粮同感不足，亟须将川省征粮余谷四百万市石，约合米贰百万市石下运汉口，以济湘鄂一带驻军食米。"② 四川省储运局"于三月十日召集所属各区分局县储处主管人员来局会议，决议川省运鄂接济军食应由各县府加紧赶办，集中充裕粮源以免贻误""并电饬各县府漏夜赶办集中充裕粮源，以备外运。"③

1946 年 3 月至 9 月，渝夔区、岷江区、沱江区、叙渝区配运稻谷 2 489 162 石，约合米 1 244 581 石，涪江区、嘉陵区、渠河区配运碛米 808 500 石，总计为 2 053 081 石，超过 200 万石的配运额。运渝鄂粮由各县集中后运到重庆，再由重庆沿长江而下运汉口。1946 年各储运区及各县运渝粮食见表 7-11。

---

① 《关于配定各县军粮运输数量的代电、公函，附数量表》，重庆市档案馆，四川省政府、四川田赋粮食管理处储运处档案，档案号：55-5-323。

② 《四川田粮处、储运处关于督催各县办理粮食集中外运接济军民、核准中央粮集中办法、改善粮谷加工成率、增加运费的训令、呈文、代电》，四川省档案馆，四川省田赋粮食管理处档案，档案号：93-772。

③ 《四川田粮处、储运处关于督催各县办理粮食集中外运接济军民、核准中央粮集中办法、改善粮谷加工成率、增加运费的训令、呈文、代电》，四川省档案馆，四川省田赋粮食管理处档案，档案号：93-772。

表 7-11　1946 年各配运区所属各县运鄂渝粮食配额一览表

区别	处别	品名	总数/石
叙渝区	泸县（161 553）宜宾（207 348）永川（33 458）南溪（93 713）合江（45 662）江津（60 062）江安（66 407）叙永（9 319）荣昌（35 040）	稻谷	714 562
沱江区	内江（80 000）资中（110 000）资阳（90 000）简阳（90 000）隆昌（90 000）富顺（260 000）威远（90 000）荣县（140 000）	稻谷	950 000
渝夔区	涪陵（80 000）奉节（16 000）巫山（12 000）石柱（11 600）忠县（85 000）云阳（20 000）丰都（50 000）长寿（80 000）万县（70 000）	稻谷	424 600
岷江区	峨眉（27 000）夹江（22 000）青神（17 000）犍为（75 000）乐山（66 000）眉山（93 000）仁寿（60 000）	稻谷	40 000
涪江区	三台（29 000）中江（27 000）安岳（66 000）遂宁仓（23 000）射洪（600）盐亭（6 700）潼南（30 600）铜梁（28 800）大足（28 000）绵阳（35 700）太镇仓（23 000）遂宁（51 500）	碛米	349 900
嘉陵区	南充（41 600）营山（20 000）武胜（10 000）蓬溪（30 000）蓬安（25 000）南部（12 000）仪陇（13 000）	碛米	151 600
渠河区	大竹（59 000）渠县（51 000）广安（81 000）达县（32 000）岳池（84 000）	碛米	307 000
合计	稻谷		2 489 162
	碛米		808 500

资料来源：《叙永、重庆、涪陵、江津等区三十五年度运鄂渝粮食配额一览表》，重庆市档案馆，粮食部四川粮食储运局档案，档案号：352-3-49。

四、田赋征实仓在粮食物流中的作用

在粮食物流系统中，仓储的功能有两个层面，一是静态的存储粮食的储备仓，发挥粮食的收购、储存和稳定市场的作用；二是动态的转运粮食的转运仓，"为转换而设置的粮仓称为转运仓，其特点是储备粮食不是为了直接消费而是满足远距离运输的需要，实现粮食运输的安全。"① 战争时期，四川省仓

----

① 杨海民：《唐代粮食物流活动中的仓廪系统研究》，《贵州民族学院学报》2005 年第 5 期，第 132 页。

储物流功能尤为重要，不仅是静态的储备仓，同时也是动态的物流仓储。从仓储的设置、扩建及粮食的空间运输格局三个方面看，仓储在粮食物流系统中发挥了重要的作用。

首先，从仓储的设置来看，集中仓设立于抗日战争时期，为了集中征实征购粮食并实现粮食的转运而设。1947年，粮食部批准四川田赋粮食管理处进一步明确"设置集中仓意旨在求确实控制粮源，期能迅速外运两原则下，配合业务需要，参酌粮源多少"①，设置甲、乙两级集中仓。甲级集中仓直属于储运处，任务为办理集中及运输设置所在县田粮处及邻近县份田粮处之粮食；乙级集中仓隶属于聚点仓库，任务为办理集中及运输设置所在县田粮处之粮食。

其次，从仓储的扩建来看，解放战争时期进行扩建的仓储主要集中在有转运业务的集中仓和聚点仓。1948年，四川省各县田粮处拟对有东运业务的集中仓进行扩建，增加仓容1 058 400石。聚点仓的扩建为380 000石，其中重庆拟增仓容185 000石，占聚点仓扩建总容量的一半之多，其中原因是重庆聚仓承载了四川省粮食大部分的转运业务，不仅配拨川东军粮，且负责东运粮食及运鄂粮食等业务。

最后，从粮食运输的空间格局来看，集中仓和聚点仓在粮食物流过程中起着转运、接济、交拨粮食的作用。区内的粮食运输有川东、川西军粮，川北屯粮，济康军粮，各县的粮食大多运至聚点仓交拨、集中。区外的粮食运输，在抗日战争时期主要是接济第五战区、第六战区军粮，解放战争时期主要是东运粮食、运湘鄂粮食。如何把各县的粮食集中后再调往川康以外之地区，在此运输过程中集中仓和聚点仓起着关键的作用。在东运粮食运输过程中，各县的粮食集中于各县的集中仓后，沿长江及其五大支流（岷江、沱江、涪江、嘉陵江和渠江）运到就近聚点仓，经过再次集中后运到重庆总仓、泸县聚仓、万县聚仓及涪陵，最后沿长江出川运往北京、上海等地。

第三节　近代川康地区仓储地理分布特征及其变迁

一、仓储的层级体系

仓储层级体系的具体情况，本书将其分为晚清和民国时期分而述之。

---

① 《粮食部、四川田粮储运处关于仓储各库、设置、合并、员工名额、制定组织规程、办事细则、扩充仓容计划的指令、代电、表册》，四川省档案馆，四川省田赋粮食管理处档案，档案号：93-1225。

（一）晚清川康地区仓储的层级体系

晚清四川仓储的层级体系可分为五级：第一级，省城级，清代四川的省城为成都；第二级，府级，如重庆府；第三级，州县级；第四级，市镇级；第五级，乡村级。省城级主要有常平仓、丰豫仓、永济仓三种仓储，府级主要有常平仓、丰裕仓，州县级主要有常平仓、籍田仓、义仓、积谷仓，市镇级主要有义仓、积谷仓、社仓，乡村级主要有社仓、积谷仓、义仓。

表 7-12　清后期四川仓储层级分布示意图

等级	仓种						
	常平仓	丰豫仓	永济仓	籍田仓	义仓	积谷仓	社仓
省城级	—	—	—				
府级	—	—					
州县级	—			—	—	—	—
市镇级					—	—	—
乡村级					—	—	—

注："—"表示有，空格表示无。

由表 7-12 可以看出：从纵向上看，作为官办仓储的常平仓、丰豫仓、永济仓分布在省城级、府级、州县级，市镇级、乡村级没有官办仓储的分布；民办仓储社仓、义仓、积谷仓，分布于州县级以下，而省城级、州府级没有民办仓储。从横向上看，州县级的仓种最多，有常平仓、籍田仓、义仓、社仓、积谷仓；而府级的仓种最少，只有常平仓和丰豫仓。这其中的原因是清朝时期政府对地方的行政统治只到达州县，州县以下由民间自治，因此常平仓、丰豫仓、永济仓这些官办仓储只有县级以上的地区才设立，而县以下的乡镇只有民办仓储。

在仓储的层级体系中，等级较高，储量较大的仓廒一般设置在省城、州县；而等级低、单位储量小、数量较多的仓廒分散于乡镇。本书以四川宣汉县常平仓、社仓的分布地点及数量为例进行说明。

清末四川宣汉县有常平仓十八间，原储谷六千二百一十一石[1]，社仓"共贮谷三万零一石四斗八升，共仓廒七十五间半。"社仓广泛分布于乡村十五甲，"一甲双庙社仓二间谷八百石；二甲老君社仓二间谷八百七十石；三甲洋

---

[1]　庞麟炳、汪承烈等纂修民国《四川宣汉县志》，《中国方志丛书·华中地方》，成文出版社，1930，第834页。

烈社仓二间谷五百六十石，清溪社仓二间谷七百四十二石，斜滩社仓一间谷二百七十二石贮城；四甲上门社仓二间谷七百四十七石，罐子社仓一间半谷六百九十五石，大包社仓半间谷一百三十六石；五甲土主社仓一间谷一百零六石，马家社仓一间谷四百一十五石，方斗社仓一间半谷七百五十六石；六甲普光社仓一间，谷四百八十一石，堡子社仓一间，谷三百四十五石，层查社仓一间，谷四百四十七，层查社仓一间，谷四百六十一石；七甲玉皇社仓半间，谷二百六十六石，沙窝社仓一间，谷三百二十三石；八甲五官社仓一间，谷四百九十石，冯家社仓一间，谷二百二十三石；九甲浪洋社仓一间，谷四百一十三石，浅坝社仓一间，谷六百三十石；十甲天生社仓二间，谷一千一百一十七石，马鹿社仓二间，谷五百七十二石，柏树社仓一间，谷二百七十八石，萧家社仓一间，谷三百四十石，多宝社仓二间，谷八百三十石，邱家社仓半间，谷一百二十石，蒲家社无仓谷二十四石；十一甲丰城社仓一间，谷三百四十八石，观音社仓二间，谷七百零七石，苏家社仓半间，谷二百一十七石，石溪社仓半间，谷一百七十二石，鲲池社仓三间，谷一千一百五十六石六斗贮鲲池寺，今息谷增至数十倍又添国民校一所，兴禅社仓二间，谷八百三十四石八斗八升贮观音庵，今息谷增至数十倍又添国民校一所；十二甲厂溪社仓二间，谷七百一十石，黄金社仓二间，谷一千零二十七石；十三甲黑溪社仓二间半，谷八百四十八石，赤溪社仓一间，谷四百一十石，东溪社仓一间，谷七百七十二石，邓家社仓一间，谷一百八十石，福寿社仓一间，谷二百五十石，猴耳社仓一间，谷三百七十四石，兴国社仓半间，谷三百一十二石，净瓶社仓一间，谷三百四十二石；十四甲小八社仓二间，谷六百八十五石，小八社仓一间，谷二百九十三石，大八社仓四间，谷一千七百石，黄石社仓一间，谷四百八十四石，鸭孔社仓一间，谷四百五十四石，土黄社仓二间，谷七百九十石；十五甲土黄社仓二间，谷七百九十石，白马社仓半间，谷二百二十七石，五宝社仓三间，谷一千二百石，佛耳社仓一间，谷三百三十一石。"①

川康地区仓储呈现出以上布局，主要是由救灾的特殊性决定的。居住在省城州府的人口密集、数量多，赈济方便，所以仓储数量不多，但仓储储量大；而镇、乡、村中居住的人口数较少，居住分散，以就近赈灾为原则就需要仓储分散于各乡各社，而积谷数量不一定很大。社仓之设主要是为了便民，"本甲丰岁赢余之谷赒本甲凶年饥馁之民，一遇歉岁无俟呈报地方官查勘，即可开仓

---

① 庞麟炳、汪承烈等纂修民国《四川宣汉县志》，《中国方志丛书·华中地方》，成文出版社，1930，第847-852页。

平糶，免省许多周折踌躇，古云救荒如就焚，饥民性命危在旦夕，若早发一日之赈恤，即多全无数之生灵，查上年未设社仓各甲，来县呈报往返计需五六日，地方官饬派书差查勘往返又需十余日，传文详报各上宪侯批准赈济，往返又需二十余日，统计五十余日方可开仓发赈，饥民不知饿毙若干。"①

四川仓储层级体系大体上符合清政府建仓的要求，但也体现出自身的特色。清政府规定："由省会至府、州、县俱建常平仓，或兼设预备仓。乡村设社仓，市镇设义仓。"② 四川常平仓分布于省、府、州县，完全符合清政府的规定，而社仓、义仓的分布并非完全按照规定而设，义仓的分布是以州县、市镇为主，兼及乡村，社仓的分布是以乡村为主，兼及州县、市镇。

首先，义仓在四川的分布情况是以州县市镇为主，兼及乡村。义仓主要设立于州县市镇，而设立于乡村中的义仓，主要是作为社仓的补充，在常平仓和社仓因种种原因衰落或毁坏，而无法承担救灾任务的情况下，义仓就会补上，成为基层备荒救灾的主力。四川省义仓创立于嘉庆年间，四川总督常明"以常平社仓谷石，一罹凶荒，犹不足济民食，劝民捐款购置义田为济仓"③。如四川宣汉县义仓，"嘉庆二十三年知县徐陈谟劝捐社谷，十五甲上分以无社谷，故该地乡约陈槐等乃率士民捐钱买田，每年纳租谷一百九十七石九斗七升六合二勺作为义仓。"④

其次，四川省社仓不仅设立于乡村，州县也非常普遍。清朝后期四川战乱不断，早在嘉庆年间就爆发了白莲教起义，后又爆发了李、蓝农民起义，设立于民间的仓储社仓最容易遭到破坏，所以地方政府通令全省各州县将四散在民间的社仓积谷全部移贮县城。永川县社仓，"在县署左，旧在各乡，起自雍正间，乡民节次蓄积，各举社首，分领经管。""咸丰十年，滇匪陷城，分窜四乡，被焚劫社谷九千七百九十七石，经委员查明造册结报，余存谷七百五十九石，饬移贮县城，由官经理。"⑤

再次，官仓主要服务于城市人口，其他仓储主要服务于乡村社会。作为官仓的常平仓、丰豫仓、永济仓主要服务于州县以上的城市人口，民间仓储社仓、义仓、积谷仓主要服务于州县以下的乡村社会，"无论何种仓种，其财富

---

① 江锡麒纂修咸丰《云阳县志》，咸丰甲寅年镌，板存学署，第19-20页。

② 赵尔巽：《清史稿》卷一二一，《食货志》，中华书局，1977。

③ 陈步武、江三乘纂修民国《大竹县志》，成文出版社，1928，第379页。

④ 庞麟炳、汪承烈等纂修民国《四川宣汉县志》，《中国方志丛书·华中地方》，成文出版社，1930，第836页。

⑤ 许曾荫、吴若枚监修光绪《永川县志》卷四，《赋役·仓储》，光绪甲午岁增修宝兴公局藏版，第26页。

源头都出自乡村社会。由此不难得出一个结论，那就是由仓种性质所代表的社会财富和社会资源天然地向城市倾斜，而广大的乡村社会则更依赖于自身的资源支持。"①

清代四川所建的诸多仓储中，起主要作用的是常平仓、义仓、社仓这三类仓储。从四川仓储的层级体系来看，常平仓多位于州县署衙，义仓主要分布于市镇，社仓主要分布在乡村。地方仓储的设立呈现出明显的层级结构特点，从州县到市镇、乡村，形成一个完整的社会救助保障体系。此外，常平仓、社仓、义仓的这种空间分布，实际上体现了古代社会的控制形式，"对于赈济灾荒、善后救灾及其他社会公众事务等社会管理和社会控制活动，官方政府能为它们承担责任的程度和范围是由行政密度所决定的。常平仓居州县，由于当时交通不便，利益难及远处乡里。社仓、义仓位居乡里，则使必要时的民间自救更为近便、及时，弥补了常平仓在分布上的缺憾，加宽了社会救济事业的深度、广度。常平仓与社仓、义仓在遍及全国各个州县的市县、乡村交错分布，互为补充、互相渗透，无疑大大加强了仓储社会活动的'行政密度'，使它们与封建传统文化熏陶下褒扬义举、善行的社会风气相结合，形成一种富有感召力的社会保障组织。"②

（二）民国时期川康地区仓储的层级体系

民国时期四川的仓储主要有积谷仓、农仓、田赋征实仓这三类仓储，每种仓储根据仓储的性质、功能划分出仓储的层级体系。积谷仓有镇仓、乡仓、区仓、县仓和市仓，农仓有甲级农仓、乙级农仓、丙级农仓和丁级农仓，田赋征实仓有收纳仓、集中仓和聚点仓。民国时期四川仓储层级体系有如下特点：

首先，每一种仓储分布都自成一个网络系统。各级仓储因统属而相联系，形成金字塔式的仓储网。"等级愈低，设置单位愈多，每单位容量愈少，而合各单位的总量则较大；等级愈高，设置单位愈少，每单位容量愈大，而合各单位的总容量则较小。"③ 抗日战争时期田赋征实仓的设立情况，其中收纳仓6 939座，总容量为4 752 462石；集中仓662所，总容量为4 323 500石；聚点仓16所，总容量为1 029 026石。农仓也是如此，各级农仓单位及容量标准，视其设置之目的及其任务如何而定，丙丁两级农仓，目的是便利农民办理农产储押及委托农产运销，其单位众多，每单位之容量最小，而总收容量则最大，

---

① 张文：《宋朝社会救济研究》，西南师范大学出版社，2001，第81页。
② 张岩：《论清代常平仓与相关类仓之关系》，《中国社会经济史研究》1998年第4期，第55页。
③ 《中华民国二十七年农本局业务报告》，农本局研究室编印1939年，第29页。

甲乙两级农仓，目的是便利农产集中转运，及统筹运销，其单位逐渐减少，每单位之收容量次第增大，而总收容量则递次缩小，再上，则有一全国管理机构之中央联合农仓，为其纲领，使各级农仓，互相联系，而组成塔形式之农仓①。

其次，各仓储的层级体系是按照不同的标准而设。积谷仓是为济贫备荒而设，为了便于救济，按照行政区等级而形成了仓储的层级体系。在"各地方建仓积谷办法大纲"中规定："各地方积谷仓分为县仓、市仓、区仓、乡仓、镇仓、义仓六种"②，而对于各仓的设置地点也有明确规定，"县市仓应于县政府或市政府所在地设立，为因特殊情形得择辖境内适中地点设立，或分设分仓。区乡镇仓以设于区公所乡公所或镇公所所在地为原则，但因特殊情形得联合其他区或乡镇于适中地点，共同设立之。"③

农仓是为发展农村经济而设，以农仓业务范围及内容为标准划分为四级：一是甲级农仓，"统筹省内及省际农业运销为主要任务之农仓。仓设于水陆交通便利，农产大量集散之终点市场，以调节其供需，平衡其价格，并集中产品以供对外输出之助，而备国际市场之需。"④ 二是乙级农仓，"便利农产集中转运，流通农业金融为其主要任务之农仓。仓设于农产大量集散之转运市场及铁路沿线之重要车站。藉便农产转运，助长农产之畅流。"⑤ 三是丙级农仓，"办理农产储押辅助农产运销为其主要任务之农仓。仓设于农产生产中心区域之城镇，及铁路沿线之中等车站，以便于储押或代理其委托运销。"⑥ 四是丁级农仓，"以专办农产储押扶植农家经济为其主要任务。仓设于农产原产地之市镇及较大之村庄，俾便农产储押活泼农村金融。"⑦

田赋征实仓是为征收、转运、配拨田赋粮食而设，四川粮食储运局按照粮食的集散、储运状况将各县设置的仓库分为五等，具体情况如下：

（1）各运输要道或集散地点，依其集散储运之状况，酌设较大之仓库，列为特等，计有重庆市、宜宾市、泸县、合川县、万县、成都县、内江县、犍为县（设竹根滩）、渠县（设三汇）、南充县、绵阳县、金堂县（设赵家渡）、新津县、射洪县（设太和镇）、广元县等十五所。

① 林熙春：《以合作为中心之农业仓库网》，《合作事业》1940年第1-2期，第51页。
② 内政部统计处编《仓储统计》，战时内务行政应用统计专刊第3种1938年印，第51页。
③ 内政部统计处编《仓储统计》，战时内务行政应用统计专刊第3种1938年印，第51页
④ 《中华民国二十七年农本局业务报告》，农本局研究室编印1939年，第29页。
⑤ 《中华民国二十七年农本局业务报告》，农本局研究室编印1939年，第29页。
⑥ 《中华民国二十七年农本局业务报告》，农本局研究室编印1939年，第29页。
⑦ 《中华民国二十七年农本局业务报告》，农本局研究室编印1939年，第29页。

（2）各县仓库接收征购粮食在十万石以上者（稻谷以米计），列为一等，计有崇庆、荣县、仁寿、简阳、眉山、邛崃、富顺、大竹、广安、岳池、遂宁、安岳、三台、德阳、中江等十五县。

（3）接收征购粮食在五万石以上不及十万石者，列为二等，计有华阳、郫县、双流、彭县、温江、资中、威远、资阳、巴县、大足、江津、铜梁、大邑、蒲江、洪雅、乐山、南溪、隆昌、合江、涪陵、梁山、邻水、武胜、南部、蓬溪、潼南、乐至、广汉、什邡、安县、罗江、达县、绵竹等三十三县。

（4）接收粮食下三千石以上，不及五万石者，列为三等，计有新都、新繁、崇宁、灌县、井研、綦江、江北、璧山、永川、荣昌、彭山、丹棱、青神、夹江、名山、黔江、酉阳、秀山、奉节、开县、忠县、巫溪、巫山、云阳、垫江、长寿、蓬安、营山、仪陇、西充、盐亭、梓潼、江油、屏山、峨眉、江安、长宁、庆符、高县、兴文、筠连、珙县、叙永、纳溪、古宋、古蔺、丰都、石柱、南川、彭水、苍溪、彰明、阆中、昭化、剑阁、平武、宣汉、巴中、通江、开江、南江、万源、万县等六十三县。

（5）接收征购粮食在三千石以下者，列为四等，计有城口、雷波、马边、峨边、北川、汶川、理番、松潘、懋功、靖化等十县①。

再次，从仓储的社会保障对象上看，民国时期四川仓储更加倾向于乡村社会和社会底层。用于备荒的积谷仓和发展农村经济的农仓普遍设立于县以下的基层社会，其中积谷仓在初建时就规定"县乡镇各仓，为必设仓，市仓区仓之设立，由民政厅就地方情形定之。"② 农仓网络中的丁级农仓，也称为简协仓，是农仓网络的基层组织，设于农家空屋、祠堂、庙宇，农民可以直接使用，办理农产储押及运销资金。仓储的层级体系，反映出民国时期至抗日战争全面爆发后，政府更加注重基层社会保障体系的建设，尤其是在战时给予中小农民以福利的救济，"安定后方的社会秩序，调剂民间的生活，并且才不致使对外作战中，而要顾虑到国内的革命危机之爆发。"③

二、仓储分布特征及其变迁

（一）仓储分布特征

近代仓储分布特征之一是仓储分布覆盖面广。清后期，四川州县建立常平仓、市镇建立义仓、乡村建立社仓，三大类仓覆盖了四川整个行政区域，从统

---

① 赵鏊，郭良夫：《四川粮食储运局仓储运输机构》，《督导通讯》1942年创刊号，第6页。
② 《中国仓储问题》，庐山暑期训练团印1937年版，第23页。
③ 《应战的全国农仓分布网》，《江西合作》1937年第1卷第9期，第13页。

县政区至基层政区的乡、图、里、甲均有相应的仓储分布；民国时期，积谷仓分为县仓、市仓、区仓、乡仓、镇仓、义仓六种，分别设于县、市、区、乡、镇；抗日战争时期，田赋征实仓及农仓也建立了覆盖面广的网络体系。田赋征实仓分为收纳仓、集中仓、聚点仓，依次分布于乡村基层、县城、城市，其中全省共建收纳仓6 939座，遍及各乡征收处。农仓分为甲级、乙级、丙级、丁级农仓，覆盖长江及其主要支流重要的农产品产地及集散市场。

近代仓储分布特征之二是区域性差异明显。在农业经济发达、稻谷产量高的地区仓储量高，而川西北高原区，农业经济落后，仓储量低。清后期的常平、社仓，积谷仓，抗日战争时期田赋征实仓，解放战争时期积谷仓，其空间分布的重心均在川西平原区、川南地区、川东丘陵区，而川西北高原区均分布较少。在交通发达的沿江地带也是仓储分布的重点区域。清后期常平、社仓储额最高的成都府、重庆府、嘉定府、叙州府、绵州直隶州、资州直隶州、泸州直隶州都是长江及其主要支流流经地区。抗日战争时期，用于田赋粮食转运的聚点仓，及农仓均分布于长江及其主要支流地区。从清后期至民国，水运一直是四川的重要交通方式，且粮食为大宗笨重物资，运输方式也以水运为主，因此为了粮食的调拨转运方便，仓储也主要分布于沿江地带。

（二）仓储分布的变迁

决定仓储空间分布的因素有内在因素及外在因素，内在因素是主导，决定事物发展变化的趋势和规律，外在因素虽然不起决定作用，但是也会影响事物的发展。近代四川仓储的空间分布的主要决定因素是地理环境，如物产分布、交通状况及区域经济发展等因素。这些决定因素的稳定性，也就决定了仓储的空间分布具备传承性。清后期四川仓储的空间分布重心在经济发达、交通便利的川西平原地区、川南地区及川东地区；民国时期，积谷仓的空间分布继承了清后期仓储的分布特征，即川西平原、川南地区及川东地区仓储较高；抗日战争时期，由于外部政治环境的变化，四川成为抗日战争的大后方，为了支持抗日战争，政府加大在川北地区和川东地区积谷仓的建设，川西、川南积谷仓的储量下降；抗日战争胜利后，四川积谷仓从支持抗日战争回归到积谷备荒的社会保障功能，积谷仓的空间分布重心又恢复到抗日战争全面爆发前，即川西平原、川南地区及川东地区。

三、仓储粮食运输的空间格局变迁及其特征

在粮食物流系统中，仓储的功能有两个层面，一是静态的存储粮食的储备仓，发挥粮食的收购、储存和稳定市场的作用；二是动态的转运粮食的转运仓，为实现粮食远距离运输而设。近代四川仓储虽然属于地方仓储，其社会功能主要是用于地方保障之需，但在特殊时期仓储粮食也会被调运到省内其他地区或省外地区，满足社会的政治、军事需要。因此，近代仓储不仅是静态的储备仓，同时也是动态的物流仓储，尤其是战争时期其物流功能尤为重要。本书从粮食调进和调出考察仓储粮食的物流空间格局变迁特征。

从粮食的调进来看，成都、重庆成为粮食聚集储存中心。从四川省内来看，成都和重庆为全省粮食的两大聚集中心，且大量粮食流入重庆。从1942至1943年四川省各储运区外运粮食数量来看，1942年各区外运米谷共计4 217 622石，运渝米谷为3 520 233石；1943年各区外运米谷共计4 075 360石，运渝米谷数为3 182 190石。从这个数字可以看出，运到重庆的粮食占到全省外运粮食的80%，重庆成为粮食物流的集运中心。1942年、1943年四川省各区外运粮食数量统计见表7-13。

表7-13　1942年、1943年四川省各区外运粮食数量统计表　单位：石

区别	1942年				1943年			
	运渝		运往其他地区		运渝		运往其他地区	
	米	谷	米	谷	米	谷	米	谷
成都区	41 835	5 804	392 298	5 797	19 647		478 393	19 037
岷江区	46 869	6 334			243 712	10 157	40 927	
叙渝区	357 899	127 943	28 133		894 382	70 945	26 212	123
涪江区	582 785	98 860	17 809	380	646 380	11 358	35 099	
沱江区	843 934	128 225	51 590		737 544	78 288	86 404	27 110
嘉陵江区	202 984	123 978	21 695	13 418	366 404	109 940	14 421	13 929
渠河区	34 602	64 448	19 913		512 971	615	18 666	
渝夔区	11 755	108 597	127 128	18 958	1 371	212 498	226 415	5 331
总计	2 856 044	664 189	658 836	38 553	2 927 471	254 719	827 540	65 630

成都为四川省会所在地，"适居平原区之中心，人口甚众，战前约五十万人，而今已增至七十余万人左右，系一纯粹消费市场，年需食米二百万市担上下，米谷仅有输入，而无输出可言"①。而重庆位于嘉陵江与长江合流处，为我国长江上游唯一大埠，沿江沿海各大工商实业，亦均先后齐集于斯，人口激增，成为粮食消费之主要市场。"至重庆粮食消费，以米为主，战前每年平均

① 喻国泰：《我国米谷运销区域概述》，《粮政季刊》1947年第7期，第104页。

约需一百五十万市担左右，战时以人口日增，消费渐多，自三十一年迄至目前止，每年食米均在三百五十万市担上下"①。为避免粮食供求失调及粮价波动，大多数米粮由政府供给，据统计政府配售军公教民食米，1941 年 778 647 石；1942 年 2 134 136 石；1943 年 3 025 485 石；1944 年 2 826 620 石，直至 1946 年，政府配售食粮方告停止。

从粮食调出来看，仓储粮食不仅被调运至省内需粮地区，且调往省外。为了充实中央仓储或支持国家战争之需，四川仓储粮食外调出省。清后期，四川粮食从常平仓调往省外的情况共有三次，一是道光七年（公元 1827 年）支援军饷，二是咸丰七年（公元 1857 年）筹拨京饷及接济京仓，三是咸丰元年（公元 1851 年）及咸丰三年（公元 1853 年）运济广西军米。抗日战争时期，粮食内调主要集中在成都、重庆、万县、西康；粮食外调主要是调至湖北第六战区。解放战争时期，粮食内调主要是川东、川西军粮调运至成都、重庆；川北屯粮调运至川北的绵阳、广元、遂宁、万县四地；济康军粮运至西康，满足西康军粮之需。粮食外调主要有：一是东运粮食，运至北京、上海、武汉等地，二是运鄂渝粮食，粮食集中于重庆、泸州、涪陵、万县四地后运至湖北武汉。

---

① 喻国泰：《我国米谷运销区域概述》，《粮政季刊》1947 年第 7 期，第 102-103 页。

参考文献

一、历史文献

(一) 著作类

[1] 皇朝道咸同光奏议 [M]. 刻本. 上海：上海久敬斋，1902（清光绪二十八年）.

[2] 冯柳堂. 中国历代民食政策史 [M]. 上海：商务印书馆，1934.

[3] 吕平登. 四川农村经济 [M]. 上海：商务印书馆，1936.

[4] 中华民国法规大全（1）[M]. 上海：商务印书馆，1936.

[5] 邓云特. 中国救荒史 [M]. 上海：商务印书馆，1937.

[6] 徐渊若. 农业仓库论 [M]. 上海：商务印书馆，1937.

[7] 交通部邮政总局. 中国通邮地方物产志 [M]. 上海：商务印书馆，1937.

[8] 李至刚，张克林. 四川地理 [M]. 成都：中央陆军军官学校成都分校，1937.

[9] 胡焕庸. 四川地理 [M]. 南京：正中书局，1938.

[10] 孟受曾. 战时的农仓 [M]. 北京：中华平民教育促进会，1938.

[11] 办理仓储须知 [M]. 成都：四川省政府民政厅，1939.

[12] 四川省政府. 四川省概况 [M]. 成都：四川省政府秘书处，1939.

[13] 何南陔. 办理仓储须知 [M]. 成都：四川省政府民政厅，1939 年.

[14] 张肖梅. 四川经济参考资料 [M]. 上海：中国国民经济研究所，1939.

[15] 粮食管理法规（第一辑）[M]. 成都：四川粮食管理局，1940.

[16] 潘鸿声. 四川省主要粮食之运销 [M]. 重庆：重庆中农印刷所，1941.

[17] 章任堪. 优待出征抗敌军人家属法规浅释 [M]. 南京：正中书局，1941.

［18］刘笃庵. 四川省救济概况［M］. 成都：四川省政府，1941.

［19］彭新雨. 川省田赋征实负担研究［M］. 上海：商务印书馆，1943.

［20］田赋征实研究［M］. 南京：江苏省立经济研究所，1944.

［21］粮政法规：征集类、调查类［M］. 南京：粮食部，1944.

［22］蒋君章. 西南经济地理［M］. 上海：商务印书馆，1945.

［23］郑励俭. 四川新地志［M］. 南京：正中书局，1946.

［24］周立三，侯学焘，陈泗桥. 四川经济地图集说明［M］. 重庆：中国地理研究所，1946.

［25］李亦人. 西康综览［M］. 南京：正中书局，1946.

［26］何南陔. 四川省仓储概况［M］. 成都：四川省政府，1947.

［27］于佑虞. 中国仓储制度考［M］. 南京：正中书局，1948.

［28］西康省政府秘书处. 西康概况［M］. 康定：西康省政府秘书处，1949.

［29］刘锦藻. 清朝续文献通考［M］. 上海：商务印书馆，1955.

［30］阁开庆. 徐可亭先生文存［M］. 成都：四川文献社，1960.

［31］赵尔巽. 清史稿［M］. 北京：中华书局，1977.

［32］朱寿朋. 光绪朝东华录［M］. 北京：中华书局，1984.

［33］陈梦雷. 古今图书集成［M］. 成都：巴蜀书社，1985.

［34］清实录•文宗实录［M］. 北京：中华书局，1986.

［35］清实录·高宗实录［M］. 北京：中华书局，1987.

［36］清实录·德宗实录［M］. 北京：中华书局，1987.

［37］徐栋. 牧令书［M］. 南京：江苏广陵古籍刻印社，1990.

［38］丁宝桢. 丁文诚公奏稿［M］. 贵阳：贵州历史文献研究会，2000.

［39］魏征. 隋书［M］. 北京：北京图书馆出版社，2006.

［40］王先谦. 东华续录［M］. 上海：上海古籍出版社，2008.

［41］杨芳灿. 嘉庆四川通志［M］. 台北：华文书局，［1968］.

［42］柳琅声，韦麟书. 民国南川县志［M］中国方志丛书. 台北：成文出版社，1926.

［43］陈步武，江三乘. 民国大竹县志［M］//中国方志丛书·华中地方. 台北：成文出版社，1928.

［44］庞麟炳，汪承烈. 民国四川宣汉县志［M］//中国方志丛书·华中地方. 台北：成文出版社，1930.

［45］马忠良，孙锵. 光绪越嶲厅志［M］//中国方志丛书·西部地区.

台北：成文出版社，1968.

［46］张香海，杨曦. 咸丰梓潼县志［M］//中国方志丛书·华中地方. 台北：成文出版社，1976.

［47］马传业. 同治罗江县志［M］//中国方志丛书·华中地方. 台北：成文出版社，1976.

［48］杨昶，王继会. 同治会理州志［M］//中国方志丛书·华中地方. 台北：成文出版社，1976.

［49］张琴修，范泰衡. 同治万县志［M］//中国方志丛书·华中地方. 台北：成文出版社，1976.

［50］朱言诗. 光绪梁山县志［M］//中国方志丛书·华中地方. 台北：成文出版社，1976.

［51］王寿松，李稽勋. 光绪秀山县志［M］//中国方志丛书·华中地方. 台北：成文出版社，1976.

［52］卢起勳，刘君锡. 民国长寿县志［M］//中国方志丛书. 台北：成文出版社，1976.

［53］郭鸿厚，陈习珊. 民国大足县志［M］//中国方志丛书·华中地方. 台北：成文出版社，1976.

［54］殷鲁. 民国双流县志［M］//中国方志丛书·华中地方. 台北：成文出版社，1976.

［55］严希慎，陈天锡. 民国江安县志［M］//中国方志丛书·华中地方. 台北：成文出版社，1976.

［56］祝世德. 民国筠连县志［M］//中国方志丛书·华中地方. 台北：成文出版社，1976.

［57］刘子敬，贺维汉. 民国万源县志［M］//中国方志丛书·华中地方. 台北：成文出版社，1976.

［58］陈铭勳. 民国渠县志［M］//中国方志丛书·华中地方. 台北：成文出版社，1976.

［59］张赵才. 民国荥经县志［M］//中国方志丛书·华中地方. 台北：成文出版社，1976.

［60］王梦庚，寇宗. 道光重庆府志［M］//中国地方志集成·四川府县志辑. 成都：巴蜀书社，1992.

［61］杨迦怿，刘辅廷. 道光茂州志［M］//中国地方志集成·四川府县志辑. 成都：巴蜀书社，1992.

［62］陈齐学，叶方模，童宗沛. 道光新津县志［M］//中国地方志集成·四川府县志辑. 成都：巴蜀书社，1992.

［63］何东铭. 咸丰邛巂野録［M］//中国地方志集成·四川府县志辑. 成都：巴蜀书社，1992.

［64］王树桐，徐璞玉，米绘裳. 同治续金堂县志［M］//中国地方志集成·四川府县志辑. 成都：巴蜀书社，1992.

［65］吴增辉，吴容. 光绪威远县志［M］//中国地方志集成·四川府县志辑. 成都：巴蜀书社，1992.

［66］黄允钦，罗锦城. 光绪射洪县志［M］//中国地方志集成·四川府县志辑. 成都：巴蜀书社，1992.

［67］谢必铿，李炳灵. 光绪垫江县志［M］//中国地方志集成·四川府县志辑. 成都：巴蜀书社，1992.

［68］刘廷恕. 光绪打箭炉厅志［M］//中国地方志集成·四川府县志辑. 成都：巴蜀书社，1992.

［69］文康，施学煌，教册贤. 光绪荣昌县志［M］//中国地方志集成·四川府县志辑. 成都：巴蜀书社，1992.

［70］刑锡晋，赵宗藩. 光绪盐亭县志续编［M］//中国地方志集成·四川府县志辑. 成都：巴蜀书社，1992.

［71］张龙甲，吕调阳：光绪重修彭县志［M］//中国地方志集成·四川府县志辑. 成都：巴蜀书社，1992.

［72］郭世棻，邓敏. 光绪洪雅县志［M］//中国地方志集成·四川府县志辑. 成都：巴蜀书社，1992.

［73］王佐，文显谟，黄尚毅. 民国绵竹县志［M］//中国地方志集成·四川府县志辑. 成都：巴蜀书社，1992.

［74］王玉璋，刘天锡. 民国合江县志［M］//中国地方志集成·四川府县志辑. 成都：巴蜀书社，1992.

［75］李良俊，王荃善. 新修南充县志［M］//中国地方志集成·四川府县志辑. 成都：巴蜀书社，1992.

［76］陈谦，陈世虞修，罗绥香，等. 民国犍为县志［M］//中国地方志集成·四川府县志辑. 成都：巴蜀书社，1992.

［77］杨维中，钟正懋，郭奎铨. 民国渠县志［M］//中国地方志集成·四川府县志辑. 成都：巴蜀书社，1992.

［78］张典，徐湘. 松潘县志［M］//中国地方志集成·四川府县志辑.

成都：巴蜀书社，1992.

[79] 李凌霄，钟朝煦. 同治南溪县志 [M] //中国地方志集成·四川府县志辑. 成都：巴蜀书社，1992.

[80] 王铭新，杨卫星，郭庆琳. 民国眉山县志 [M] //中国地方志集成·四川府县志辑. 成都：巴蜀书社，1992.

[81] 贺泽，张赵才. 民国荥经县志 [M] //中国地方志集成·四川府县志辑. 成都：巴蜀书社，1992.

[82] 赖佐唐，宋曙. 民国叙永县志 [M] //中国地方志集成·四川府县志辑. 成都：巴蜀书社，1992.

[83] 郑贤书，张森楷. 民国新修合川县志 [M] //中国地方志集成·四川府县志辑. 成都：巴蜀书社，1992.

[84] 刘夔，宁相. 民国邛崃县志 [M] //中国地方志集成·四川府县志辑. 成都：巴蜀书社，1992.

[85] 吴鸿仁，黄清亮. 民国资中县续修资州志 [M] //中国地方志集成·四川府县志辑. 成都：巴蜀书社，1992.

[86] 罗国均，刘作铭、薛志清. 民国夹江县志 [M] //中国地方志集成·四川府县志辑. 成都：巴蜀书社，1992.

[87] 唐受潘，黄镕、谢世瑄. 民国乐山县志 [M] //中国地方志集成·四川府县志辑. 成都：巴蜀书社，1992.

[88] 李之清，戴朝纪. 民国郫县志 [M] //中国地方志集成·四川府县志辑. 成都：巴蜀书社，1992.

[89] 谢汝霖，罗元黼. 民国崇庆县志 [M] //中国地方志集成·四川府县志辑. 成都：巴蜀书社，1992.

[90] 陈羽删，闵昌术. 民国新都县志 [M] //中国地方志集成·四川府县志辑. 成都：巴蜀书社，1992.

[91] 张骥，曾学傅. 民国温江县志 [M] //中国地方志集成·四川府县志辑. 成都：巴蜀书社，1992.

[92] 王暨英，曾茂林. 民国金堂县续志 [M] //中国地方志集成·四川府县志辑. 成都：巴蜀书社，1992.

[93] 陈法驾，叶大锵，曾鉴，等. 民国华阳县志 [M] //中国地方志集成·四川府县志辑. 成都：巴蜀书社，1992.

[94] 祝世德. 民国汶川县志 [M] //中国地方志集成·四川府县志辑. 成都：巴蜀书社，1992.

［95］熊卿云，汪仲夔，洪烈森.民国德阳县志［M］//中国地方志集成·四川府县志辑.成都：巴蜀书社，1992.

［96］刘裕常，王琢.民国汉源县志［M］//中国地方志集成·四川府县志辑.成都：巴蜀书社，1992.

［97］郑少成，杨肇基.民国西昌县志［M］//中国地方志集成·四川府县志辑.成都：巴蜀书社，1992.

［98］佚名.民国资阳县志稿［M］//中国地方志集成·四川府县志辑.成都：巴蜀书社，1992.

（二）期刊类

［1］李榕.十三峰书屋书札［J］.蜀报，1910（3）：4-5.

［2］内务部官制［J］.政府公报，1912（101）：7.

［3］陆军部规定陆军官佐士兵恤赏表［J］.临时政府公报，1912（43）：2-5.

［4］于树德.我国古代之农荒预防策——常平仓义仓和设仓［J］.东方杂志，1921，18（14）：27.

［5］各地方救济院规则［J］.无锡县政公报，1929（15）：6-11.

［6］中央法规：各地方仓储管理规则（十九年一月十五日内政部公布）［J］.湖南民政刊要，1930（9）：5-11.

［7］法规：各地方仓储管理规则［J］.江苏财政公报，1930（1）：11-16.

［8］切实整顿仓储一案［J］.县政周刊，1931（12）：46-48.

［9］四川省民政厅.切实整顿仓储一案［J］.县政周刊，1931（12）：46-48.

［10］修正内政部各司分科规则［J］.内政公报，1931，4（30）：4-6.

［11］易先.近年之四川交通概况［J］.四川月报，1933，3（1）：1-11.

［12］四川之米业［J］.四川月报，1934，4（5）：1-38.

［13］四川棉业概况［J］.四川经济月刊，1934，1（5）：11-12.

［14］孙建之.农业仓库［J］.教育新路，1934（46）：1-3.

［15］各省市举办平粜暂行办法大纲（内政部公布）（附表）［J］.天津市政府公报，1935（72）：76-77.

［16］省府通令各县募集仓谷［J］.四川月报，1935，7（6）：4.

［17］陈醉云.救灾政策与公仓制度［J］.文化建设月刊，1936，2（6）：59-68.

［18］李培基.仓储制度与农民金融［J］.河南政治，1936，6（1）：10-12.

［19］各地方建仓积谷办法大纲（二十五年十一月十日行政院会议通过）［J］.中央周报，1936（441）：56-58.

［20］农仓业法 ［J］. 中国农民银行月刊, 1936, 1 (4): 18-21.

［21］应战的全国农仓分布网 ［J］. 江西合作, 1937, 1 (9): 12-13.

［22］刘仲痴, 甘伯厚. 灾荒中的四川 ［J］. 中国农村, 1937, 3 (6): 113-116.

［23］穆深思. 农业仓库之机能 ［J］. 江西合作, 1937, 2 (3): 1-4.

［24］川省农业仓库初步工作纲要 ［J］. 四川经济季刊, 1937, 7 (2): 56-57.

［25］各县积谷概况 ［J］. 四川经济季刊, 1937, 8 (5): 36.

［26］合川县农村社会调查 ［J］. 建设周讯, 1937, 1 (5): 5-15.

［27］省合作金库分期完成农业仓库 ［J］. 四川月报, 1937, 11 (2): 131.

［28］罗青山. 抗战动员与农仓业务 ［J］. 江西合作, 1937, 1 (9): 12-13.

［29］川康军设军粮处 ［J］. 四川月报, 1937, 10 (1): 273-274.

［30］杨树贤. 粮食问题下仓储制度之研究 ［J］. 国民经济建设月刊, 1937, 2 (2): 55-64.

［31］王嗣鸿. 四川仓储问题 ［J］. 建设周讯, 1938, 5 (1): 16-18.

［32］汤枕琴. 民族抗战与四川农仓制度 ［J］. 建设周讯, 1938, 6 (8): 19-25.

［33］四川省粮食管理委员会. 四川粮食市况通讯 ［J］. 建设周讯, 1938, 7 (10): 39.

［34］宜宾县米粮运销概况 ［J］. 建设周讯, 1938, 7 (14): 15-26.

［35］稻麦改进所. 江安县米粮运销概况 ［J］. 建设周讯, 1938, 7 (15): 24-30.

［36］稻麦改进所. 泸县米粮运销概况 ［J］. 建设周讯, 1938, 7 (16): 20-21.

［37］林熙春. 本局农业仓库网之意义及其实施 (下) ［J］. 农本, 1938 (6): 1-4.

［38］稻麦改进所. 江津县米粮运销概况 ［J］. 建设周讯, 1939, 7 (20): 10-11.

［39］李秀义. 重庆市的碾米业 ［J］. 建设周讯, 1939, 8 (7): 1-5.

［40］哈承恩, 崔鼎, 陈家瑶. 成都市粮食运销概况调查 ［J］. 建设周讯, 1939, 8 (10): 55-65.

［41］稻麦改进所. 内江县米粮运销概况 ［J］. 建设周讯, 1939, 8 (21): 58-72.

［42］农仓业务近况 ［J］. 农本, 1939 (8): 8.

[43] 法规：振济委员会组织法（二十七年十二月八日修正公布）[J].立法院公报，1939（99）：11-16.

[44] 余生. 农仓的利弊 [J]. 新良乡月刊，1939，2（2）：32-36.

[45] 黄泽梁. 扩充农产与统制粮食 [J]. 农本，1940（46）：9-11.

[46] 牛执玺. 中国仓库制度之演变及其进展 [J]. 农本半月刊，1940（35）：10-11.

[47] 林熙春. 以合作为中心之农业仓库网 [J]. 合作事业，1940（2）：50-53.

[48] 叶宗高. 四川农村经济问题 [J]. 经济汇报，1940，1（11）：10-18.

[49] 业一科. 本局农仓业务述概 [J]. 农本，1940（36）：2-5.

[50] 社会：出征抗敌军人家属优待谷款不得中断案 [J]. 重庆市政府公报，1940（7）：11-13.

[51] 杨蔚，陈敬先. 成都之米市与米价 [J]. 物价问题丛刊，1941（7）：26-28.

[52] 张梁任. 四川粮食管理之回顾与前瞻 [J]. 西南实业通讯，1941，4（6）：7-19.

[53] 徐堪. 粮食部施政方针 [J]. 四川财政季刊，1941（3）：1-3.

[54] 姚康，冯敦棠，阎又学. 四川仓储概况调查 [J]. 农报，1941，6（3）：37-49.

[55] 章柏雨，汪荫元. 常平仓与民食调节 [J]. 中农月刊，1941，2（2）：11-19.

[56] 张梁任. 四川粮食管理之回顾与前瞻 [J]. 西南实业通讯，1941，4（6）：7-19.

[57] 张华宁. 粮食仓库之重要及全国所需容量 [J]. 中农月刊，1942，3（8）：39-43.

[58] 中国农民银行四川省农村经济调查委员会. 乐山县农村经济调查初步报告 [J] 中农月刊，1942，3（1）：109-120.

[59] 张光旭. 川省粮食仓储问题 [J]. 督导通讯，1942，1（4）：11-20.

[60] 陈彩章. 战时四川粮食管理概况 [J]. 经济周报，1942，5（6）：80-83.

[61] 西康省三十年度田赋征实业务检讨 [J]. 田赋通讯，1942（15）：36-39.

[62] 赵鳌，郭良夫. 四川粮食储运局仓储运输机构 [J]. 督导通讯，1942（创刊号）：6-7.

[63] 洪瑞涛. 本年度四川征实征购粮食之配运计划 [J]. 粮政月刊, 1943, 1 (1): 42-52.

[64] 徐建. 一年来之西康田粮管理 [J]. 康导月刊, 1943, 5 (12): 20-31.

[65] 中央法规: 社会救济法 (卅二年九月二十日公布) [J]. 云南省政府公报, 1943, 15 (50): 4-9.

[66] 金龙灵. 三十二年四川之交通 [J]. 四川经济季刊, 1944, 1 (2): 270-276.

[67] 许廷星. 四川粮食管理机构合理化问题 [J]. 四川经济季刊, 1944, 1 (2): 49-154.

[68] 君默. 中国食粮问题与农仓制度 [J]. 中联银行月刊, 1944, 8 (3): 83-102.

[69] 汪元. 中国粮食仓储设施概况 [J]. 粮食问题, 1944, 1 (3): 170-173.

[70] 各省田赋征收实物收纳仓库统计表 [J]. 田赋通讯, 1944 (37): 35.

[71] 石坚白. 农仓经营简论 [J]. 农场经营指导通讯, 1944, 2 (2): 42-50.

[72] 洪瑞涛. 三年余来之四川粮食配运业务 [J]. 粮政季刊, 1945 (1): 62-83.

[73] 四川川东区田粮会议特辑 [J]. 粮政季刊, 1945 (1): 210-213.

[74] 徐堪. 四年来之我国粮政 [J]. 粮政季刊, 1945 (3): 3-9.

[75] 汪元. 五年来粮食仓储设施与推进积谷概述 [J]. 粮政季刊, 1945 (4): 64-73.

[76] 冬令救济实施办法 [J]. 上海市政府公报, 1946, 5 (14): 306-308.

[77] 杨嘉和. 成都区经济概况 [J]. 海光, 1946, 10 (5): 42-48.

[78] 杨颖光. 目前农仓事业推进办法 [J]. 中农月刊, 1946, 7 (3): 16-19.

[79] 叶德盛. 吾国金融界投资农仓事业之回顾与前瞻 [J]. 中农月刊, 1946, 7 (3): 7-17.

[80] 行政院通令关于征属优待谷筹集办法 [J]. 赣南兵役, 1947, 1 (3): 14-15.

[81] 粮食配拨: 军粮 (民国三十六年一月) [J]. 经济动向统计, 1947 (1): 12-13.

[82] 我国粮仓之沿革及其将来 [J]. 粮政季刊, 1947 (6): 71-79.

[83] 楼作舟. 粮食贮藏问题概论 [J]. 粮政季刊, 1947 (6): 80-96.

［84］曲直生. 中国粮仓制度之演进 ［J］. 中农月刊, 1947, 8（11）: 61-68.

［85］中国农民银行农业金融设计委员会. 农业仓库问题 ［J］. 中农月刊, 1947, 8（10）: 1-12.

［86］刘广成. 农仓贷款的效果 ［J］. 中农月刊, 1947, 8（8）: 7-10.

［87］喻国泰. 我国米谷运销区域概述 ［J］. 粮政季刊, 1947（7）: 87-114.

［88］还乡军官优待谷已补发千余市石 ［J］. 平泸通讯, 1948（创刊号）: 8.

［89］俞飞鹏. 一年来之粮政 ［J］. 中农月刊, 1948, 9（4）: 11-22.

二、现代文献

（一）著作类

［1］孙敬之. 西南地区经济地理 ［M］. 北京: 科学出版社, 1960.

［2］沈云龙. 近代中国史料丛刊第八辑—丁文诚公（宝桢）遗集 ［M］. 台北: 文海出版社, 1967.

［3］崇实. 惕庵年谱 ［M］. 台北: 广文书局, 1971.

［4］沈云龙主编. 近代中国史料丛刊续编: 第95辑 ［M］. 台北: 文海出版社, 1983.

［5］四川省交通厅地方交通史志编纂委员会. 四川内河航运史料汇集 ［M］. 成都: 内部印刷, 1984.

［6］鲁子健. 清代四川财政史料 ［M］. 成都: 四川社会科学院出版社, 1984.

［7］何金文. 四川方志考 ［M］. 长春: 吉林省图书馆学会, 1985.

［8］巫宝山. 中国经济思想史资料选集（先秦部分）: 下册 ［M］. 北京: 中国社会科学文献出版社, 1985.

［9］荣梦源. 中国国民党历次代表大会及中央全会资料: 下册 ［M］, 北京: 光明日报出版社, 1985.

［10］袁亚愚, 詹一之. 社会学—历史·理论·方法 ［M］. 成都: 四川大学出版社, 1986.

［11］贾大泉. 四川历史研究文集 ［M］. 成都: 四川省社会科学院出版社, 1987.

［12］四川大学历史系, 四川省档案馆. 清代乾嘉道巴县档案选编 ［M］. 成都: 四川大学出版社, 1989.

［13］王立显. 四川公路交通史 ［M］. 成都: 四川人民出版社, 1989.

［14］向楚. 巴县志选注 ［M］. 重庆: 重庆出版社, 1989.

［15］隗瀛涛. 四川近代史稿［M］. 成都：四川人民出版社，1990.

［16］隗瀛涛. 近代重庆城市史［M］. 成都：四川大学出版社，1991.

［17］四川省档案馆. 清代巴县档案汇编乾隆卷［M］，北京：档案出版社，1991.

［18］魏丕信，王国斌. 养民：1659—1850 年中国之仓储制度［M］. 密歇根：美国密歇根大学中国研究中心，1991.

［19］江天凤. 长江航运史（近代部分）［M］. 北京：人民交通出版社，1992.

［20］杨实. 抗战时期西南的交通［M］. 昆明：云南人民出版社，1992.

［21］郭声波. 四川历史农业地理［M］. 成都：四川人民出版社，1993.

［22］张弓，牟之先. 国民政府重庆陪都史［M］. 重庆：西南师范大学出版社，1993.

［23］李文海. 近代中国灾荒纪年续编 1919-1949［M］. 长沙：湖南教育出版社，1993.

［24］李明. 四川粮食调运［M］. 成都：四川大学出版社，1994.

［25］颜昌峣. 管子校释［M］. 长沙：岳麓书社，1996.

［26］中国第一历史档案馆. 光绪朝硃批奏折：第 91 辑［M］. 北京：中华书局，1996.

［27］徐唐龄. 中国农村金融史略［M］. 北京：中国金融出版社，1996.

［28］许宗仁. 中国近代粮食经济史［M］. 北京：中国商业出版社，1996.

［29］蒲孝荣. 四川政区沿革与治地今释［M］. 成都：四川人民出版社，1996.

［30］中国第二历史档案馆. 中华民国史档案资料汇编：第 5 辑，第 2 编，财政经济［M］. 南京：江苏古籍出版社，1997.

［31］张仲礼著，李荣昌译. 中国绅士——关于其在 19 实际中国社会中作用的研究［M］. 上海：上海社会科学院出版社，1998.

［32］张研. 清代社会的慢变量——从清代基层社会组织看中国封建社会结构与经济结构的演变趋势［M］. 太原：山西人民出版社，2000.

［33］李汾阳. 清代仓储研究［M］. 台北：文海出版社，2001.

［34］王笛. 跨出封闭的世界-长江上游区域社会研究 1644-1911［M］. 北京：中华书局，2001.

［35］彭朝贵，王炎. 清代四川农村社会经济史［M］. 北京：天地出版

社，2001.

［36］张研，牛贯杰. 19 世纪中期中国双重统治格局的演变［M］. 北京：中国人民大学出版社，2002.

［37］施坚雅. 中华帝国晚期的城市［M］. 北京：中华书局，2002.

［38］郑功成. 社会保障概论［M］. 上海：复旦大学出版社，2005.

［39］王孝贵，龚泽琪. 中国近代军人待遇史［M］. 北京：海潮出版社，2006.

［40］陈锋. 明清以来长江流域社会发展史论［M］. 武汉：武汉大学出版社，2006.

［41］蓝勇. 中国历史地理［M］. 北京：高等教育出版社，2010.

［42］张研. 清代县级政权控制乡村的具体考察：以同治年间广宁知县杜凤治日记为中心［M］. 郑州：大象出版社，2011.

［43］王绿萍. 四川报刊五十年集成 1897-1949［M］. 成都：四川大学出版社，2011.

［44］梁勇. 移民、国家与地方权势［M］. 北京：中华书局，2014.

［45］周勇. 重庆通史［M］. 重庆：重庆出版社，2014.

［46］吴四伍. 清代仓储的制度困境与救灾实践［M］. 北京：社会科学文献出版社，2018.

［47］中国社会科学院近代史研究所. 民国文献类编续编［M］. 北京：国家图书出版社，2018.

［48］四川省郫县志编纂委员会. 郫县志［M］. 成都：四川人民出版社，1989.

［49］四川省射洪县县志编纂委员会. 射洪县志［M］. 成都：四川大学出版社，1990.

［50］四川省渠县地方志编纂委员会. 渠县志［M］. 成都：四川科学技术出版社，1991.

［51］铜梁县志编修委员会. 铜梁县志［M］. 重庆：重庆大学出版社，1991.

［52］自贡市粮食局. 自贡市粮食志［M］. 成都：四川辞书出版社，1992.

［53］南江县志编委会. 南江县志［M］. 成都：成都出版社，1992.

［54］通江县志编纂委员会，通江县粮油志领导小组. 通江县粮油志［M］. 昆明：云南大学出版社，1993.

[55] 四川省内江市粮食局. 内江地区粮食志 [M]. 成都：巴蜀书社，1993.

[56] 四川省荣县志编纂委员会. 荣县志 [M]. 成都：四川大学出版社，1993.

[57] 四川省西充县志编纂委员会. 西充县志 [M]. 重庆：重庆出版社，1993.

[58] 四川省巴县志编纂委员会. 巴县志 [M]. 重庆：重庆出版社，1994.

[59] 四川省涪陵市志编纂委员会. 涪陵市志 [M]. 成都：四川人民出版社，1995.

[60] 四川省地方志编纂委员会. 四川省志·粮食志 [M]. 成都：四川科学技术出版社，1995.

[61] 成都市地方志编纂委员会. 成都市志·粮食志 [M]. 成都：成都出版社，1995.

[62] 四川省珙县志编纂委员会. 珙县志 [M]. 成都：四川人民出版社，1995.

[63] 四川省地方志编撰委员会. 四川省志·民政志 [M]. 成都：四川人民出版社，1996.

[64] 四川省万源县志编纂委员会. 万源县志 [M]. 成都：四川人民出版社，1996.

[65] 重庆市渝北区地方志编纂委员会. 江北县志 [M]. 重庆：重庆出版社，1996.

[66] 四川省资中县志编纂委员会. 资中县志 [M]. 成都：巴蜀书社，1997.

[67] 四川省洪雅县地方志编纂委员会. 洪雅县志 [M]. 成都：电子科技大学出版社，1997.

[68] 四川省荣经县地方志编纂委员会. 荣经县志 [M]. 重庆：西南师范大学出版社，1998.

[69] 乐山市地方志编纂委员会. 乐山市志 [M]. 成都：巴蜀书社，2001.

[70] 《遂宁市志》编纂委员会. 遂宁市志 [M]. 北京：方志出版社，2006.

[71] 《南充市志》编纂委员会. 南充市志 [M]. 北京：方志出版社，2010.

［72］四川省宜宾县志编纂委员会. 宜宾县志［M］. 北京：中华书局，2011.

［73］陈春声. 清代广东的社仓——清代广东粮食储备研究之二［M］//纪念梁方仲教授学术讨论会文集. 广州：中山大学出版社，1990.

［74］陈春声. 清代广东常平仓谷来源考［M］//清代区域社会经济史研究. 北京：中华书局，1992.

［75］陈春声. 士绅与清末基层社会控制权的下移——咸丰以后广东义仓研究［M］//中山大学史学集刊：第一辑. 广州：广东人民出版社，1992.

［76］吴滔. 清代嘉定宝山地区的乡镇赈济与社区发展模式［M］//家庭·社区·大众心态变迁国际学术研讨会论文集. 合肥：黄山书社，1999.

（二）期刊类

［1］朱睿根. 隋唐时期的义仓及其演变［J］. 中国社会经济史研究，1984（2）：53-59.

［2］潘孝伟. 唐代义仓研究［J］. 中国农史，1984（4）：189-23.

［3］林化. 清代仓贮制度概述［J］. 清史研究通讯，1987（3）：7-14.

［4］徐建青. 从仓储看中国封建社会的积累及其对社会再生产的作用［J］. 中国经济史研究，1987（3）：31-48.

［5］郭声波. 元明清时代四川盆地的农田垦殖［J］. 中国历史地理论丛，1988（4）77-108.

［6］王笛. 清代四川人口、耕地及粮食问题（下）［J］. 四川大学学报，1989（4）：73-87.

［7］陈春声. 论清代广东的常平仓［J］. 中国史研究，1989（3）：66-79.

［8］陈春声. 清代广东社仓的组织与功能［J］. 学术研究，1990（1）：76-80.

［9］牛敬忠. 清代常平仓、社仓的社会功能［J］. 内蒙古大学学报，1991（1）：42-48.

［10］夏明方. 清季"丁戊奇荒"的赈济及善后问题初探［J］. 近代史研究，1993（2）：21-36.

［11］蓝勇. 中国西南历史气候初步研究［J］. 中国历史地理论丛，1993（2）：13-39.

［12］张岩. 试论清代的常平仓制度［J］. 清史研究，1993（4）：28-39.

［13］张岩. 论清代常平仓与相关类仓之关系［J］. 中国社会经济史研究，1994（4）：52-58.

［14］陈春声. 论清末广东义仓的兴起——清代广东粮食仓储研究之三［J］. 中国社会经济史研究，1994（1）：50-66.

[15] 吴忠起. 秦汉仓储思想综述 [J]. 物流技术, 1994 (2)：25-27.

[16] 吴忠起. 魏晋南北朝仓储思想综述 [J]. 物流技术, 1994 (4)：34-35.

[17] 吴忠起. 宋元仓储思想综述 [J]. 物流技术, 1995 (1)：31-33.

[18] 吴忠起. 明清仓储思想综述 [J]. 物流技术, 1995 (5)：26-27.

[19] 吴忠起. 隋唐仓储思想综述 [J]. 物流技术, 1996 (6)：36-38.

[20] 金普森, 李分建. 论抗日战争时期国民政府的粮食管理政策 [J]. 抗日战争研究, 1996 (2)：72-94.

[21] 康沛竹. 清代仓储制度的衰败与饥荒 [J]. 社会科学战线, 1996 (3)：186-191.

[22] 吴滔. 明代苏松地区仓储制度初探 [J]. 中国农史, 1996 (3)：53-61.

[23] 李映发. 清代州县储粮 [J]. 中国农史, 1997 (1)：39-52.

[24] 吴滔. 论清前期苏松地区的仓储制度 [J]. 中国农史, 1997 (2)：41-50.

[25] 吴滔. 明清苏松仓储的经济、社会职能探析 [J]. 古今农业, 1998 (3)：21-30.

[26] 潘孝伟. 唐代义仓制度补议 [J]. 中国农史, 1998 (3)：32-38.

[27] 吴滔. 明清时苏松地区的乡村救济事业 [J]. 中国农史, 1998 (4)：30-38.

[28] 王友平. 四川军阀割据中防区制的特点 [J]. 天府新论, 1999 (2)：68-71.

[29] 吴滔. 宗族与义仓：清代宜兴荆溪社区赈济实态 [J]. 清史研究, 2001 (2)：56-71.

[30] 施峰. 中国古代仓储制度的作用与弊端及其对当前粮食储备管理的启示 [J]. 经济研究参考, 2001 (28)：2-10.

[31] 陈朝云. 唐代河南的仓储体系与粮食运输 [J]. 郑州大学学报, 2001 (11)：117-121.

[32] 吴滔. 清代江南社区赈济与地方社会 [J]. 中国社会科学, 2001 (4)：181-191.

[33] 池子华, 李红英. 晚清直隶灾荒及减灾措施的探讨 [J]. 清史研究, 2002 (2)：72-92.

[34] 侯立军. 我国粮食物流科学化运作研究 [J]. 财贸经济, 2002 (11)：37-41.

[35] 马学春. 清王朝的粮食仓储官员 [J]. 池州师专学报, 2003 (2)：81-83.

[36] 杨琪. 二三十年代国民政府的仓储与农业仓库建设 [J]. 中国农史，2003 (2)：43-48.

[37] 姚建平. 清代两湖地区社仓的管理及其与常平仓的关系 [J]. 社会科学辑刊，2003 (4)：98-102.

[38] 汪火根. 明代仓政与基层社会控制—以预备仓和社仓为例 [J]. 龙岩师专学报，2004 (1)：44-46.

[39] 刘念. 关于物流地理学的研究 [J]. 中国水运，2004 (4)：101-102.

[40] 黄鸿山，王卫平. 清代社仓的兴废及其原因—以江南地区为中心的考察 [J]. 学海，2004 (1)：131-135.

[41] 黄鸿山，王卫平. 传统仓储制度社会保障功能的近代发展—以晚清苏州府长元吴丰备义仓为例 [J]. 中国农史，2005 (2)：66-77.

[42] 顾琳. 六朝时期建康的仓库 [J]. 中国历史地理论丛，2005 (4)：30-35.

[43] 杨海民. 唐代粮食物流活动中的仓廪系统 [J]. 贵州民族学院学报，2005 (5)：131-134.

[44] 王遐见. 粮食流通业的现代化路径选择—江苏粮食物流现代化能力建设研探 [J]. 税务与经济，2006 (1)：90-94.

[45] 李庆奎. 明代备荒政策变化与基层社会变迁 [J]. 天中学刊，2006 (6)：104-107.

[46] 白丽萍. 试论清代社仓制度的演变 [J]. 中南民族大学学报，2007 (1)：129-134.

[47] 邓海伦. 乾隆十三年再检讨—常平仓政策改革和国家利益权衡 [J]. 清史研究，2007 (2)：1-11.

[48] 姚顺东. 试论 1920-1930 年代江苏省农业仓库建设 [J]. 南京农业大学学报，2007 (4)：91-96.

[49] 穆奎臣. 试论乾隆朝社仓的管理与运行制度 [J]. 满族研究，2008 (4)：72-78.

[50] 周全霞，徐兴海. 中国古代的赈济标准与民食安全 [J]. 江西社会科学，2008 (2)：137-141.

[51] 梁勇. 清代州县财政与仓政关系之演变 [J]. 中国社会经济史研究，2008 (4)：67-73.

[52] 罗玉明，李勇. 抗日战争时期国民党粮食仓储制度述论 [J]. 怀化学院学报，2008 (10)：53-56.

[53] 白丽萍. 清代长江中游地区义仓的设置、运营及与社仓的关系 [J].
江汉论坛, 2008 (12): 80-83.

[54] 白丽萍. 清代长江中游地区义仓的设置、运营及其与社仓的关系
[J]. 中国地方志, 2009 (4): 54-59.

[55] 廖利明. 清代福建仓储制度初探 [J]. 福建论坛, 2009 (1): 188-189.

[56] 秦升阳. 民国初期吉林仓储概况 [J]. 通化师范学院学报, 2009
(5): 39-42.

[57] 马丽, 方修琦. 清代常平仓粮食储额的空间格局 [J]. 中国历史地
理论丛, 2009 (7): 68-74.

[58] 张晓东. 秦汉漕运的军事功能研究[J]. 社会科学, 2009 (9): 136-144.

[59] 傅亮, 池子华. 国民政府时期农本局与现代农业金融 [J]. 中国农
史, 2010 (1): 54-65

[60] 姚荣. 中国古代粮食储备制度及启示 [J]. 军事经济研究, 2010
(9): 76-77.

[61] 苏有全. 民国初年北洋政府救灾举措述评 [J]. 防灾科技学院学报,
2010 (12): 82-85.

[62] 成圣树, 金祖钧. 从民国时期的三次币制变革看当时的通货膨胀
[J]. 江西财经大学学报, 2011 (4): 80-85.

[63] 王非. 物流地理学研究内容与趋势评述 [J]. 人文地理, 2011 (1):
109-112.

[64] 葛志文. 民国时期湖南积谷仓述论 [J]. 当代教育理论与实践,
2011 (3): 154-156.

[65] 葛志文. 民国初期湖南仓储制度探析 [J]. 东京文学, 2011 (8):
252-253.

[66] 胡忆红. 晚清湘潭县的官绅关系与义仓建设 [J]. 学海, 2012 (6):
148-152.

[67] 赵思渊. 丰备义仓的成立及其与赋税问题的关系 [J]. 清史研究,
2013 (2): 56-71.

[68] 黄均霞, 苏寒莎. 论清代湖南社仓的地理分布 [J]. 湖南工业大学
学报, 2013 (4): 124-129.

[69] 马幸子. 养民的地方实践——国家视角下的清代广东备荒仓储 [J].
清史研究, 2015 (2): 97-110.

[70] 吴四伍. 清代仓储基层管理与绅士权责新探 [J]. 学术探索, 2017
(4): 104-110.

［71］唐琴. 清代四川地方志中的养济院事业初探［J］. 卷宗，2020
（6）：69-70.

（三）论文类

［1］姚建平. 清代两湖地区常平仓制度研究［D］. 南昌：江西师范大学，
2001.

［2］孙海泉. 清代地方基层组织研究［D］. 北京：中国社会科学院研究
生院，2002.

［3］汪火根. 明代社仓制度研究——以江浙为例［D］. 武汉：中南民族
大学，2003.

［4］岳现超. 清代广西社仓研究［D］. 南宁：广西师范大学，2006.

［5］鹿应荣. 粮食物流系统化研究［D］. 长春：吉林大学，2007.

［6］张益刚. 民国社会救济法律制度研究［D］. 上海：华东政法大学，
2007.

［7］吴四伍. 晚清江南仓储制度变迁研究［D］. 北京：中国人民大学，
2008.

［8］张艳梅. 清代四川旱灾时空分布研究［D］. 重庆：西南大学，2008.

［9］管恩贵. 晚晴灾荒与荒政研究［D］. 济南：山东大学，2008.

［10］廖武振. 民国时期江西灾荒救济研究［D］. 南昌：南昌大学，2008.

［11］吴霞成. 清代山东仓储探究［D］. 曲阜：曲阜师范大学，2009.

［12］陈都学. 民国时期江苏省农业仓库建设研究［D］. 南京：南京师范
大学，2009.

［13］王金艳. 康熙朝地方仓储研究-以常平仓、社仓、义仓为主［D］.
曲阜：曲阜师范大学，2010.

［14］柴英昆. 明代预备仓政若干问题研究［D］. 保定：河北大学，2010.

［15］黄福开. 民国时期的农业仓库建设与农村金融——以江苏省为中心
［D］. 北京：中国社会科学院，2010.

［16］高岩. 明清时期四川地区水灾及社会救济［D］. 重庆：西南大学，
2010.

［17］陈兰霞. 晚清辰州府义仓与地方社会研究［D］. 长沙：湖南师范大
学，2013.